HELBIG
KIRSCHHOCK
MARTSCHINKE
KUMMER

SCHRIFTSPRACHERWERB IM ENTWICKLUNGSORIENTIERTEN UNTERRICHT

STUDIENTEXTE ZUR GRUNDSCHULPÄDAGOGIK UND -DIDAKTIK

Herausgegeben von Günther Schorch
Begründet von Rainer Rabenstein

In dieser Reihe (vormals Studientexte zur Grundschuldidaktik) sind lieferbar:

Maria-Anna Bäuml-Roßnagl: Sachunterricht. Bildungsprinzipien in Geschichte und Gegenwart. Bad Heilbrunn, 3., überarbeitete und mit didaktischen Cartoons angereicherte Auflage 1995.
Herbert F. Bauer / Walter Köhnlein (Hrsg.): Problemfeld Natur und Technik. Bad Heilbrunn 1984.
Heiner Böttger: Englisch lernen in der Grundschule. Bad Heilbrunn 2005.
Wolf Engelhardt / Hans Glöckel (Hrsg.): Wege zur Karte. Bad Heilbrunn, 2. Auflage 1977.
Hans-Joachim Fischer: Grundschule – Vermittlungsschule zwischen Kind und Welt. Bad Heilbrunn 2002.
Edith Glumpler: Interkulturelles Lernen im Sachunterricht. Bad Heilbrunn 1996.
Günter Graumann: Mathematikunterricht in der Grundschule. Bad Heilbrunn 2002.
Hartmut Hacker: Vom Kindergarten zur Grundschule. Theorie und Praxis eines kindgerechten Übergangs. Bad Heilbrunn. 2., erweiterte und aktualisierte Auflage 1998.
Joachim Kahlert: Der Sachunterricht und seine Didaktik. Bad Heilbrunn 2002.
Kurt Meiers: Lesen lernen und Schriftspracherwerb im ersten Schuljahr. Ein Studienbuch. Bad Heilbrunn 1998.
Günther Opp / Paul Helbig / Angelika Speck-Hamdan u.a.: Problemkinder in der Grundschule. Bad Heilbrunn 1999.
Detlef H. Rost (Hrsg.): Psychologie für die Grundschule.
Band 1: Entwicklungspsychologie für die Grundschule. Bad Heilbrunn 1980.
Band 2: Unterrichtspsychologie für die Grundschule. Bad Heilbrunn 1980.
Werner Sacher u.a.: Medienerziehung konkret. Konzepte und Praxisbeispiele für die Grundschule. Bad Heilbrunn 2003.
Otto Schober (Hrsg.): Deutschunterricht für die Grundschule. Bad Heilbrunn 1998.
Günther Schorch (Hrsg.): Schreibenlernen und Schriftspracherwerb. Bad Heilbrunn, 3., aktualisierte Auflage 1995.
Günther Schorch: Grundschulpädagogik – eine Einführung. Selbstverständnis und Kernaufgaben. Bad Heilbrunn 1998.
Annemarie Seybold (Hrsg.): Sportunterricht in der Grundschule. Bad Heilbrunn 1981.
Achill Wenzel: Freiarbeit in der Grundschule. Bad Heilbrunn 1983.

SCHRIFTSPRACHERWERB IM ENTWICKLUNGSORIENTIERTEN UNTERRICHT

von Paul Helbig
Eva-Maria Kirschhock
Sabine Martschinke
Ursula Kummer

VERLAG
JULIUS KLINKHARDT
BAD HEILBRUNN/OBB. • 2005

Die Deutsche Bibliothek – Cip-Einheitsaufnahme
Ein Titelsatz für diese Publikation ist bei Der Deutschen Bibliothek erhältlich.

2005.3.Khg. © by Julius Klinkhardt.

Druck und Bindung: AZ Druck und Datentechnik, Kempten.
Printed in Germany 2005.
Gedruckt auf chlorfrei gebleichtem alterungsbeständigem Papier.

ISBN 3-7815-1382-3

Inhaltsverzeichnis

„Lernwege bereiten und begleiten – Schriftspracherwerb im entwicklungsorientierten Unterricht“ – ein kleiner Wegweiser durch das Buch

Auch der Leser eines Buches legt einen „Weg“ zurück, der vorliegende „kleine Wegweiser“ möchte sich als Begleiter für den Leser verstehen, kurze Vorbemerkungen sollen den weiteren Weg durch dieses Buch erleichtern.

Schon der Titel „Lernwege bereiten und begleiten – Schriftspracherwerb im entwicklungsorientierten Unterricht“ zeigt an, dass es sich hier um eine Konzeption des Schriftspracherwerbs handelt, die sich unter den Spielarten offenen Unterrichts einordnen lässt, diese aber spezifiziert und systematisch entfaltet. Der Entstehungsprozess dieser Konzeption war gekennzeichnet durch die Auseinandersetzung mit dem aktuellen Theorie- und Empiriestand im Schriftspracherwerb, wurde aber getragen von pädagogischen Zielvorstellungen, über die heute unter Grundschulpädagogen breiter Konsens herrscht. Entscheidend war aber auch immer die Prüfung der konzeptionellen Ideen an und in der Praxis. Dankbar denken wir an die vielen Lehrkräfte, die uns im „Arbeitskreis Entwicklungsorientierter Schriftspracherwerb“ begleitet, uns ihre Erfahrungen, Erfolge und Probleme mit einer solchen Art des Arbeitens mitgeteilt und die viele neue Ideen beigesteuert haben. Einige von ihnen berichten auch in diesem Band darüber.
Im Zentrum dieses Unterrichts steht das selbstständige Verschriften von Wörtern und Texten. Dies ist auch gemeint, wenn im Folgenden von „Schreiben“ die Rede ist. Auf die Form- und Bewegungskomponente, die das Schreiben mit der Hand ebenfalls enthält, wird nicht näher eingegangen.
Wir wählen bewusst den Begriff *„Konzeption“* für die von uns entwickelte Form offenen Unterrichts im Schriftspracherwerb, denn es werden nicht nur Einzelmaßnahmen ohne klare Zielvorstellung beschrieben, sondern es geht um

- *etwas Programmatisches*, um Leitideen,
- *etwas Systematisches*, d.h. wir orientieren uns an Zielen und Inhalten, verknüpfen sie mit Methoden, Medien usw.
- *etwas Argumentatives*, d.h. um einen Begründungszusammenhang von psychologischen, pädagogischen und gesellschaftlichen Grundlagen mit Konsequenzen für unterrichtliches Lernen und Lehren

Obwohl uns das Problem der Metapherbildung und der Visualisierung bewusst ist, stellen wir an den Anfang des Buches die folgende Grafik, die die Konzeption „abbilden“ soll.

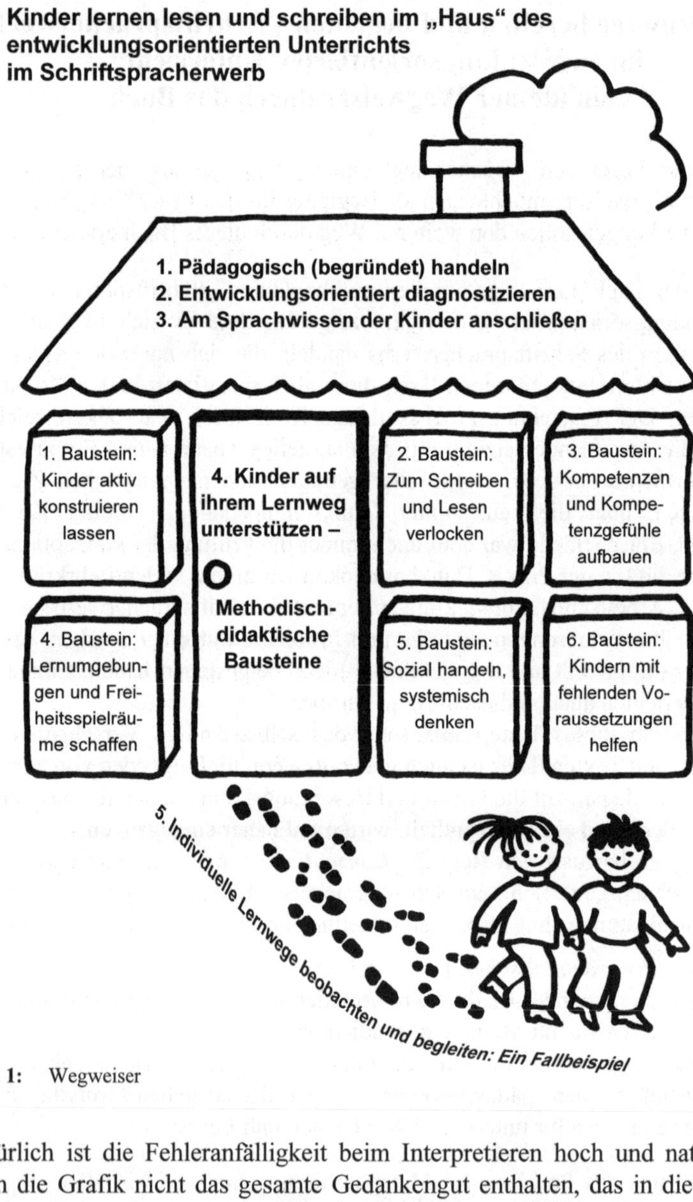

Abb. 1: Wegweiser

Natürlich ist die Fehleranfälligkeit beim Interpretieren hoch und natürlich kann die Grafik nicht das gesamte Gedankengut enthalten, das in die Konzeption hineingesteckt wurde, aber als *Leserhilfe* scheint uns dieses Vorgehen legitim und sinnvoll, besonders beim umfassenden Anspruch und Inhalt einer Konzeption. Gerade wer das Buch nicht linear liest, sondern sich beispielsweise für einen „Baustein“ besonders interessiert, soll auf diesem Weg zumindest kurz informiert werden, wo eben dieser „Baustein“ zu verorten ist.

- *„Alles unter einem Dach ...“*

„Unter dem Dach“ sind Ziel- und Inhaltsvorstellungen der Konzeption programmatisch gefasst. Was sich hier als „Sollensaussagen“ liest (Pädagogisch begründet handeln – Entwicklungsorientiert diagnostizieren – Am Sprachwissen der Kinder anknüpfen) findet man im Begründungszusammenhang mit Zielstellungen unter den ersten drei Kapiteln. Die beiden weiteren Kapitel, die sich mehr mit didaktischer Umsetzung befassen und damit das Vorhergehende auch konkretisieren, ordnen sich diesen ersten drei Leitideen unter. Das bedeutet aber auch, dass die Bausteine nicht alleine für sich stehen können, sondern unter dieses „schützende Dach“ gestellt werden müssen.

- *„Stein auf Stein ...“*

Schon in den ersten drei Leitideen wird deutlich, dass Kinder sowohl aus der pädagogischen Notwendigkeit heraus, aber auch durch ihre Unterschiedlichkeit in der schriftsprachlichen Entwicklung und im Sprachwissen ihre individuellen Lernwege gehen dürfen müssen. Auf diesem Lernweg dürfen Kinder nur bedingt alleine gelassen werden, Kinder brauchen „Rüstzeug“, brauchen Unterstützung auf diesem Lernweg. Dazu dienen die sechs Bausteine, die erst unter dem „Dach“ der vorhergehenden Leitlinien, sprich auf der Basis des enthaltenen Gedankenguts, ihre Wirkung entfalten können.
Sie sollen der Lehrkraft konkrete Hilfen für eine mögliche Umsetzung geben, können aber unterschiedlich gewichtet oder durch weitere Bausteine ergänzt werden. Andererseits kann der Lehrer als „Wegbereiter“ für jedes Kind bzw. für seine Klasse sinnvolle Bausteine auswählen.
Die Kinder erfahren durch die Umsetzung der didaktischen Bausteine Hilfestellung, ihnen wird damit die Tür für den eigenen Lernweg geöffnet.

- *„Auf dem Weg ...“*

Das kleine Sprachspiel *„Wegbereiter und Wegbegleiter“* macht deutlich, welche Rollen die Lehrkraft in dieser Konzeption einnimmt. Voraussetzung dazu ist eine professionelle Beobachtung. Dabei ist es wichtig, die Diagnose nicht nur auf die Leistung und Leistungsentwicklung zu beschränken, sondern der Persönlichkeitsentwicklung in gleichem Maße Beachtung zu schenken. Erst dann können Kinder durch individuelle direkte oder indirekte Lernbegleitung und Lernberatung ihren persönlichen Weg erfolgreich gehen ...

Wir danken!

Wir danken an dieser Stelle allen Lehrerinnen, die zu diesem Buch beigetragen, viel Zeit für Besprechungen und Überarbeitungen geopfert und danach geduldig auf die Fertigstellung gewartet haben. Dass dies schließlich gelang, ist letztlich Frau Brigitte Kelber zu verdanken, die uns die mühevolle redaktionelle Feinarbeit abnahm und mit großer Sorgfalt die Druckvorlage erstellte.
Danken möchten wir auch Frau Prof. Gisela Kammermeyer (Landau), die mit ihrem profunden Wissen zur Persönlichkeitsentwicklung von Kindern den Abschnitt zum „Lesen- und Schreibenlernen und Entwicklung eines positiven Selbstkonzepts“ (S. 25) für uns verfasste.
Schließlich bitten wir um Verständnis dafür, dass wir bei der Vielzahl der an diesem Buch beteiligten Autoren auf eine durchgängige Kenntlichmachung des Geschlechts bei den Lehrkräften verzichtet haben. So sind natürlich immer Lehrerinnen *und* Lehrer gemeint, auch wenn manchmal „nur“ von Lehrkräften oder Lehrern die Rede ist.

Paul Helbig
Eva-Maria Kirschhock
Sabine Martschinke
Ursula Kummer

Einleitung

Entstanden ist die Konzeption eines „entwicklungsorientierten Unterrichts im Schriftspracherwerb“ Mitte der 90er Jahre im Zusammenhang mit dem Aufbau eines Lernwerkstattverbunds im Großraum Erlangen-Nürnberg. Kollegien der ersten beiden Jahrgangsstufen an mehreren Grundschulen suchten in Zusammenarbeit mit dem Institut für Grundschulforschung der Erziehungswissenschaftlichen Fakultät der Universität Erlangen-Nürnberg und mit Unterstützung der Regierung von Mittelfranken einen Weg, ihren Unterricht zunächst in einem Lernbereich, dem Schriftspracherwerb, zu öffnen. Wir sind noch immer gemeinsam auf diesem Weg. Dieses Buch stellt gewissermaßen eine derzeitige Bestandsaufnahme dar. Es wurde von den „Theoretikern“ und einigen beteiligten „Praktikern“ gemeinsam gestaltet.

Perspektivenwechsel – das Kind als aktiver Lerner

In den vergangenen ca. zwei Jahrzehnten hat sich in der psychologischen und pädagogischen Fachdiskussion ein Perspektivenwechsel vollzogen. Das Bemühen um wissenschaftlich abgesicherte Lehrgänge, Lehrmethoden und Curricula wurde abgelöst durch die Forderung nach Öffnung von Schule und Unterricht. Bedürfnisse und Interessen der Lernenden, ihre Wahrnehmungsweise, ihre individuellen Lernwege und Problemlösestrategien, ihre selbstbestimmten und selbstgeleiteten Lernaktivitäten und nicht zuletzt ihr außerschulisches Lebensumfeld traten ins Zentrum wissenschaftlicher Theoriebildung und Forschung.
Diese Wendung zum „epistemologischen Subjektmodell“ knüpft in der Grundschulpädagogik an die Tradition reformpädagogischer Ideen und Prinzipien (von M. Montessori, P. Petersen, C. Freinet u.a.) an, findet aber ebenso in den lern- und kognitionspsychologischen Theorien (Piaget), Interessentheorie, humanistische Psychologie, Tätigkeitstheorie u.a. sowie in aktuellen systemtheoretischen und konstruktivistischen Ansätzen ihr theoretisches Fundament. Ihren sozio-kulturellen Hintergrund bilden Anforderungen an die (Grund-)Schule, die aus Veränderungen in den vor- und außerschulischen Lebens- und Sozialisationsbedingungen der Kinder („veränderte Kindheit“) sowie dadurch bedingt ihres Lernverhaltens, aber auch aus aktuellen gesellschaftlichen Qualifikationsbedürfnissen („Schlüsselqualifikationen“) resultieren. Die Betonung handlungsintensiver, selbstbestimmter und selbstgeleiteter Lernformen im Unterricht ist eine Antwort der (Grundschul-)Pädagogik auf diese Ansprüche (zu weiteren Reformempfehlungen vgl. Faust-Siehl 1996).

Allerdings dominiert diese Umorientierung derzeit primär die (erziehungs-) wissenschaftliche Diskussion und Reflexion, während sie in der Schulpraxis bisher nur in eher beschränktem Umfang – und regional sehr unterschiedlich – zu nachhaltigen konzeptionellen Veränderungen geführt hat. Einer Lehrerbefragung in Niedersachsen und Nordrhein-Westfalen zufolge „wird eine konsequente Öffnung des Unterrichts allenfalls von 5-15% der LehrerInnen realisiert“ (Brügelmann 1998, S. 33; vgl. ders. 1997a u. 1997B; Hanke 1998, Jürgens 1999). Die meisten Lehrkräfte bevorzugen ein breites Methodenspektrum, das auch Elemente offenen Unterrichts wie Freiarbeit, materialgeleitetes Lernen, Wochenplanarbeit u.a. einschließt.
Mittlerweile hat die – primär noch wissenschaftlich forcierte – Idee der Öffnung des Unterrichts auch Lernbereiche der Grundschule wie Mathematik oder Schriftspracherwerb erfasst, die traditionell als streng systematisch und lehrgangsgebunden zu unterrichten gelten. In seinem Überblick über grundschulrelevante mathematik-didaktische Forschung berichtet Selter (1998) von einer „weltweit zu beobachtenden Entwicklung“, den mathematischen und methodischen Formalismus zu Gunsten von „Prinzipien des aktiv-entdeckenden Lernens des Lernens in Sinnzusammenhängen, des Lernens auf eigenen Wegen und des Lernens von- und miteinander“ (S. 80 f.) zu überwinden.
Im Bereich Schriftspracherwerb ist der „klassische“ Methodenstreit zwischen ganzheitlichen und synthetischen Methoden in den 50er und 60er Jahren von der Diskussion darüber abgelöst worden, ob Kinder über systematisch und kleinschrittig aufgebaute (Fibel-)Lehrgänge Lesen und Schreiben lernen – oder eigentätig und produktiv-konstruktiv Zugang zur Schriftsprache gewinnen sollten. War bisher von Erstlese- und Erstschreibunterricht die Rede, so signalisiert bereits der neue Terminus „Schriftspracherwerb“ in mehrfacher Weise einen didaktisch bedeutsamen Perspektivenwechsel: Lesen- und Schreibenlernen gelten nicht länger als in mehr oder weniger getrennten Lehrgängen zu vermittelnde Fertigkeiten, sondern als zwei Modalitäten eines komplexen kognitiven Entwicklungsprozesses. Didaktisch vorrangig sind die Denkaktivitäten der Kinder, ihre Strategien und Probleme, aus Geschriebenem Informationen zu entnehmen oder sich selbst schriftlich mitzuteilen. Kinder werden als eigentätige Konstrukteure von Schriftsprache gesehen, die in diesem Prozess individueller Unterstützung bedürfen – jedoch nicht in Form der Abarbeitung eines uniformen und kleinschrittigen Lehrgangs.

Konsequenzen für die Didaktik des Schriftspracherwerbs

Diese neue Sichtweise wurde in erster Linie vom sogenannten *Spracherfahrungsansatz* konzeptionell ausgearbeitet, dessen zentrale Grundsätze wie folgt zusammengefasst werden können (vgl. dazu Brügelmann 1992, S. 158 f.; Scheerer-Neumann 1985):

- Die Kinder können bei der Auswahl der Wörter und später der Texte ihre Bedürfnisse und Interessen geltend machen.
- Im Zentrum des Unterrichts stehen selbstgelenkte, produktiv-konstruktive Lernhandlungen der Kinder.
- Die Lernaktivitäten der Kinder sind in einen individuell sinnvollen, motivierenden Handlungs- bzw. Kommunikationskontext eingebettet.
- Die Schüler werden von der Lehrperson individuell kontrolliert und unterstützt – auf der Grundlage dafür unerlässlicher sprachwissenschaftlicher und entwicklungspsychologischer Kenntnisse.

Mit der Lauttabelle hat Reichen (1982) den Schulanfängern erstmals ein – mittlerweile phonetisch verbessertes und vielfach variiertes – Instrumentarium an die Hand gegeben, das ihnen von Beginn an kommunikationsorientiertes, eigenständiges (phonetisches) Erschreiben von Wörtern (und Sätzen) ermöglicht und zugleich zur Übung von Teilprozessen des lautorientierten Lesens anregt (Scheerer-Neumann 1995a).
Die Prinzipien des Spracherfahrungsansatzes sind in der Grundschulpädagogik weithin akzeptiert. Einwände gelten im Wesentlichen der Ergänzungsbedürftigkeit selbstbestimmten und eigenaktiven Lernens durch systematische Instruktionen zum Verständnis und zur Anwendung von Bauprinzipien und orthographischen Regularitäten der Schriftsprache (vgl. u.a. Röber-Siekmeyer 1993, S. 107 f.; Walter 1996, S. 142).
Während also hierzulande die Fachdiskussion zum Anfangsunterricht im Schriftspracherwerb eher moderat verläuft, scheint in den USA ein „reading war“ (Stanovich 1995, S. 87; vgl. auch Valtin 1998) zwischen Anhängern des „whole language approach“ (vergleichbar mit dem Spracherfahrungsansatz) und Verfechtern phonologisch orientierter Leselehrgänge („basal reading approach“) zu toben. Die Kritik letzterer entzündete sich nicht zuletzt an der These, dass sich gesprochene und geschriebene Sprache epigenetisch gleichartig entwickelten, Lesen und Schreiben also genauso „natürlich“ gelernt werden könnten wie das Sprechen. Das bedeutet in der Konsequenz, dass – wie beispielsweise Reichen behauptet – „auch der Aufbau von Rechtschreibkompetenz ... ein didaktischer Selbstläufer [wäre], sofern man die entsprechenden Prozesse wirklich selbst laufen lassen würde“ (1997, S. 9).

Gegen diese Prämisse einiger Verfechter des Spracherfahrungsansatzes werden gewichtige Argumente aus kulturhistorischer, anthropologischer und sprachwissenschaftlicher Sicht ins Feld geführt (vgl. u.a. Stanovich 1995, S. 92 ff.; Libermann & Libermann 1992), auf die hier nicht weiter eingegangen werden soll. Von diesem kritischen Punkt abgesehen, scheint aber die derzeitige empirische Forschungslage – wie schon beim Methodenstreit der 50er und 60er Jahre – kein klares Votum für eine der beiden Positionen zu begründen. So gelangt Walter auf der Basis seiner Sichtung von Forschungsbefunden in den USA wieder zu einem nahe liegenden „methodenintegrierenden" Resümee: „Wie neuere Arbeiten zeigen (...), lässt sich mit dem Spracherfahrungsansatz, ..., unter Einbeziehung systematisch-strukturierter Übungen zum Erwerb von Graphem-Phonem-Korrespondenzen sehr erfolgreich arbeiten" (1996, S. 42).

Entwicklungsmodelle als Hilfe zur individuellen Diagnose und Förderung

Die in diesem Buch theoretisch und praktisch entfaltete Konzeption eines Anfangsunterrichts im Schriftspracherwerb basiert auf den zuvor skizzierten Grundsätzen des Spracherfahrungsansatzes und folgt im Wesentlichen dem methodischen Prinzip „Lesen durch Schreiben" von Reichen. Abgelehnt wird allerdings dessen fragwürdige und didaktisch höchst prekäre These vom Schriftspracherwerb als „didaktischem Selbstläufer". Auf Elemente systematischer, lehrergeleiteter Unterweisung und Übung wird nicht verzichtet – insbesondere mit Blick auf den Orthographieerwerb und hier vor allem auf leistungsschwächere bzw. entwicklungsverzögerte Kinder.
Einen zentralen Bezugspunkt unseres Ansatzes stellen neuere entwicklungspsychologische Forschungen dar, die in bemerkenswerter Übereinstimmung grundlegende Stufen entdeckt haben, die Kinder in der Entwicklung ihrer Schreib- und Lesestrategien durchlaufen. Diese Entwicklungsmodelle, die sich lediglich in der Terminologie bzw. in der Ausdifferenzierung einzelner Stufen unterscheiden, dienen als wichtige Instrumentarien zur Diagnose individueller Entwicklungsstände und zur Generierung individuell angemessener Fördermaßnahmen im Rahmen eigenaktiver und selbstgeleiteter Auseinandersetzung der Kinder mit der Schriftsprache. Dabei werden gleichermaßen beide Modalitäten des Schriftspracherwerbs, nämlich sowohl das Lesen- als auch das Schreibenlernen, bei der Diagnose in den Blick genommen und in entsprechende Fördermaßnahmen umgesetzt.

1 Pädagogisch (begründet) handeln

Konstitutiv für die Konzeption eines entwicklungsorientierten Unterrichts sind *pädagogische Zielsetzungen*, die folglich an erster Stelle entfaltet werden müssen. Dies geschieht vor dem Hintergrund einer Sichtung des empirischen Forschungsstandes zum offenen Unterricht, die die Bedeutung der Öffnung des Unterrichts für die Verwirklichung pädagogischer Ziele belegt. Dass Letztere immer auch an die Erfüllung fachlicher Lernziele im Sinne einer grundlegenden Bildung gebunden ist, wird hier am Beispiel des Lerngegenstandes „Schriftspracherwerb" verdeutlicht. Als Konsequenz wird abschließend die gleichzeitige und gleichwertige Förderung von Leistungs- und Persönlichkeitsentwicklung gefordert.

Die Idee der Öffnung des Grundschulunterrichts im Allgemeinen und des Unterrichts im Schriftspracherwerb im Besonderen ist angesichts so mancher Befürchtungen um die Leistungsfähigkeit unseres Schulwesens (vgl. zusammenfassend Brügelmann 1998, S. 32 ff.) legitimationsbedürftig. Das im internationalen Vergleich schlechte Abschneiden der deutschen 15-Jährigen in der viel zitierten PISA-Studie hat den politischen Druck noch verstärkt – auch wenn der mögliche Anteil der Grundschule daran durch die Ergebnisse der IGLU-Studie relativiert wurden. Sich auf die reformpädagogische Tradition und ihr romantisierendes Bild des Kindes (Oelkers 1996) zu berufen, genügt nicht. Es müssen auf der Grundlage vorliegender Forschungsbefunde zu vermutende Gewinne aus pädagogischer Sicht und mögliche Kosten sowie Bedingungen für die Optimierung der Gewinne und die Minimierung der Kosten sorgsam geprüft werden. Sonst kann, wie die bildungspolitische Entwicklung in Großbritannien gezeigt hat, das Pendel schnell in die entgegengesetzte Richtung ausschlagen.

Empirische Pattsituation zwischen offenem und geschlossenem Unterricht im Schriftspracherwerb

Grob zusammengefasst lassen die vorliegenden Ergebnisse methodenvergleichender Studien tendenziell Vorzüge offener Unterrichtsformen im Bereich der Persönlichkeitsentwicklung erkennen, während lehrgangsgebundener Unterricht eher für kognitive Lernziele förderlich zu sein scheint (vgl. u.a. Einsiedler 1990; Jürgens 1995; Brügelmann 1998; Hanke 2001; Lipowsky 2002). Allerdings sind die Forschungsbefunde im Einzelnen weder eindeutig noch einheitlich und bedürfen einer differenzierten Betrachtung – u.a. im Hinblick auf forschungsmethodische Unterschiede und Probleme (vgl. Jürgens 1995; Hanke 2001), Effekte von offenem und geschlossenem Unterricht auf Schüler mit unterschiedlichen Leistungsniveaus bzw. kognitiven und sozio-emotionalen Lernvoraussetzungen (vgl. Jürgens 1995; Poerschke 1999; Lipowsky 2002) und nicht zuletzt im Hinblick auf spezifische Lernbereiche. Guter Fibelunterricht führt in der Regel alle Kinder zum Lesen, möglicherweise sogar geringfügig früher als im offenen Unterricht „ohne Fibeltrott". Dass dieser aber letztlich (bei deutschen Schülern) mindestens ebenso erfolgreich ist, hat eine vergleichende Untersuchung von Herff (1993) gezeigt.

Weniger eindeutig stellt sich die Sachlage im Hinblick auf den Orthographieerwerb dar. Im Schreibvergleich BRDDR (Brügelmann 1994a) machten Kinder, die in einem systematischen, lehrgangsförmigen Unterricht Rechtschreiben gelernt haben, im Diktat mit geübten Wörtern des Grundwortschatzes weniger Fehler als Kinder, die vorwiegend über freies Schreiben Zugang zur Schriftsprache finden konnten. Zum Ende der Grundschulzeit näherten sich die Rechtschreibleistungen beider Gruppen allerdings zunehmend an. Beim Schreiben freier Texte, also in der realen Anwendungssituation von Rechtschreibkompetenz, ergaben sich auch zuvor keine signifikanten Unterschiede. Nach Maßgabe dieses Befundes ist es also mehr als fraglich, ob sich der große zeitliche und psychische Aufwand lohnt, mit dem systematisches Rechtschreibenlernen und -üben im traditionellen Grundschulunterricht – zumindest in der bisherigen Form – betrieben wird.

Andere Untersuchungsergebnisse geben allerdings zu Überlegungen in umgekehrter Richtung Anlass: So erbrachte der von May durchgeführte West-Ost-Vergleich im Durchschnitt deutlich bessere Rechtschreibleistungen der DDR-Kinder, die bekanntlich einen umfangreicheren, streng lehrgangs- und leistungsorientierten Deutschunterricht durchlaufen hatten (May 1995). Im Hamburger BLK-Modellversuch „Elementare Schriftkultur als Prävention von Lese- und Rechtschreibschwierigkeiten und Analphabetismus bei Grundschulkindern" (Behörde für Schule, Jugend und Berufsbildung Hamburg, 1996) zeigten am Ende des 2. Schuljahres Kinder der „Lesen durch Schreiben"-Klassen zumindest im Rechtschreibtest (DRT 2) insgesamt deutlich schwächere Leistungen als Kinder der Fibel-Klassen.

Aus diesen Befunden ist zu folgern, dass auch im Rahmen einer grundsätzlich offenen Unterrichtskonzeption die Kinder frühzeitig und nachhaltig mit orthographischen Mustern und morphematischen Strukturen konfrontiert werden müssen – phasenweise auch in systematischer, lehrgangsförmiger Weise. Insbesondere schwächere Rechtschreiber bedürfen vermehrt einer solchen Anleitung und Strukturierung des Lernens, da bei ihnen der eigenaktive, selbst-entdeckende Zugang zur Schriftsprache offenbar nicht ausreicht. Wie eine Untersuchung von Poerschke (1999) zeigt, gilt dies auch für die Entwicklung der Lesefähigkeit im Anfangsunterricht. Bis zum Ende der 1. Klasse hatte sich die Leseleistung bei Kindern mit unterdurchschnittlichen kognitiven Lernvoraussetzungen im Frontalunterricht signifikant günstiger entwickelt als die der offen unterrichteten Kinder. Bei den Schülern mit durchschnittlichen und überdurchschnittlichen kognitiven Lernvoraussetzungen ergaben sich dagegen solche Unterschiede nicht.

Zusammenfassungen von Ergebnissen methodenvergleichender Untersuchungen insbesondere aus dem anglo-amerikanischen Bereich (vgl. u.a. Jürgens 1995; Lipowsky 2002) bestätigen diesen Tatbestand. Leistungsschwächere Schüler bedürfen stärkerer Strukturierung und Anleitung, während Kinder mit günstigen Lernvoraussetzungen ihre Lernzeit in offenen Lernsituationen effektiver nutzen.

Dass dies allerdings nicht zwangsläufig so sein muss, dass letztlich die pädagogisch-didaktische Kompetenz und das Engagement des Lehrers ausschlaggebend sind, das zeigt Peschels (2003) Evaluation des eigenen Unterrichts über vier Grundschuljahre: In seinem konsequent offen praktizierten Unterricht mit größtmöglichem Spielraum für selbstständiges, interessengeleitetes Arbeiten erreichten die Kinder überdurchschnittliche Ergebnisse in Rechtschreiben, Lesen und Arithmetik - auch und gerade die ursprünglich leistungsschwachen.

Diesem knappen Überblick über Forschungen zum offenen Unterricht im allgemeinen und speziell im Schriftspracherwerb ist einschränkend hinzuzufügen, dass konkrete Merkmale der Unterrichtsqualität, wie das kognitive Niveau der Lernaktivitäten, die aktualisierten Lernstrategien, die Selbststeuerungsfähigkeit, die Interaktionsqualität, die zielgerichtete Orientierung und Unterstützung der Lernenden u.a.m. bislang nicht systematisch erfasst wurden. Sie sind aber nach Maßgabe neuerer Befunde aus der Unterrichtsforschung vermutlich bedeutsamer für die Effektivität offener Lernsituationen als formale Aspekte von „Offenheit“ und Wahlfreiheit (vgl. Lipowsky 2002). Auf dieser Mikroebene des Unterrichts werden allerdings die Grenzen zwischen „offen“ und „geschlossen“ fließend: „Offenheit und Strukturierung sind keine Gegensätze, sondern sie verhalten sich zueinander komplementär“ (ebd., S. 149).

Schwerpunkt: Pädagogische Zielsetzungen

Ziel des Unterrichts im Schriftspracherwerb ist allerdings nicht nur der Erwerb der Lese- und Rechtschreibfertigkeit, der freilich gewährleistet sein muss. Aus pädagogischer Sicht sind

- Denkentwicklung und sinnvolles Tun,
- Interesse am Lerngegenstand,
- Lernfreude,
- Kreativität,
- selbstbestimmtes Handeln,
- soziale Ko-Konstruktionen,
- positives Selbstkonzept und Selbstwertgefühl,

und damit eine durch intensive, eigenaktive und konstruktiv-problemlösende Auseinandersetzung mit dem Lerngegenstand gekennzeichnete Lernhaltung zumindest ebenso bedeutsam.

Lesen- und Schreibenlernen als Denkentwicklung und „sinn-volles" Tun

Im Verständnis des Spracherfahrungsansatzes ist Schriftspracherwerb im Wesentlichen *Denkentwicklung* und nicht nur Erwerb einzelner Fertigkeiten und Kenntnisse oder die einfache Reproduktion von gedächtnismäßig Gespeichertem. Schreiben(-lernen) und Lesen(-lernen) sind (re-)konstruktive und problemlösende Prozesse. Über eigenaktiven, problemlösenden Umgang mit Schrift sollen Einsichten in Bauprinzipien der Schriftsprache und ihren Zusammenhang mit der gesprochenen Sprache gewonnen werden – auf der Ebene rein lautorientierter Re-Konstruktion von Wörtern (beim Schreiben) oder phonologischen Rekodierens (beim Lesen) ebenso wie beim vielfältigen Umbauen und Verwandeln von Wörtern auf der für das Rechtschreiben zentralen Ebene der Morphemstruktur. In diesem Verständnis wird Lesen- und (Recht-)Schreibenlernen zum Problemlöseprozess, rücken – an Stelle mehr oder weniger mechanischen Übens – kognitive Aktivierung und effektive Problemlösestrategien als Voraussetzungen für den Lernerfolg (nicht nur im Schriftspracherwerb) in das Zentrum pädagogisch-didaktischen Interesses (vgl. u.a. Brügelmann 1984; May 1986; Dehn 1994b; Scheerer-Neumann 1999; Speck-Hamdan 1998).

Lesen- und Schreibenlernen ist nicht auf den isolierten Erwerb einer „Kulturtechnik" zu reduzieren. Im Unterschied zum früheren Leseverständnis, das sich auf einen Mechanismus von visuellen und akusto-motorischen Vorgängen beschränkte, betonen heutige Begriffsbestimmungen die informationsverarbeitende und sinnerfassende Komponente des Lesens (vgl. u.a. Gümbel

1980, S. 45 ff.; Meiers 1998, S. 18 ff.). Dass die Praxis des Anfangsunterrichts hierzulande diesbezüglich immer noch defizitär zu sein scheint, zeigt u.a. eine internationale Vergleichsstudie von Leseleistungen im 3. Schuljahr (Lehmann 1995). Deutsche Grundschüler erzielten bei Aufgaben, die ein tiefergehendes Textverständnis erforderten, nur mäßige Ergebnisse. Analog zu den Ergebnissen der PISA-Studie und zuvor der TIMS-Studie im mathematisch-naturwissenschaftlichen Bereich, die erhebliche bildungspolitische Turbulenzen hervorgerufen haben, sollte auch dieser Befund zu einer Umorientierung in den Zielsetzungen Anlass geben. Lesen- und Schreibenlernen ist – wie Dehn formuliert – als „elementare schriftkulturelle Tätigkeit“ zu vermitteln.

„Die heutige Situation ist besonders kompliziert: Durch die Verbreitung von Radio, Fernsehen, Film und Video ist kulturelle Teilhabe einerseits in noch stärkerem Maße unabhängig von Schrift als in früheren Jahrhunderten; andererseits betreffen die pragmatischen Formen des Schriftgebrauchs (im Umgang mit Behörden, im Berufsleben) heute nahezu jeden einzelnen, während sie früher eher auf bestimmte Gruppen beschränkt waren. Die Diskrepanz zwischen einer geringen inneren Notwendigkeit für Schriftkultur und einem starken äußeren Druck zur Beherrschung der Kulturtechnik wird als eine der gesellschaftlichen Ursachen für den funktionalen Analphabetismus angesehen ...
Da, wo Kenntnis der Buchstaben, ihre Synthese und die Strukturierung der Wörter losgelöst werden von der basalen Funktion des Schreibens (und des Lesens) als Ausdrucksform für Gedachtes, ist, so könnte man formulieren, Kulturtechnik sogar ein Hindernis für die Teilnahme an Schriftkultur“ (Dehn 1994a, S. 26).

Teilhabe an Schriftkultur setzt *sinn-volles* Lernen voraus, erfordert die Bindung schulischer Lern- und Vermittlungsprozesse an die Funktion der Schriftsprache: etwas niederzuschreiben und mitzuteilen, von anderen etwas zu erfahren, Gedachtes festzuhalten, zu gestalten und aufzubewahren.
Dieser Sinnbezug des Schriftspracherwerbs steht im Zentrum des Spracherfahrungsansatzes. Vielfältige Erfahrungen zeigen, mit welchem Eifer und mit welcher Ausdauer Kinder – wenn auch anfänglich noch unvollständig und nicht der orthographischen Norm entsprechend – ihre Mitteilungen verschriften, mit welchem Interesse sie Mitteilungen anderer entschlüsseln (möchten). Vermieden wird die Fixierung auf artifizielle Fibelwörter und -texte, die die Sprachkompetenz der Schulanfänger zwangsläufig weit unterschreiten und möglicherweise auch restringierende Rückwirkungen auf Wortschatz und Syntax ihres mündlichen Sprachgebrauchs haben (Hannig & Hannig 1974).

Lesen- und Schreibenlernen und Interesse am Lerngegenstand

Dass offene, Selbsttätigkeit und Lebensweltbezug akzentuierende Lernsituationen prinzipiell geeignet sind, intrinsische Lernmotivation bzw. Interesse an schulischen Lerninhalten aufrecht zu erhalten oder zu wecken, bestätigen motivationspsychologische Theorien und Forschungsbefunde. Studien von Deci und Ryan (1993) haben gezeigt, dass *intrinsisch motiviertes Lernen* wesentlich auf der Erfahrung von Kompetenz und Selbstbestimmung gründet. Externe Kontrolle dagegen führt eher zu Einschränkung intrinsisch motivierten Verhaltens. Dass intrinsische Lernmotivation, d.h. „der Wunsch oder die Absicht, eine bestimmte Lernhandlung um ihrer selbst Willen durchzuführen, weil diese z.B. als interessant, spannend, herausfordernd usw. erscheint" (Schiefele & Schreyer 1994, S. 1f.), einen positiven Einfluss auf die Lernleistung – insbesondere auf das tiefergehende, weniger auf das mechanische Lernen – hat, ist durch eine Vielzahl empirischer Untersuchungen belegt (ebd.). Weitere Studien, die an Stelle des inhaltsneutralen Motivationsbegriffs vom – den Person-Gegenstand-Bezug betonenden – Begriff des *Interesses* ausgehen, bestätigen diese leistungssteigernde Wirkung (vgl. u.a. Krapp 1992).
Hartingers Untersuchung über die Entwicklung des Interesses von Grundschulkindern an einem sachunterrichtlichen Thema („Leben am Gewässer") ergab, dass selbstbestimmtes Arbeiten das Interesse der Kinder an der Thematik erhöht und auch nach Beendigung des Unterrichts länger aufrecht erhält (Hartinger 1997). Auch für den Schriftspracherwerb gilt, dass Lerninhalte, die für die Lernenden emotional positiv besetzt sind, an denen sie interessiert sind, besser gelernt werden – wie u.a. Untersuchungen zum Rechtschreibenlernen von Richter (1998) zeigen.

Lesen- und Schreibenlernen und Lernfreude

Im Hinblick auf die Aufrechterhaltung von *Lernfreude* kann auf Daten aus der LOGIK- und SCHOLASTIK-Studie des Münchner Max-Planck-Instituts zurückgegriffen werden (Helmke 1992a). Sie zeigen, dass zwar die Lernfreude während der gesamten Grundschulzeit durchschnittlich im positiven Bereich bleibt, nach dem 1. Schuljahr jedoch einem Abwärtstrend folgt. Da dieser nur für das Fach Deutsch signifikant ist, wäre gerade in diesem Lernbereich durch Gelegenheiten für interessengeleitetes, selbstgesteuertes Lernen – auch über den Anfangsunterricht hinaus – diesem Trend entgegen zu wirken.

Dass eine solche Gestaltung des Lernens auch zur Entwicklung einer *positiven Einstellung zum schulischen Lernen* allgemein beitragen kann, bestätigen Metaanalysen von Peterson (1979) sowie Giaconia und Hedges (1982), die zahlreiche Einzelstudien zum Vergleich von Wirkungen offenen und traditionellen Unterrichts zusammenfassten und gemeinsame Trends herausarbeiteten. Effekte zugunsten offenen Unterrichts zeigten sich aber auch hinsichtlich weiterer pädagogisch hoch bedeutsamer Aspekte der Persönlichkeitsentwicklung: Kreativität, Selbstständigkeit und Selbstkonzept (vgl. auch Scheerer-Neumann 1989b; Einsiedler 1990; Jürgens 1995). Allerdings waren die Effektstärken durchgängig nicht sehr hoch und es sind sicher weitere empirische Untersuchungen zu möglichen Wirkungen offener Unterrichtsformen auf die Persönlichkeitsentwicklung von Grundschülern erforderlich (Kammermeyer & Martschinke 2003). Dennoch berechtigen diese Befunde – und mehr noch unsere subjektiven Beobachtungen in den Begegnungen mit Kindern im entwicklungsorientierten Unterricht – zu der Annahme, dass offene Unterrichtsformen zeitgemäß sind, d.h. dass sie geeignet sind, zentrale Erziehungs- und Bildungsaufgaben der Grundschule in der heutigen Gesellschaft besser zu bewältigen.

Lesen- und Schreibenlernen und Kreativität

Es erstaunt immer wieder, wie originell, einfallsreich und im besten Sinne unkonventionell Kinder sich mit Problemstellungen und Lerninhalten auseinandersetzen, wenn sie sich ernst genommen und sicher fühlen, wenn sie sich authentisch verhalten dürfen. Wer freie Verschriftungen von Schulanfängern liest und sie *entwicklungsorientiert* aufnimmt, wird sich dem Charme ihrer „Problemlösungen" kaum entziehen können.
Für diese Kinder gilt offensichtlich (noch) nicht, was Duncker der Schule bis auf den heutigen Tag vorwirft: ihren pädagogischen Anspruch, Kulturaneignung als produktiv-schöpferischen Prozess zu gestalten und spürbar werden zu lassen, nur unzureichend eingelöst zu haben (1996, S. 19f.). Diese Kritik Dunckers zielt an erster Stelle auf die Begegnung mit der Schriftsprache, die in der Schule den Bezug zur Realität und zur Lebenswelt der Schüler verliere. Als kreativitätshemmend wirkten sich ferner, so Serve (1992, S. 159), die Dominanz leistungsbezogener Lernzielsetzung und -kontrolle, curriculare Vorplanung, Zeitdruck und die Flut oftmals gängelnder Arbeitsblätter aus.

Auf der anderen Seite gilt *Kreativität*, die mit Fähigkeiten wie Phantasie, Originalität, Erfindungsgabe, Lösung komplexer Probleme, Intuition, divergentes Denken, Kunstbegabung u.a.m. (vgl. Serve 1994) assoziiert wird, aber als gesellschaftlich hoch bedeutsames Gut. Guilford (1970), der divergentes Denken, das zu überraschenden Problemlösungen führt, zum zentralen Merkmal von Kreativität erhob, hatte nicht zuletzt den volkswirtschaftlichen Nutzen kreativer Potenziale im Blick (Preiser 1986; Spinner 1993). In der heutigen globalisierten Welt mit verschärftem internationalen Wettbewerb und zukunftsgefährdenden „epochaltypischen Schlüsselproblemen" (Klafki 1993), an deren Lösung die gegenwärtige Erwachsenengeneration zu scheitern droht, ist diese gesellschaftliche Perspektive umso bedeutsamer, sind Innovationen mehr denn je gefragt.
Bedeutsam ist Kreativität aber auch in bildungstheoretischer Hinsicht – ein Aspekt, der im Zuge einer stärkeren Innengerichtetheit und Subjektivierung des Kreativitätsbegriffs in den 80er Jahren (Urban 1989, S. 13; Spinner 1993) in den Vordergrund rückt. „Unter Kreativität wird nun in erster Linie Selbstausdruck, Entäußerung der verborgenen inneren Welt, Entwurf einer neuen, subjekt-bestimmten Wirklichkeit verstanden" (Spinner 1993, S. 17).
Dass Kreativität in diesem Sinne das Zulassen von unkonventionellen Lösungen und Umwegen, die Aufrechterhaltung von Neugier und Interesse beim Schüler, imaginationsanregende Lern- und Spielmaterialien, Raum für Selbsttätigkeit und Spontanität voraussetzt (vgl. u.a. Serve 1992), liegt in der Natur der Sache – auch wenn dazu derzeit kaum gesicherte Forschungsergebnisse vorliegen (Weinert 1990).
Im Rahmen schulischer Schreibpädagogik ist dieser Anspruch von der Bewegung „kreatives Schreiben" aufgenommen worden: Subjektiv-authentisches Schreiben als Ausdruck eigener Identität, als Antipode gegenüber gesellschaftlicher Anonymisierung, Bürokratisierung und Medienflut, gegenüber entfremdetem Schreiben in der traditionellen Schule (Brenner 1990; Spinner 1993). Bereits im Schriftspracherwerb sind Ansätze kreativen Schreibens realisierbar, sei es in Form freien (Er-)Schreibens erster Wörter, kleiner Sätze oder Texte, sei es in vielfältigen Formen „bewusst gestalteter Inszenierung von Schreibsituationen" (Spinner 1993, S. 18).

Lesen- und Schreibenlernen und selbstbestimmtes Handeln

Weniger überraschend sollte sein, dass auch schon Grundschulkinder in der Lage sind, selbstbestimmt und selbstgeleitet, zugleich aber auch zielstrebig und aufmerksam zu arbeiten, sofern geeignete Lernmaterialien und Aufgaben bereitgestellt werden (Röbe 1986; Schöll 1992). Dieses Lernverhalten entspricht der Art und Weise, wie Kinder vor der Schule gelernt haben (vgl. Holt 1997) – aus eigenem Antrieb, autonom, über Nachahmung und „tastendes Versuchen“ (Freinet) sowie mit hoher Effektivität (s. Spracherwerb). Für entwicklungsorientierten Unterricht im Schriftspracherwerb ist selbsttätiges Lernen konstitutiv. Er lässt den Kindern die Möglichkeit diese Lernweise fortzuführen, sich sukzessiv kulturellen Normen grundlegender Bildung (z.B. der Rechtschreibung) anzunähern und sie in die eigene Bedürfnisstruktur zu integrieren. Nach Deci und Ryan bildet neben der intrinsischen Motivation die „integrierte Regulation“, d.h. eine „Integration von Zielen, Normen und Handlungsstrategien, mit denen sich das Individuum identifiziert und die es in das kohärente Selbstkonzept integriert hat“ (1993, S. 228) die Basis selbstbestimmten Handelns. Die Entwicklung vom autonomen, autotelischen Lernen des Vorschulkindes hin zum *selbstbestimmten Lernen* im genannten Sinne ist eine der zentralen pädagogischen Aufgaben der Grundschule. In einer liberalisierten, demokratischen Gesellschaft, die auf Mündigkeit gründet und in der sich die Freiräume und Risiken für eine eigenverantwortliche individuelle Lebensgestaltung sukzessive erweitern (Beck 1986), ist selbstbestimmtes, selbstständiges und selbstverantwortliches Lernen eine „Schlüsselqualifikation“ (Prenzel 1993, S. 239). Die Rückbesinnung auf Formen offenen Unterrichts, die Kindern Gelegenheit geben über Lerninhalte und Lernwege mitzuentscheiden und ihren Lernprozess selbst zu steuern, ist nicht zuletzt durch die Erwartung diesbezüglicher erziehlicher Wirkungen begründet (vgl. u.a. Benner & Ramseger 1983; Benner 1985).

Lesen- und Schreibenlernen als soziale Ko-Konstruktion

Zu diesen Schlüsselqualifikationen zählt auch *Kooperationsfähigkeit*, die durch Sozialerziehung bzw. soziales Lernen in der Grundschule grundgelegt wird. Dabei kommt der Interaktion zwischen Gleichaltrigen eine besondere pädagogische Bedeutung zu. Im Unterschied zur grundsätzlich asymmetrischen Lehrer-Kind-Interaktion enthält sie „strukturelle Voraussetzungen, soziales und gegenständliches Wissen, Regeln und Begründungen ohne Autorität und Anpassung an vorgegebene Anforderungen zu konstruieren. Kooperatives Lernen findet statt, wenn zwei oder mehr relativ gleichberechtigte Partner sich wechselseitig dabei unterstützen, eine gemeinsame Aufgabe zu bewältigen, ein gemeinsames Ziel zu erreichen“ (Benkmann 1997, S. 88).

Gleichaltrigenbeziehungen können ihre „ko-konstruktive Kraft“ (ebd. S. 89) aber nur in Freiräumen entfalten, in denen sich Zusammenarbeit der Kinder, der Austausch über Fragestellungen, Lösungswege und Ergebnisse sowie die gemeinsame Problembewältigung spontan entwickeln. Eine solche Kooperation ist, wie Krappmann und Oswald (1995) beobachteten, für die Beteiligten fast immer hilfreich und lernintensiv. Interessant sind in diesem Zusammenhang aktuelle Forschungsergebnisse zur Kommunikation im Gruppenunterricht in 5. und 6. Hauptschulklassen, die zeigen, dass Interventionen der Lehrperson während der Gruppenarbeit diese häufig zum Erliegen bringen, die Kommunikationsstruktur völlig verändern und das Gefälle der Statuspositionen verstärken (Dann, Diegritz & Rosenbusch 1999).
Entwicklungsorientierter Unterricht im Schriftspracherwerb lässt vielfältige Möglichkeiten für spontanes kooperatives Lernen entstehen: Wenn gemeinsam eine Seite für die Eigenfibel gedruckt wird, wenn sich spontan eine Gruppe um ein Kind bildet, das am Computer das passende Wort zu einer Bildvorlage zu schreiben versucht, wenn ein Brief der „kleinen Hexe“ (natürlich von der Lehrerin verfasst) gemeinsam entziffert wird, wenn gemeinsam Wortbausteine für die „Wortbaustelle“ aus verschiedenen Texten zusammen getragen werden usw.
Forschungen zur Peer Collaboration in der Tradition Piagets zeigen, dass Kinder, die Problemaufgaben kooperativ lösten, denjenigen überlegen waren, die alleine daran arbeiteten (Benkmann 1997, S. 94). Natürlich ist nicht davon auszugehen, dass eine solche Zusammenarbeit immer ohne größere Spannungen und mit annähernd gleich verteilten Beiträgen abläuft. Konfliktreiche Interaktionen können Lernen auch verhindern, während freundschaftliche Beziehungen das Aushandeln gemeinsamer Lösungen erleichtern und fördern (Krappmann & Oswald 1995, S. 146 ff., S. 170 f.).
Wie die Untersuchung von Petillon (1993) zeigt, spielen bereits in den sozialen Beziehungen der Schulanfänger gute Schulleistungen eine große Rolle: bei der Wahl eines Kindes als Freund, Spielpartner, Sitznachbar und Bezugsperson. „Vom Ausschluss, Gehänselt- und Verpetztwerden sind bis zum Ende des ersten Schuljahres v.a. solche Kinder betroffen, die schulisch wenig erfolgreich sind (Petillon 1993, S. 182). Es sollte ein Kennzeichen des Unterrichtsstils einer Lehrperson in offenen Lernsituationen sein, auch die sozialen Beziehungen der Kinder untereinander im Auge zu haben, in einfühlsamer, behutsamer Weise – ohne zu gängeln – freundschaftliche Zusammenarbeit zu fördern, Kontakte anzuregen, bei der Regelung von Konflikten zu helfen u.ä.

Inwieweit altersheterogen zusammengesetzte Lerngruppen, die in grundschulpädagogischen Überlegungen zur Schulentwicklung – insbesondere in den neuen Bundesländern – eine nicht unmaßgebliche Rolle spielen (vgl. u.a. Burk 1996), zur Förderung kooperativen Lernens beitragen können, bleibt dahingestellt. Nach Auffassung von Laging (1993) ermöglichen sie soziale Verständigung zwischen Kindern mit weit auseinander liegenden Erfahrungswelten, fördern selbstständiges Lernen mit gegenseitiger Hilfe und mindern Konkurrenzverhalten und Leistungsdruck. Zusammenfassungen empirischer Untersuchungsbefunde von Roßbach (1997; 1999) zeigen allerdings keine bis geringe positive soziale Auswirkungen altersheterogener Lerngruppen. Zu berücksichtigen ist ferner, dass auch eine Jahrgangsklasse keine altershomogene Gruppe darstellt. Im 1. Schuljahr z.B. reicht die Altersspanne von vorzeitig eingeschulten bis zu zurückgestellten Kindern.

Lesen- und Schreibenlernen und Entwicklung eines positiven Selbstkonzepts

Die Persönlichkeitsentwicklung des Grundschulkindes im Hinblick auf die bisher erörterten Dimensionen kann nur auf der sozio-emotionalen Basis eines *positiven Selbstkonzepts und Selbstwertgefühls* gelingen. Nur das Kind, das sich angenommen fühlt und sich auch deshalb selbst akzeptieren kann, ist in der Lage auf andere einzugehen, Autonomie zu gewinnen, kreativ zu sein, sich gegenüber schulischen Lerninhalten zu öffnen und eine positive Einstellung zum Lernen und zur Schule zu entwickeln.

Die vielfältigen neuen Informationen, die Kinder in der 1. Klasse über sich selbst und insbesondere über ihre Leistungen bekommen, wirken sich auf das „Bild" aus, das die Kinder von sich selbst entwickeln. Am Schulanfang werden die entscheidenden Weichen für die Entwicklung der verschiedenen Selbstkonzepte und des sie begleitenden Selbstwertgefühls gestellt (Einsiedler 1988). Umgekehrt kann vor allem in Übergangssituationen, wie am Schulanfang, davon ausgegangen werden, dass sich das Selbstkonzept wiederum bedeutsam auf die schulische Leistung auswirkt (Helmke 1992b).

Gut belegt ist (z.B. LOGIK-Studie Helmke 1991, 1998), dass die Einschätzung der eigenen Fähigkeiten am Schulanfang sehr hoch ist, über 60% der Kinder meinen, sie gehören zu den Besten in der Klasse. Im Laufe der Grundschule nimmt sie dann jedoch ab (Fend & Stöckli 1996). Der entscheidende Knick ist in der 1. Jahrgangsstufe festzustellen (Helmke 1991). Dies ist in erster Linie vermutlich auf kumulierende Misserfolgserlebnisse der leistungsschwächeren Schüler zurückzuführen, die ihr Selbstkonzept an die

Leistungsposition in ihrer Klasse angleichen (Pekrun & Helmke 1991, S. 14). Sofern schulische Misserfolge als ein „Noch-nicht-Können" aufgefasst werden können, wird durch sie das Selbstkonzept nicht beeinträchtigt, die Lernbereitschaft bleibt erhalten (Ries 1989, S. 263).
Dies ist in einem entwicklungsorientierten Unterricht leichter möglich, da es in diesem, wie im Kindergarten, selbstverständlich ist, dass einige Kinder schon besser lesen und schreiben können als andere. Da auf gleiche Lernanforderungen verzichtet wird und jedes Kind seinen individuellen Lernweg gehen kann, sind wesentlich weniger soziale Vergleichsprozesse möglich als im traditionellen Fibelunterricht. Hier haben deshalb auch die leistungsschwächeren Kinder eher die Chance, sich eine optimistische, d.h. eine leicht überhöhte Einschätzung der eigenen Fähigkeiten zu erhalten. Diese ist nach Helmke (1998) leistungsfördernd, weil sie die Inangriffnahme von Leistungsanforderungen und das Durchhaltevermögen bei auftretenden Schwierigkeiten fördert.
Die sozialen Vergleichsmöglichkeiten im entwicklungsorientierten Unterricht werden dadurch zurückgedrängt, dass sich der Lehrer an der individuellen Bezugsnorm orientiert. Primäres Kennzeichen dieser individuellen Bezugsnorm ist der Vergleich von Leistungen eines Schülers im zeitlichen Längsschnitt, im Gegensatz zur sozialen Bezugsnorm, die den Leistungsvergleich zwischen Schülern im zeitlichen Querschnitt betont. Wenn Kinder mit Materialien und Aufgaben arbeiten, die ihrer Entwicklungsstufe entsprechen, dann steht das Aufzeigen des individuellen Lernfortschritts unabhängig von dem der anderen Kinder im Mittelpunkt. Natürlich wissen auch die Kinder im entwicklungsorientierten Unterricht, dass es bessere und schwächere Kinder gibt. Da jedoch auf einheitliche Aufgabenstellungen verzichtet wird, ist für die Kinder und auch für den Lehrer der soziale Vergleich erschwert.
Die motivationalen Vorteile einer individuellen gegenüber einer sozialen Bezugsnormorientierung sind klar belegt (Rheinberg 1999). In der Studie „Selbstwirksame Schulen" (Jerusalem & Mittag 1999) zeigte sich, dass die Bezugsnormorientierung des Lehrers von großer Bedeutung sowohl für die Leistung, die Lernfreude und das Wohlbefinden von Schülern als auch für den beruflichen Stress und das Wohlbefinden von Lehrern ist. Die Untersuchung von Jerusalem (1985) bestätigte die Annahme, dass die Bezugsnormorientierung des Lehrers, wie sie vom Schüler wahrgenommen wird, ein wichtiges Bestimmungsstück für die Entwicklung und Veränderung leistungsbezogener Selbsteinschätzungen ist. Lehrer, die entwicklungsorientierten Unterricht durchführen, besitzen vermutlich in besonderem Maße eine solche individuelle Perspektive und betonen die Anstrengungsabhängigkeit

von Leistungen im Gegensatz zur Begabungsabhängigkeit. Im entwicklungsorientierten Unterricht haben alle Schüler durch die Orientierung an der individuellen Bezugsnorm die Chance, erfolgreich zu sein. Dies ist für die Entwicklung und Aufrechterhaltung des Selbstwertgefühls von zentraler Bedeutung. Covington (1992, Covington & Teel 1996) zeigt auf, wie wichtig es ist, dass es vielfältige Erfolgsfelder in einer Klasse gibt, da das Selbstwertgefühl in der Schule stark mit der Leistung zusammenhängt. Das Gefühl, etwas wert zu sein, wird häufig von guten Leistungen abhängig gemacht.
Die Entwicklung eines leicht überhöhten Selbstkonzepts wird vermutlich auch durch die Freiheitsspielräume, die Kindern im entwicklungsorientierten Unterricht zugestanden werden, gefördert. Schulanfänger freuen sich u.a. auf die Schule, weil sie durch neue Fähigkeiten mehr Selbstständigkeit und Unabhängigkeit erreichen wollen (Speck-Hamdan 1991) und sind enttäuscht, wenn sie in der Schule weniger selbst entscheiden dürfen als im Kindergarten. Wenn Kinder häufig Gelegenheit bekommen, Partner und Aufgaben frei zu wählen und für sich, für andere und für Sachen Verantwortung zu übernehmen, können sie Bewältigungserfahrungen machen, die sich auf die Einschätzung ihrer eigenen Fähigkeiten positiv auswirken. Im entwicklungsorientierten Unterricht, der sich am Lernweg des Kindes orientiert, ist dies in wesentlich stärkerem Maße gegeben als im Fibelunterricht.

Leistungs- und Persönlichkeitsentwicklung – das Problem der Multikriterialität

Zeitgemäßer Unterricht im Schriftspracherwerb muss angesichts schwerwiegender gesellschaftlicher Anforderungen an die Grundschule erziehender Unterricht im Sinne der Persönlichkeitsentwicklung der Kinder sein. Er muss aber zugleich die erfolgreiche Vermittlung der Kulturtechniken als zentralen Bestandteil grundlegender Bildung gewährleisten. Dass eine solche *mehr- oder multikriteriale Zielerreichung* grundsätzlich möglich ist, zeigen Ergebnisse der Münchner SCHOLASTIK-Studie: Schrader, Helmke und Dotzler (1997) fanden in ihrer Untersuchung 15 Klassen (von insgesamt 48 Klassen) die im Mittel sowohl überdurchschnittliche Leistungen in Deutsch und Mathematik als auch günstige Auslegungen von Selbstkonzept und Lernfreude aufwiesen. Weinert und Helmke (1996), die zu einem ähnlichen Ergebnis (bezogen auf Mathematik) kamen, bringen dieses allerdings mit Qualitätskriterien eines guten lehrergelenkten Unterrichts in Zusammenhang: zielgerichtete Orientierung, Steuerung und Unterstützung der Lernenden. Sie betonen aber zugleich, dass es zwar das Phänomen des mehrkriterial erfolg-

reichen Unterrichts gebe, „nicht aber ein einheitliches damit korrespondierendes Muster des didaktischen Handelns“ (1996, S. 31).
Aus der Sicht empirischer Forschung bleibt damit auch die Frage offen, in welchem Maße und in welcher Weise offener Unterricht zur multikriterialen Zielerreichung beiträgt. Die wenigen Studien dazu lassen vermuten, dass die Polarisierung von „gelenktem“ und „offenem“ Unterricht im Hinblick auf multikriteriale Zielerreichung viel zu grob ist. Auch lenkend unterrichtende Lehrkräfte können schülerorientiert und sozio-emotional kompetent sein, können förderliche motivationale Voraussetzungen schaffen etc. Einsiedler zieht aus seiner umfassenden Sichtung der Forschungslage zur Unterrichtsqualität die Konsequenz, diese als „Komplementärmodell aus verschiedenen Unterrichtsformen“ zu konzipieren: „Nach meiner Auffassung brauchen wir eine Theorie der Unterrichtsqualität, die Formen selbstgesteuerten Lernens, aber auch Merkmale eines lehrgangsorientierten, sachlogischen Aufbaus und Prinzipien einer nichtautoritären, unterstützenden Lehrersteuerung umfasst“ (Einsiedler 1997, S. 28).
Bis eine solche Theorie in differenzierter Form entwickelt und empirisch überprüft ist, gehen wir aufgrund der bisherigen Überlegungen davon aus, dass eine Verbindung von offenen und lehrgangsförmigen Lernphasen *unter dem Vorrang und der Vorordnung selbstbestimmten und selbstgelenkten Lernens in anregungsreichen Lernumgebungen* dem Anspruch auf multikriteriale Zielerreichung am Besten gerecht wird. Das bedeutet, dass systematische Unterweisung grundsätzlich von selbstbestimmten eigenaktiven Lernprozessen der Kinder ausgeht und sich in diese sozusagen „einfädelt“ (Scaffolding). Dieser „Idealtypus“ einer Verknüpfung von eigentätigen und lehrergelenkten Lernphasen wird so nicht immer zu realisieren sein. Die konkrete didaktisch-methodische Gestaltung dieser Verbindung ist letztlich eine Frage der Lehrerpersönlichkeit, ihrer didaktischen Phantasie, ihres Unterrichtsstils, ihrer Souveränität. Für leistungsschwächere bzw. entwicklungsverzögerte Kinder halten wir allerdings zusätzlich eine spezifische und systematische Förderung für dringend geboten.

2 Entwicklungsorientiert diagnostizieren

Die zweite zentrale Leitidee der Konzeption eines entwicklungsorientierten Unterrichts ist die fachpädagogische Kompetenz der LehrerInnen, ihre Fähigkeit also, den individuellen Lernstand, die jeweilige Schreib- und Lesestrategien eines Kindes sachgemäß zu diagnostizieren und angemessene Fächerangebote zu entwickeln.

Schriftspracherwerb als Denkentwicklung

Während frühe Vorstellungen vom Lese- und Schreiblernprozess als Abfolge additiv aneinandergefügter Teilleistungsprozesse dominierten und zu einer „Teilchendidaktik" (Brügelmann 1994b) führten, die Schrift als Folge zerlegbarer Einzelelemente zu vermitteln suchte, wird aus heutiger Sicht der Blick mehr auf die Strategien der Kinder gelenkt, die sich selbst je nach gewonnener Einsicht den Lerngegenstand Schrift vereinfachen.

Dabei kann man eine grob erkennbare Reihenfolge in der Annäherung an die volle Lese- und Schreibkompetenz erkennen. Sie ist in sogenannten „Phasen- und Stufenmodellen" festgehalten und beschreibt jeweils *dominierende* Lese- und Schreibstrategien der Lerner, d.h., dass damit die vorwiegend verwendeten Strategien beim Lesen oder Schreiben charakterisiert werden. Je kompetenter ein Lerner wird, desto mehr verschiebt sich seine dominante Strategie in Richtung höherer Lesestrategien und Orthographiebeherrschung. Abweichungen von der derzeit dominierenden Strategie werden je nach Situation und Schwierigkeit des Wortmaterials jedoch auch realisiert. Die vom Kind eingesetzten Strategien legen dem Lehrer als Experten offen, mit welchen Prinzipien der Schrift sich das Kind vorrangig auseinander setzt und welche es anwendet.

Scheerer-Neumann (1998, S. 34) bezeichnet das bekannteste und einflussreichste Entwicklungsmodell von Frith (veröffentlicht 1985) als Rahmenmodell, da alle nachfolgenden Ausführungen sich großenteils in dem von Frith einmal gesetzten Raster verorten lassen.

Stufe	Lesen	Schreiben
1a	logographisch 1	(symbolisch)
1b	logographisch 2	logographisch 3
2a	logographisch 3	alphabetisch 1
2b	alphabetisch 3	alphabetisch 2
3a	orthographisch 1	alphabetisch 3
3b	orthographisch 2	orthographisch 3

Abb. 2: Stufenmodell von Frith 1985 (aus Scheerer-Neumann 1989a)

Es geht von drei großen „Phasen“ aus und von einer gewissen Dynamik des Zusammenwirkens von Lesen- und Schreibenlernen. Von Frith wird angenommen, dass eine Strategie jeweils entweder zuerst im Lesen oder Schreiben erworben wird, auch wenn diese Verschränkung der Entwicklungsdynamik empirisch noch nicht bestätigt werden konnte. Auch das zwangsläufige Auftreten einer logographischen Phase kann nicht ohne Weiteres von englischen auf deutsche Verhältnisse übertragen werden, da unsere Sprache wesentlich lauttreuer ist als die englische. Im Gegensatz dazu ließ sich aber durch empirische Studien nachvollziehen, dass die dominante Verarbeitungsstrategie der Kinder sich allmählich von eher phonemischen Zugriffsweisen (Verschriftung der gehörten Laute) hin zu orthographischen Verarbeitungsstrategien (Anwendung von rechtschriftlichen Gesetzmäßigkeiten) verschiebt. Das Bündel der zur Verfügung stehenden Strategien beim Lesen und Schreiben wird dabei mit der Zeit immer breiter; fortgeschrittene Lerner können jederzeit flexibel auf zeitlich früher erworbene Strategien zugreifen. So nehmen z.B. erwachsene Leser auch wieder die Strategie des „sequenziellen Erlesens“ auf, etwa wenn sie lange, unbekannte Inhaltsstoffe auf Beipackzetteln von Medikamenten entschlüsseln müssen.
Was an dem Modell von Frith jedoch unbestritten bleibt, ist die grobe Reihenfolge, in der die drei wesentlichsten Strategien erworben werden. Günther (1986), der das Modell ins Deutsche übertragen hat, schaltete eine präliteral-symbolische Phase vor die logographemische Strategie und ergänzte die Abfolge, indem er eine „integrativ-automatisierte Phase“ an die orthographische Strategie anschloss.

Welche Einsichten in die Struktur der Schriftsprache gewinnen die Kinder nacheinander?

Bei der *logographischen Strategie* orientieren sich die Kinder im Lesen an visuellen Merkmalen eines Wortes und speichern diese zum Wiedererkennen ab. Die Kinder haben bereits die Erkenntnis, dass Zeichen (Buchstaben und Ähnliches) für ein Wort stehen. Sie haben noch keinen Einblick in den Zusammenhang zwischen gesprochener und geschriebener Sprache (Phonem-Graphem-Korrespondenz). Wenn sie schreiben, malen sie Wörter auf das Papier, die sie sich auswendig der Form nach gemerkt haben (z.B. „*OMA*"). Da auch Wörter – ähnlich einem Logo – an einem spezifischen Merkmal festgemacht werden, gibt es leicht Verwechslungen mit anderen Wörtern, die ebenfalls dieses Kennzeichen, z.B. ein <x> im Wort haben. Die Reihenfolge der Buchstaben besitzt auf Grund der fehlenden phonologischen Einsicht noch keine wesentliche Bedeutung, ebenso können bedeutungsunterscheidende Merkmale wie etwa die Querstriche beim <E> unkonventionell überbetont werden (z.B. vier statt drei Striche).
Diese Strategie spielt im deutschen Sprachraum eine wesentlich geringere Rolle als im englischen (vgl. Wimmer, Hartl & Moser 1990). Es gibt sogar einzelne Kinder im deutschen Sprachraum, die diese Strategie nie anwenden (vgl. Scheerer-Neumann, Kretschmann & Brügelmann 1986).
Bei der folgenden, *alphabetischen Strategie* beginnt die Einsicht in den strukturellen Aufbau und die Funktion der Schriftsprache. Die Phonem-Graphem-Korrespondenz und die in unserem Kulturkreis wichtige Links-Rechts-Orientierung der Schriftsprache wird wahrgenommen. Jetzt haben die Kinder den Zusammenhang zwischen Sprechen und Schreiben realisiert und versuchen kleinschrittig Gesprochenes in Geschriebenes zu übersetzen, indem sie ein Wort in seine lautlichen Bestandteile zerlegen und für jedes Phonem ein Graphem suchen. Die Verschriftungen sind stark an der eigenen Artikulation orientiert und bilden zum Teil lautliche Elemente genauer ab als in unserer Rechtschreibkonvention üblich.
Auch beim umgekehrten Vorgang des Erlesens wird mühsam Buchstabe für Buchstabe benannt und anschließend synthetisiert; dabei werden die Laute je nach Stellung innerhalb der Silbe anders ausgesprochen (z.B. [i] in „Pilz" und „Tiger"). Dass dies nicht auf einmal gelingen kann, ist klar. Schwierig sind für den Leseanfänger daneben z.B. Buchstabenverbindungen wie <ie> oder das Dehnungs-<h>, die anders geschrieben als gesprochen werden; aber auch die Betonung der Silben spielt eine wichtige Rolle bei der Bedeutungsentschlüsselung und kann zu Problemen bei der Sinnentnahme in dieser Phase des Entwicklungsprozesses führen.

In einer Übergangsphase zur nächsten Strategie wird zum einen die Orientierung an den konventionellen Phonemen unserer Schrift deutlich, indem die Kinder eine Rechtschreibsprache entwickeln: Sie sprechen überdeutlich das vokalisierte [r] (das Wort „Bart“ wird „Barrrt“ statt „Baat“ gesprochen) oder auch Endungsmorpheme wie <-er>, weil die Kinder wissen, dass hier eine entsprechende Endung geschrieben werden muss. Zum anderen sind Übergeneralisierungen von ersten rechtschriftlichen Wortbausteinen zu beobachten, da die Kinder erste orthographische Phänomene auch auf Wörter übertragen, die nicht der gleichen Regel unterliegen; beispielsweise schreibt ein Kind dann *„Kertze“* in Entsprechung zu „Katze“.

Beim Lesen gestalten sich die Übergänge vom mühsamen Erlesen einzelner Wörter zum flüssigen, sinnentnehmenden Lesen oft unmerklich in Form einer langsamen Verschiebung der dominanten Zugriffsstrategie: Immer mehr Wörter und Wortteile sind sicher im Gedächtnis verankert und können zunehmend schneller wiedererkannt werden.

Die sogenannte orthographische *Strategie* kristallisiert sich durch das Verinnerlichen von Schriftmustern sowie durch die Kenntnis von Rechtschreibregeln allmählich heraus. Beim Lesen spielen die Erfahrungen z.B. in der Betonung und Aussprache von Wörtern eine große Rolle. Die Kleinschrittigkeit, die für die alphabetische Strategie kennzeichnend war, wird überwunden. Größere Einheiten (Silben, Morpheme, aber auch Wörter) können in den Blick genommen werden und zunehmend schnell Sinn entnehmend gelesen werden.

Auch beim Schreiben wird in größeren Einheiten gedacht und nicht Phonem für Phonem verschriftet. Morphematische Einsichten (z.B. Vor- und Nachsilben) oder orthographische Regelmäßigkeiten werden umgesetzt (z.B. Vokaldehnung und -schärfung), die ein Denken in Zusammenhängen erfordern; beispielsweise gewinnt hier der Satzkontext für die grammatische Endung und die semantische Antizipation an Bedeutung.

Diagnose des schriftsprachlichen Entwicklungsstandes

Das am Institut für Grundschulforschung konzipierte Entwicklungsmodell differenziert die Strategien in je vier Unterkategorien bei der alphabetischen Strategie und vier Unterkategorien bei der orthographischen Strategie. Somit wird für den Anfangsunterricht und die Grundschulzeit eine feinere Modellierung des Lernweges möglich. Zudem bezieht sich das Modell nicht nur auf die Einheit Wort, wie das bei allen anderen Entwicklungsmodellen der Fall ist und z.B. von Dehn (1990) kritisiert wurde. Da bei der orthographischen

Strategie größere Begründungszusammenhänge – wie beispielsweise grammatikalische Gesetzmäßigkeiten – bestehen, bezieht sich das Modell hier auch auf die Einheiten Satz und Text.
Im Folgenden wird beispielhaft ein Überblick über die Entwicklung des Schreibenlernens gegeben. Im Anschluss an dieses Kapitel findet sich der entsprechende Überblick über die Entwicklung des Lesenlernens.

Bezeichnung		**Kategorienbeschreibung: Schreiben**	**Beispiele**
0	Präliteral-symbolische Strategie	– Nachahmen äußerer Verhaltensweisen („Kritzeln" und dem Gekritzelten Bedeutung unterlegen) – Buchstaben und buchstabenähnliche Zeichen malen	– Kritzelbriefe – Buchstaben oder buchstabenähnliche Zeichen
1	Logographemische Strategie	– Abmalen und Reproduzieren von Namen und Umweltwörtern – Gelegentliches Notieren beliebiger Buchstaben (oder auch „Zeichen") für einen oder mehrere Laute bzw. für Silben	– KATHARINK – CHRISTOPHER
2	Beginnende alphabetische Strategie	– Beginnende Einsicht in den Laut-Buchstabenbezug – Schreiben des Anlautes oder eines prägnanten Lautes	– F *(= Frosch)* – L *(= Mehl)*
3	Teilweise entfaltete alphabetische Strategie	– „Skelettschreibungen" (= jede Silbe wird durch einen Buchstaben, oft durch einen Konsonanten, wiedergegeben) – Teils falsche Reihenfolge der Laute, Rechts-Links-Orientierung beim Schreiben statt Links-Rechts-Orientierung, auch spiegelverkehrte Buchstaben	– HS *(=Hase)* – VL *(= Vogel)* – FRS *(= Frosch)*
4	Weitgehend entfaltete alphabetische Strategie	– Darstellung *fast* aller Laute einschl. der Vokale (einige wenige Laute werden nicht wiedergegeben) – Noch immer vereinzelt falsche Reihenfolge der Laute, Rechts-Links-Orientierung beim Schreiben statt Links-Rechts-Orientierung und spiegelverkehrte Buchstaben	– RAPUSEL *(s.u.)* – RAPNSL *(= Rapunzel)* – foschönik *(= Froschkönig)* – VOKE *(= Vogel)* – VGL *(= Vogel)*
5	Voll entfaltete alphabetische Strategie	– Genaue phonetische Schreibungen der eigenen Artikulation – Verschriftung aller gehörten Laute, aber auch konventionell nicht notierter „Zwischenlaute" und Aspirationen – Selten Rechts-Links-Orientierung beim Schreiben und spiegelverkehrte Buchstaben *Übergeneralisierung des lautorientierten Verschriftens*	– Eija *(= Eier)* – AHEA *(= Eier)* – Muamel *(= Murmel)* – Buta *(= Butter)* – LEGOF *(= Vogel)*

	Bezeichnung	Kategorienbeschreibung: Schreiben	Beispiele
6	Beginnende orthographische Strategie	Auf **Wort**ebene: Sensibilität für rechtschriftliche Phänomene bei vorwiegend noch lauttreuer Verschriftung – *Verwenden von Wortbausteinen* (dabei oft Anwendung einer „Pilotsprache“, Explizitsprache) – *Orthographische Regeln:* erstes Kennzeichnen von Dehnung, Schärfung ... – *Orthographisches Regelwissen auf morphematischer Ebene*: erstes Anwenden des Ableitungsprinzips, z.B. durch „Verlängerungsregel“ (→ Auslautverhärtung) Auf **Satz**ebene: erste Hypothesen zum Wort- und Satzkonzept (Wortlücken, Groß- und Kleinschreibung, erste Satzzeichen) *Übergeneralisierungen der erkannten RS-Phänomene*	Dehnung/ Schärfung von Vokalen ausgedrückt, jedoch nicht unbedingt orthographisch richtig – MurMel – eier – Meel – Derhund. Bellt.
7	Teilweise entfaltete orthographische Strategie	Auf **Wort**ebene: erste Regeleinsichten, die bewusst angewandt werden können: – *Wortbausteine*; Erkennen/ Unterscheiden von *Kurzvokalen* – *Orthographisches Regelwissen* auf phonetischer Ebene (Kennzeichnen von Dehnung und Schärfung...) – *orthographisches Regelwissen auf morphematischer Ebene* (Auslautverhärtung, Umlaut, ...) Auf **Satz**ebene: Annäherung beim Wortkonzept in einfachen Sätzen an die orthographische Norm (Wortlücken, erste regelhafte Groß- und Kleinschreibung, Satzzeichen ...)	Wörter mit ein oder zwei rechtschriftlichen Schwierigkeiten werden richtig geschrieben: – Ball – Murmel – Fliege Der Hund bellt.
8	Weitgehend entfaltete orthographische Strategie	Auf **Wort**ebene: Wortbausteine, Ableitungen, Umlaute, silbentrennendes „h“, Dehnung und Schärfung von Vokalen gelingen größtenteils Auf **Satz**ebene: Interpunktion weitgehend berücksichtigt Auf **Text**ebene: Textkonstruktion beeinflusst Satzkonstruktion	Wörter mit mehreren rechtschriftl. Schwierigkeiten werden richtig geschrieben: Kä tz chen; Radfahrer Automatisierter Schreibprozess! Textlänge - Fehlerhäufigkeit!
9	Voll entfaltete orthographische Strategie	– „Der kompetente Rechtschreiber“ (auch schwierige Interpunktionsregeln, Regeln für Getrennt- und Zusammenschreibungen, Ausnahmen der Groß- und Kleinschreibung etc. werden beherrscht)	z.B. Strategien zur Fehlervermeidung und selbstständige Fehlerkorrektur durch Wörterbuch etc.

Abb. 3: Modell der Einschätzskala zur Bestimmung der dominanten Schreibstrategie

Wichtig scheint uns, dass es sich um dominierende Strategien der lernenden Kinder handelt (s.o.), also nicht um eine Einordnung eines (Schreib-)Produkts in statisch gedachte „Stufen“, die streng getrennt auftreten.

Neues Fehlerverständnis

Oft die einzige Möglichkeit, einen Einblick in den ansonsten unsichtbaren Lernvorgang zu erhalten, sind die Fehler, die Kinder machen. Kinder vereinfachen sich den komplexen Lerngegenstand Schriftsprache selbst, indem sie das, was sie von der Schrift bereits verstanden haben, in ihrem Lesen und Schreiben zum Ausdruck bringen.
Die meisten Kinder können beispielsweise ihren Namen bereits im Kindergartenalter auswendig schreiben. Mit dem Kennen lernen einzelner Phonem-Graphem-Verbindungen nehmen sie plötzlich ihren Namen auf ganz neue Weise wahr und hören ihn auf bekannte Laute hin ab. Nicht selten machen sie in dieser Phase dann mehr Fehler beim Schreiben ihres Namens als zuvor. Trotzdem ist diese Verschriftung ein Fortschritt im Schriftspracherwerb, denn der Name wird aus den erkannten Bausteinen selbst aufgebaut und nicht einfach nur auswendig gemerkt, wie man sich etwa ein chinesisches Schriftzeichen einprägen würde.
Die konstruktive Seite des Lernens zeigt sich sehr oft auch in kreativen Regelbildungen beim Orthographieerwerb, den oben erläuterten „Übergeneralisierungen“. Kinder erfinden oft Wortschöpfungen beim Schreiben, die sie nie von einem Erwachsenen gehört oder gelesen haben. Sie reproduzieren nicht einfach etwas, was sie im Gedächtnis gespeichert haben, sondern (re-) konstruieren orthographische Regeln für sich neu. Bei dem Wort „Mehl“ schrieb ein Junge beispielsweise „*Meel*“ und zeigte so, dass er auf die Vokaldehnung bereits aufmerksam geworden war. Sein Wissen, dass die Doppelung von <e> einen als lang empfunden Vokal schriftlich kennzeichnen kann, setzte er bei einem ihm orthographisch unbekannten Wort kreativ um.
Fehler werden in der neueren Schriftspracherwerbs-Didaktik als notwendige Denk-(Um-)wege zum Verständnis der Schriftsprache begriffen und helfen der Lehrkraft, genau an den Einsichten und dem Vorverständnis der Kinder anzuknüpfen, um sie auf ihrem Weg zum kompetenten Leser und Schreiber zu unterstützen.

Ein Wort zu den Leseprozessen

Ein Modell, das grundsätzliche Vorgänge beim *Lesen* erläutern kann, ist das von Scheerer-Neumann im deutschsprachigen Raum bekannt gemachte

Zwei-Wege-Modell (von Coltheart erstmals 1978 veröffentlicht). Zwar gibt es mittlerweile von Coltheart selbst überarbeitete Fassungen (z.B. Coltheart, Curtis, Atkins, & Haller 1993) und Gegenentwürfe von anderen Autoren („konnektionistische Modelle", die auf rein neuronaler Ebene die Verknüpfungen zwischen Graphem und Phonem erklären, vgl. z.B. Oerter 2000; Van Orden, Pennington, & Stone, 1990). Trotzdem erscheint uns das Zwei-Wege-Modell noch immer ein gutes Fundament, um sich in Lernprozesse beim Lesen einzudenken. Ergänzungen beziehen hauptsächlich interaktive Elemente zwischen der phonologischen und der visuellen Kodierung mit ein (vgl. z.B. Ehri 1992, Goswami 1993) und wurden in dem von uns konzipierten Entwicklungsmodell mitberücksichtigt.

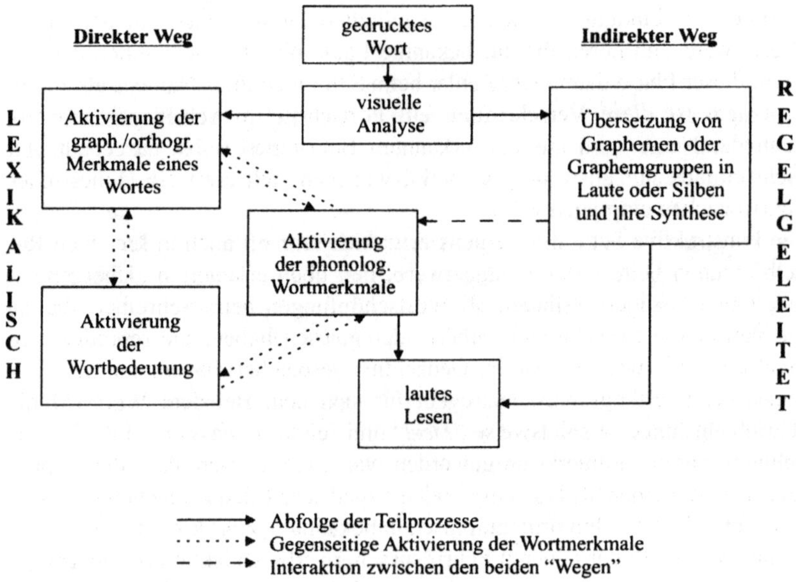

Abb. 4: Zwei-Wege-Modell aus Scheerer-Neumann 1989a

Das Zwei-Wege-Modell geht von einem direkten und einem indirekten Weg aus, über den das gedruckte Wort vom Leser entschlüsselt wird. Beim logographemischen Lesen wird ein Wort an seinen visuellen Merkmalen erkannt. Bei dieser Lesestrategie kann sofort, quasi „direkt", die Bedeutung entnommen werden.

Die darauf folgende (alphabetische) Strategie des sequenziellen Erlesens dagegen ist ein „indirekter" Weg der Entschlüsselung, da er über die phonologische Route führt: Grapheme werden in Phoneme „übersetzt" und anschließend synthetisiert. Da Leseanfänger oft noch alle Silben gleich betonen („Ma - leeer?") muss im eigenen (Sprach-)Wortschatz erst nach einem Wort gesucht werden, dass ungefähr dem erlesenen Wort entsprechen könnte, so dass eine Sinnentnahme möglich wird („Maler!").
Mit der Zeit werden größere Einheiten (z.B. Silben) bis hin zu Wörtern auf einen Blick, also wieder „direkt", entschlüsselt. Dieses direkte Lesen schließt aber die phonologischen, morphologischen u.a. Codes ein, die mittlerweile gelernt und im inneren Lexikon gespeichert sind. Eine ausführliche und gut nachvollziehbare Fallstudie, an Hand des Zwei-Wege-Modells erklärt, bietet Scheerer-Neumann (1989a).

Ein Blick auf die Rechtschreibprozesse

Bis aus einem Schreibanfänger ein geübter Rechtschreiber wird, ist ein langer Weg zurückzulegen. Zunächst orientieren sich Kinder an der für sie naheliegendsten Erfahrung mit Wörtern, der Artikulation. Sie bringen die gesprochene Lautfolge eines Wortes beim Schriftspracherwerb mit Buchstaben in Verbindung. Durch die zunehmende Erfahrung mit der Schriftsprache in der Umwelt, durch Lesen und aufmerksamkeitssteuernde Impulse z.B. im Unterricht wächst die Sicherheit, legale und illegale Buchstabenfolgen zu unterscheiden. Die Kinder bekommen „ein Gefühl" für die wahrscheinlichsten Phonem-Graphem-Korrespondenzen. Der akustisch-artikulatorische Code eines Wortes bleibt auch bei fortgeschrittenen Rechtschreibern „ein wichtiger Steuerungsfaktor, der z.B. die Reihenfolge der Buchstaben bestimmt und Buchstabenauslassungen verhindert... [er] kann auch noch mit einem artikulatorischen Rechtschreib-Code verknüpft sein, der spezielle Schwierigkeiten hervorhebt (z.B. Ga*r*ten)" (Scheerer-Neumann 1995b, S. 238).
Nach dem phonematischen Prinzip lassen sich Wörter individuell konstruieren. Wie werden jedoch die normierten Rechtschreibmuster erworben? Scheerer-Neumann (1995b) fasst in einem Modell zusammen, wie die Speicherung wortspezifischer Rechtschreib-Informationen vorstellbar ist. Die einzelnen Komponenten geben zugleich Aufschluss darüber, dass verschiedenste Wahrnehmungsebenen zu einer wortspezifischen Codierung führen und miteinander vernetzt werden.

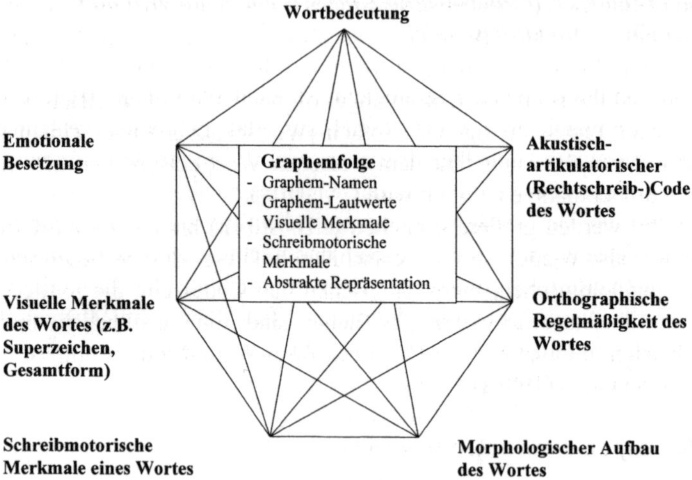

Abb. 5: Modell der rechtschriftlichen Speicherung spezifischer Wörter im Langzeitgedächtnis (Abb. aus Scheerer-Neumann 1995b, S. 238)

Im Mittelpunkt steht die Graphemfolge in multipler Form (siehe Abb. 5). Im Langzeitgedächtnis werden neben visuellen Merkmalen des Wortes (v.a. ungefähre Länge des Wortes und prägnante Merkmale wie Buchstabenverdoppelungen) auch viele andere Merkmale des Wortes gespeichert: Der akustische Code, schreibmotorische Merkmale, die Morphemstruktur des Wortes sowie orthographische Regelmäßigkeiten des konkreten Wortes. Die persönliche Bedeutung des Wortes spielt eine nicht unerhebliche Rolle bei der Fähigkeit, dieses korrekt schreiben zu lernen.

„Für den geübten Rechtschreiber ist die Information aus den verschiedenen Merkmalen des Wortes redundant, d.h. er verfügt über mehr Informationen, als er benötigt“ (Scheerer-Neumann 1995b, S. 239). Bei der Aneignungsphase der Schriftsprache entstehen diese Verknüpfungen erst und werden durch Wiederholung und Erfahrung verstärkt sowie ausdifferenziert. Solange jedoch noch nicht solch eine Fülle vernetzter Informationen über ein Wort vorhanden ist, wird der Schriftunerfahrene die gesprochene Sprache in die geschriebene aufgrund der Phonem-Graphem-Korrespondenzen übersetzen. Rechtschreibunterricht muss also Einblick in Gesetzmäßigkeiten der deutschen Schriftsprache gewähren und Strategien zur Wahrnehmung wortspezifischer Besonderheiten fördern.

Beispiel für eine Lernstandsdiagnose im Schreiben mit dem hier vorgestellten Entwicklungsmodell

Will man nun die dominante Strategie eines Kindes im Schriftspracherwerb herausfinden, wählt man Wortmaterial aus, das möglichst verschiedene Schwierigkeitsstufen beinhaltet: Ein oder zwei Wörter sollten zumindest im frühen Schriftspracherwerb eine einfache Struktur haben (Konsonanten und Vokale wechseln sich ab, keine Konsonantenhäufung am Anfang) und einige sollten mindestens zwei Silben haben und „schwieriger" sein: besondere Konsonantenhäufungen (Beispiel: <str>), orthographische Elemente (Beispiel: Vokaldehnung <ie>), oder morphematische Elemente (Beispiel: Auslautverhärtung). Jedes Wort wird nun einer Kategorie zugeordnet und abschließend ein Mittelwert über alle Worte gebildet.
Marina schreibt bei einem Kuchenrezept nach drei Schulmonaten folgende Wörter:

Schreibaufgabe	Verschriftung	Kategorie	Mittelwert (= dominante Strategie)
Zucker	ZOKER	6	
Mehl	Mel	5	
Milch	MLCH	4	5,2
Eier	EIA	5	
Butter	BOTER	6	

Abb. 6: Marinas Verschriftungen nach drei Monaten Schule

Bei „*ZOKER*" ist bereits das Endmorphem <-er> realisiert worden; es zeigt, dass Marina das Wort in allen seinen lautlichen Elementen verschriften kann und zusätzlich bereits ihre Aufmerksamkeit auf nicht hörbare Elemente richtet (das Endmorphem <-er> wird wie [a] gesprochen). Dieses Wort wird in Kategorie 6 eingeordnet.
Gleiches gilt für die Verschriftung „*BOTER*": Kategorie 6.
„*MEL*" und „*EIR*", das im süddeutschen Raum in manchen Gegenden mit einem gerollten [r] am Wortende gesprochen wird, entsprechen Kategorie 5.
Bei dem Wort „Milch" fehlt ein Laut, der an dieser Stelle (schlecht, aber doch) hörbar ist, nämlich das [i]. Dieses Wort kann deshalb in Kategorie 4 eingeordnet werden.

Als Mittelwert dieser Wörter erhält man den Wert 5,2. Das spiegelt in etwa die dominante Strategie von Marina wieder. Sie kann Wörter zu diesem Zeitpunkt großenteils phonemorientiert verschriften, so, wie sie die Lautfolgen hört und ist gleichzeitig bereits auf dem Weg, sich orthographische und morphematische Besonderheiten zu erschließen.
Weitere Hinweise zur Erhebung der dominierenden Strategie sind Kapitel 5, „Individuelle Lernwege beobachten und begleiten" zu entnehmen.

Lesestrategien erkennen

Anfangs werden nicht alle Kinder gern laut vorlesen. Trotzdem ist es möglich, die Kinder situativ oder gezielt zu Leseversuchen in einer vertraulichen Atmosphäre (allein mit der Lehrkraft in einer Ecke des Raumes) zu verlocken, um sich ein Bild der bereits entwickelten Lesestrategie zu machen. Dazu können kleine Rätsel („Findest du heraus, wie der Junge auf dem Bild heißt?") oder Lösungen von Scherzfragen, Arbeitsanweisungen etc. dienen.
Für die Analyse von Leseprozessen hat es sich bewährt, das Gelesene gelegentlich auf Kassette aufzunehmen, um es Wort für Wort mehrmals genau abhören und dann einschätzen zu können. Ein ähnliches Verfahren zur Lernstandsbestimmung im Lesen und Schreiben wird auch von Dehn (1994b, S. 210 ff.) vorgeschlagen.
Sobald ein Kind beim Lesen größere Einheiten verarbeiten kann und beim Schreiben morphematische und orthographische Elemente in den Blick nimmt, sollte nicht nur auf Wort-, sondern auch auf Satz- und später auf Textebene die dominante Strategie betrachtet werden, da z.B. Groß- und Kleinschreibung unter anderem auch von grammatikalischen Gegebenheiten abhängen. In dem von uns entwickelten Modell wird dies ab Kategorie 6 berücksichtigt.
Günstig für die Beobachtung des Entwicklungsverlaufes ist es, mehrmals im Jahr Lernstandsdiagnosen zu erstellen, um dann auch aus der Dynamik der Veränderungen und aus der Qualität und Häufigkeit von „Fehlern" Hinweise für nötige Förderangebote zu gewinnen. Bei Marina wurde sieben Mal im Schuljahr der Lernstand im Lesen und Rechtschreiben diagnostiziert. Die folgende Abbildung soll einen Eindruck der sich verändernden dominanten Lese- und Rechtschreibstrategien geben.

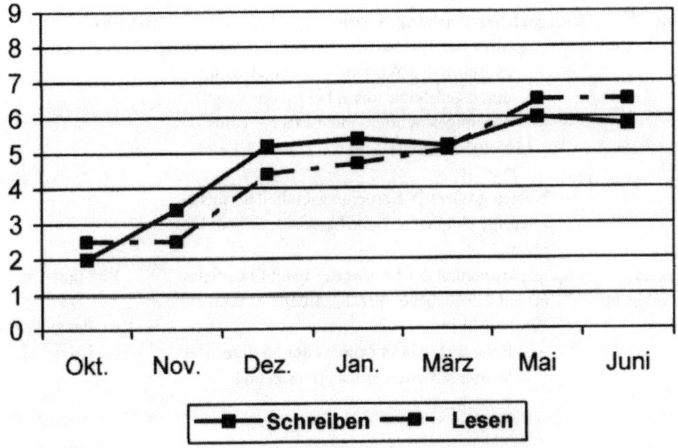

Abb. 7: Entwicklungsdynamik der dominanten Lese- und Rechtschreibstrategien von Marina

Bezeichnung		**Kategoriebeschreibung: Lesen**	**Beispiele**
0	Präliteral-symbolische Strategie	– Nachahmen äußerer Verhaltensweisen („So-tun-als-ob-Lesen")	– Bilderbücher „lesen"
1	Logographemische Strategie	– Wiedererkennen von Namen, Umweltwörtern, Firmenlogos, ... (teilweise kontextabhängig)	– z.B. den eigenen Namen wiedererkennen
2	Beginnende alphabetische Strategie	– Benennen von Buchstabennamen und Lauten – Kontextabhängiges Erraten eines Wortes aufgrund des Anfangsbuchstabens	– I, GE, E, EL *(= Igel)* – I, G, E, L *(= Igel)* – Z, Zucker? *[Kontext: Backrezept]*
3	Teilweise entfaltete alphabetische Strategie	– Synthese erster Buchstaben – Teilweise kontextabhängiges Erraten	– Zu:, Zutaten? *(= Zucker) [Kontext: Backrezept]* – I, G, E, L; heißt das Igel?
4	Weitgehend entfaltete alphabetische Strategie	– Synthetisieren ohne Sinnentnahme, kein kontextabhängiges Erraten – Dehnlesen ohne Sinnentnahme	– M:, Mi:, Mi:l: - Milch? [Kontext: Backrezept] – I:gä:l: *(= Igel)*
5	Voll entfaltete alphabetische Strategie	– Vergleich des Syntheseprodukts mit dem eigenen Wortschatz („inneres Lexikon"): – Sichere Anwendung der Synthese (laut oder nur innerlich vollzogen) – Verzögerte Sinnentnahme (zeigt sich oft durch Wiederholung des Gelesenen mit der richtigen Betonung oder durch kleine Pausen	– F:r:au:, Frau, Ho:le:, Holle – wa 's – (-) was

Bezeichnung		**Kategoriebeschreibung: Lesen**	**Beispiele**
		zwischen den Wörtern, manchmal auch durch gedehntes Lesen bei (in der Regel) einsilbigen Wörtern mit einfacher Kons.-Vokal-Struktur)	
6	Beginnende orthographische Strategie	– Nutzen größerer Verarbeitungseinheiten (mehrgliedrige Grapheme, Schriftzeichen, Silben, Morpheme) Strukturierung des Lesewortes beim Encodieren oft auf Silbenebene: direktes Sichtwortlesen auf Wortteil-Ebene – Erste Sichtwörter (kurze oder häufige Wörter auf einen Blick erfassen und verstehen)	– Ra= pun= zel – Ze= bra – ist, da, und *(Blitzlesen!)*
7	Teilweise entfaltete orthographische Strategie	– Automatisiertes Worterkennen bei *Sichtwörtern* (bei einsilbigen und zweisilbigen häufigen oder einfach strukturierten Wörtern) – *Betonung*: Ein- und zweisilbige (gebräuchliche) Wörter werden „natürlich" ausgesprochen (nicht „mechanisch") – *Sinnerfassendes Lesen auf Satzebene* – Antizipierendes Lesen von *Wörtern* in größeren Sinneinheiten; Verlesungen meist grammatikalisch passend	– *„Blitzlesen" von ein- und zweisilbigen häufigen Wörtern,* z.B. Papier – Sätze werden noch langsam gelesen, teils mit kl. Pausen zw. d. Wörtern – Antizipierendes Lesen, z.B. von Wörtern in kleinen Sätzen (Der Lehrer schreibt an die Tafel)
8	Weitgehend entfaltete orthographische Strategie	– Automatisiertes Worterkennen bei gebräuchlichem Wortschatz (auch drei- und mehrsilbige Wörter) – *Sinnerfassendes Lesen <u>größerer Sinneinheiten</u>* (Texte) – Lesegeschwindigkeit steigt – Anbahnung zielgerichteten Lesens (einen Text mit bestimmter Absicht durchlesen)	– Satzteile und längere Wörter auf einen Blick erfassen („Blitzlesen"), zeilenübergreifendes Lesen – Sinnerfassendes Lesen: z.B. Inhaltsfragen beantworten können – Zielgerichtetes Lesen: z.B. *„Welche Absicht hatte ..."*
9	Voll entfaltete orthographische Strategie	– „Der kompetente Leser"	– z.B. Fachtexte verstehen können, Texte interpretieren, bewerten können (auch: Strategien, sich Hilfen zu holen bei Verständnisproblemen; ...)

Abb. 8: Modell der Einschätzskala zur Bestimmung der dominanten Lesestrategie

3 An das Sprachwissen der Kinder anknüpfen

Von großem Nutzen für die Gestaltung eines eher offenen Unterrichts im Sinne des Spracherfahrungsansatzes erweisen sich grundlegende sprachwissenschaftliche Erkenntnisse. Sie helfen sowohl in der ersten, eher lautorientierten Phase des freien Verschriftens bestimmte Phänomene zu verstehen, als auch im Fortgang bei der – möglichst selbstständigen – Aneignung der Orthographie.
Ein Abschnitt dieses Kapitels befasst sich mit dem „Wissen über die (Schrift-)Sprache“, das Schulanfänger mitbringen. Da die linguistischen und grammatikalischen Begriffe wie Wort und Satz im vorschulischen Bereich kaum Relevanz besitzen, müssen diese Konzepte sowohl implizit durch den verbalen Umgang damit in der Schule, als auch explizit durch Lenkung der Aufmerksamkeit auf diese sprachlichen Einheiten geklärt werden.
Besonders wichtig für den erfolgreichen Schriftspracherwerb ist darüber hinaus eine gut ausgebildete phonologische Bewusstheit, ein Teil der Sprachbewusstheit. Sie spielt sowohl in der Vorschulzeit als Lernvoraussetzung als auch in ihrer Entfaltung während des Schriftspracherwerbs eine Rolle und wird im zweiten Teil des Kapitels dargestellt.

Grundlegend: Das phonematische Prinzip der deutschen Sprache verstehen lernen

Unsere Sprache kann durch mehrere Prinzipien charakterisiert werden. Deutsch gehört zu den phonographischen Sprachen, d.h. es werden in erster Linie Phoneme in Grapheme übersetzt. Entsprechend bedeutungsvoll ist die Einsicht der Kinder in das *phonographische* (oder auch *alphabetische)* Prinzip, das die relative Lauttreue unserer Sprache spiegelt.
Wie wichtig die phonologische Analyse der Wörter für die Einsicht in unser Schriftsystem ist, erkennt man schon daran, dass eigentlich alle Kinder eine Phase im frühen Schriftspracherwerb durchlaufen, in der sie spontan *unbekannte Wörter lautorientiert* verschriften – unabhängig davon, ob sie nach einem Fibellehrgang oder im Rahmen des Spracherfahrungsansatzes unterrichtet werden.
Als Erwachsene sind wir mit der Schriftsprache so vertraut, dass wir Laute zu hören glauben, die eigentlich nicht zu hören sind (vgl. Andresen 1983) oder nur dann durch eine Art Rechtschreibsprache „hörbar“ gemacht werden können, wenn wir wissen, dass sie da sein müssen (z.B. das [e] in unbetonten Silben wie etwa den Endungen „-en“, „-el“ bzw. „-er“ oder die Sonderstellung, die der Konsonant [r] nach Vokalen einnimmt: Oft wird er ähnlich

einem [a] gesprochen und von Kindern so verschriftet oder als sog. „Nullallophon“ gar nicht genannt wie etwa in „Ga*r*ten“). Auch bei stimmhaften Auslauten ([b], [d], [g]) sind manche Erwachsene, auch Lehrer und Lehrerinnen, überzeugt, man könne sie am Klang von den stimmlosen Auslauten ([p], [t], [k]) unterscheiden, was nicht der Fall ist. Marina schrieb beispielsweise das Wort „Vogel“ nach drei Schulwochen *„FOKL“*. Damit zeigte sie, dass sie das Lautprinzip unserer Sprache entdeckt hatte und ein gehörtes Wort so wiedergeben konnte, wie sie selbst es artikulierte. Orthographische Elemente fehlen in diesem Erscheinungsbild noch. Aber Marina hatte das „Baukastenprinzip der Buchstaben, ihre inhaltliche Leere, die Entsprechung zu Lauten der gesprochenen Sprache ...“ (Bartnitzki 1998, S. 36) erkannt, und dies ist gewiss von fundamentaler Bedeutung für den Zugang zur Schriftsprache.
Wenn also die Phonem-Graphem-Korrespondenz eine entscheidende Rolle beim Verstehen der Schriftsprache spielt, so ist damit noch nicht einer eindeutigen Zuordnung zwischen Laut und Buchstabe das Wort geredet[1]. Laute verändern ihr Klangspektrum und ihre Färbung je nach Stellung innerhalb der Silbe, weil sie nie gesondert ausgesprochen werden, sondern im Verbund der Silbe (Koartikulation). Eine Hilfestellung zu diesem Problem hat z.B. Augst (1984) erarbeitet. Thomé (2000) konnte die Einteilung in *Basisgrapheme und Orthographeme* mit einem statistischen Verfahren bestätigen. Die Basisgrapheme treten als Entsprechung zu den Phonemen häufiger auf als die Orthographeme und sind deshalb für den Lerner, der die Schriftsprache erwirbt, grundlegend. Orthographeme sind meist schon an ihrer äußeren Form (z.B. Verdoppelung <ll> oder stummes <h>) zu erkennen. Während für die Aneignung der Basisgrapheme (im Großen und Ganzen: „Lauttreue Schreibung“) keine Rechtschreibregeln im landläufigen Sinn gebraucht werden, ist dies für die Verwendung der sogenannten Orthographeme notwendig. Eine Übersichtstabelle zu den wichtigsten Basis- und Orthographemen findet sich in Thomé (2000, S. 13).

Weiterführend: Das morphematische Prinzip erfassen

Unsere Sprachregeln, wie sie heute sind, sind historisch gewachsen, meistens zugunsten der Leserfreundlichkeit. So dient etwa das *morphematische* Prinzip vor allem dem schnellen Wiedererkennen der Wörter durch den Leser:

1 Im Deutschen gibt es je nach Zählung zwischen 38 und 42 Phoneme, aber nur 26 + 4 (lateinisches Alphabet plus ä, ö, ü, ß) Buchstaben. Allein schon aus diesem Missverhältnis kann keine 1:1-Zuordnung zwischen Laut und Buchstabe angenommen werden.

Vor- und Nachsilben, Endmorpheme, Ableitungen, Umlaute ... aber auch grammatische Morpheme (Flexions- und Wortbildungsmorpheme) werden möglichst gleich geschrieben. Und das gilt selbst dann, wenn sie jeweils anders ausgesprochen werden.
Für den beginnenden Rechtschreiber müssen im Unterricht Chancen eröffnet werden, sich mit diesen Strukturen auseinander zu setzen. Denn unabhängig davon, dass das Lautprinzip *und* das Stammprinzip große Bedeutung für das Schreiben und das Lesen haben, müssen die Lernenden sich diese Kategorien (Phoneme, Morpheme) erst im Lauf der Zeit erwerben. Man darf also nicht davon ausgehen, dass sie als Erklärungsmuster gleich zu Beginn des Lernprozesses stehen können (vgl. Hinney 1997), sie sind vielmehr Endpunkt und Ziel des Prozesses. Anfänger müssen angeregt werden, sich mit einzelnen Phänomenen auseinander zu setzen (z.B. durch das Mitbringen von Gegenständen, bei denen am Ende ein [a] klingt, so dass die Kinder beim anschließenden Verschriften und dem Gespräch darüber auf das Endmorphem <-er> aufmerksam werden). Eine andere Möglichkeit bietet die bewusste Suche nach gleichen Wortbausteinen, etwa bei der Arbeit mit dem Wörterbuch. Erst langsam entstehen dabei im Kopf der Kinder Regelkonstruktionen zu dem komplexen Bereich „Stammerhaltungsprinzip“.

Die Silbe als wichtige Bezugseinheit

Da Vokalquantitäten neben Groß- und Kleinschreibung bei den orthographischen Fehlern den ersten Rang einnehmen, soll hier kurz darauf eingegangen werden. Vokaldehnungen und Schärfungen gehören mit zu den schwierigsten Phänomenen der Orthographie, und oft können sie eher aus der Sicht des wissenden Schriftkundigen erklärt werden, nicht aber als leicht zu fassende, regelhafte Erklärung für den Schriftunkundigen: Worte, von denen man bereits weiß, wie sie geschrieben werden, können mehr oder weniger gut durch Regeln erläutert werden. Dagegen ist es schwer, diese Regeln so zu formulieren, dass unbekannte Wörter damit von Schriftunkundigen bzw. Lernenden richtig geschrieben werden. Wie für die Auseinandersetzung mit dem Lautprinzip (s.o. S. 43) ist auch hier die Beschäftigung mit der Silbe als Bezugseinheit sehr sinnvoll, wenn auch nicht ganz einfach. Röber-Siekmeyer (1993, 1998) hat den Versuch unternommen, die sprachwissenschaftlich schwierigen Sachverhalte der Vokaldehnung und –schärfung auf grundschuldidaktisches Niveau zu reduzieren und hat sich dabei auf die Silbe als erklärungsmächtigen Faktor bezogen. Diese lohnenswerte Arbeit hilft zumindest, die Sprachstrukturen für die Lehrenden selbst weiter zu klären und die Kinder

bei ihren Hypothesen zu unterstützen, obwohl gewiss auch andere Schlüsse für die didaktische Umsetzung möglich sind.[2]
Mit der Bezugseinheit „Silbe" für orthographische Problemlösungen (z.B. bei Vokaldehnung und -schärfung) ist eine sprachliche Kategorie gefunden, die für die Kinder schon aus dem mündlichen Sprachgebrauch heraus leicht zugänglich ist (Kinderreime, Abzählverse, ...), wenn auch nur auf sprechrhythmischer Ebene. An diese Vorkenntnisse anschließend lässt sich auch rechtschriftliches Wissen anknüpfen.

Was wissen Kinder über die linguistischen Einheiten der Schriftsprache?

Als schriftkundige Erwachsene (oft auch als LehrerInnen), sprechen wir ganz selbstverständlich bereits am Schulanfang von „Buchstabe" und vom „Wort" oder gar vom „Satz" („Sag mal einen ganzen Satz!") ohne uns bewusst zu sein, wie wenig die Kinder bisher in diesen Kategorien gedacht haben (vgl. Valtin 1986). Wir setzen diese Begriffe voraus, die die Kinder erst während der Schulzeit erlernen, weil diese sie vorher in ihrem Alltag nicht gebraucht haben.
Am ehesten ist den Kindern, wie erwähnt, die sprachliche Einheit Silbe zugänglich durch sprechmotorische „Übungen" wie Abzählverse u.ä. Linguistische Konzepte wie Laut/ Buchstabe, Wort, Satz erschließen sich die Kinder durch den Umgang mit diesen Begriffen in der Schule, da diese sprachlichen Einheiten erst mit dem Erwerb der Schriftsprache wichtig werden.

Die Vorstellung von einem Wort

Das „Wort" hat in der Vorschulzeit nur inhaltliche Bedeutung z.B. als „böses Wort" oder als „Sprichwort" (vgl. Januschek & Rohde 1979). Aus der mündlichen Sprache allein kann es ohne zusätzliches Wissen auch nicht herausgefiltert werden. Nachvollziehbar wird diese Erfahrung, wenn wir Erwachsenen eine fremde Sprache hören, und versuchen, aus dem ununterbrochenen Lautstrom den Anfang eines Wortes anzugeben. Erst wenn wir das Wort als Einheit kennen – oder auf den Anfangsunterricht übertragen: Erst wenn Kinder z.B. über die Zwischenräume bei den *geschriebenen* Wörtern darauf aufmerksam werden, dass es so etwas wie einzelne Wörter gibt – kann es von anderen Wörtern unterschieden werden.

---

2 Röber-Siekmeyers Konzept geht von der mündlichen Silbe als erklärungsmächtigem Faktor aus (Bsp.: [mu-tə]). Andere Sprachwissenschaftler und Didaktiker (z.B. Hinney & Menzel 1998 in Anlehnung an Eisenberg, z.B. 1989), bevorzugen Erklärungsmuster, die von der schriftlichen Silbe und dem sog. „Silbengelenk" ausgehen. Didaktische Umsetzungsvorschläge auf der Grundlage dieses Erklärungsansatzes finden sich bei Hinney (1997).

Marina schreibt diesen Zettel im zweiten Schulmonat im Zusammenhang mit einer „Fühlkiste“: Was ich gern fühle: Fell.

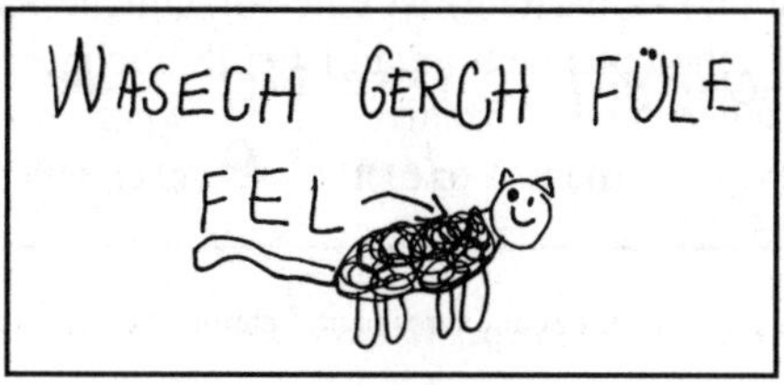

Abb. 9: Teilweise entfaltetes Wortkonzept

Ihre Vorstellung von Wörtern zeigt sich an dieser Schreibaufgabe zumindest so weit, dass sie Abstände zwischen den meisten Wörtern lässt. Die Entwicklung des Wortkonzeptes ist jedoch nicht kontinuierlich. Einen Monat später übersetzt sie den Lautstrom wieder in einen „Schreibstrom“ ohne Lücken, um dann in den folgenden zwei Monaten wieder Zwischenräume bei den einzelnen Wörtern zu setzen, wobei die Artikel nicht als eigene Wörter erkannt werden.

Im zweiten Halbjahr probiert sie eine neue Strategie aus, um Wörter voneinander abzugrenzen. Sie schreibt (fast) jedes in eine neue Zeile:

Abb. 10: Hypothese von Marina, dass jedes Wort in eine Zeile gehört (Antwortbrief eines Detektivs, wer die Blumenblätter „zerstört“)

Erst gegen Ende des Jahres fängt sie an, „konventionell“ die Sätze in Zeilen zu schreiben und zwischen (fast) allen Wörtern Lücken zu lassen.

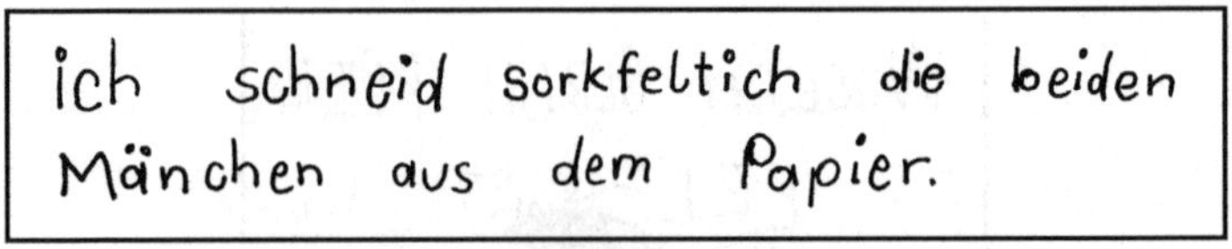

Abb. 11: Wortlücken am Ende des Schuljahres beim Schreiben einer Bastelanleitung

Um aktiv Wörter durch Lücken abgrenzen zu können, muss beim Kind eine klare Vorstellung aufgebaut sein, was ein Wort ausmacht. Valtin (1986) zeigt in ihrer Untersuchung auf, dass selbst am Ende der ersten Klasse „die Entdeckung, dass in einem Satz alle Redeteile (nicht nur Nomen und Verben) abgebildet werden und dass sich die Reihenfolge der gesprochenen und geschriebenen Wörter entspricht“ (S. 53), nicht bei allen Kindern vorausgesetzt werden dürfe. Auch das Setzen von Wortlücken kann nicht von allen erwartet werden, vor allem wenn der Inhalt der Geschichte und der Schreibfluss im Zentrum der Aufmerksamkeit stehen (vgl. aber: „Schreibkonferenzen – aber wie?“ von E. Habermann in diesem Buch).
Noch schwerer ist es für Erstklässler, die Frage explizit zu beantworten: Was ist ein Wort?

Was ist ein Wort? Marina antwortete im ...

... Oktober:	„Ich weiß nicht genau.“
... März:	„Ein Wort hat wenig Buchstaben.“
... Juli:	„Ein Wort ist aus Buchstaben zusammengesetzt, die zueinander passen. Sie ergeben was, zum Beispiel meinen Namen.“

Abb. 12: Was ist ein Wort? – Antworten von Marina

Marina war bei der Frage nach einer Erklärung für „Wort“ nach drei Schulwochen noch sehr unsicher, was sie sagen sollte. Stellte man jedoch die weitere Frage, ob sie ein böses Wort kenne, also eines, das für sie mit Inhalt ge-

füllt war und eine gewisse Bedeutsamkeit in der Vorschulzeit gehabt haben könnte, so antwortete sie zwar nicht, nickte aber mit dem Kopf und grinste verschmitzt.
Nach einem halben Jahr Schule konnte sie mit einer Definition aufwarten, die zwar noch vage, aber insgesamt richtig war: „Ein Wort hat wenige Buchstaben." Das Merkmal Länge/ Kürze ist eines der prägnantesten und griffigsten für Kinder. Der Ausdruck „wenige Buchstaben" deutet auf eine Abgrenzung zum Satz hin, der insgesamt „mehr Buchstaben" hat als ein Wort.
Am Jahresende erweitert und konkretisiert sie ihre Aussage: „Ein Wort ist aus Buchstaben zusammengesetzt, die zueinander passen. Sie ergeben was, z.B. meinen Namen." Damit hat sie einerseits den „technischen" Aspekt angegeben, nämlich dass Wörter aus funktionalen Einheiten, den Buchstaben, zusammengesetzt sind. Andererseits spricht sie den semantischen Aspekt an, dass ein Wort normalerweise etwas Sinnvolles „ergibt".

Konzepte von Lesen und Schreiben

Nicht nur Sprachstrukturen wie das oben erwähnte „Wortkonzept" sollten den Kindern im Laufe des Schriftspracherwerbs einsichtig werden, sondern auch Funktionen von Schriftsprache. Downing (1984) belegt mit seiner „Theorie der kognitiven Klarheit" und entsprechenden Studien, dass der spätere Lese- und Schreiberfolg entscheidend durch prägnante und zutreffende Vorannahmen beeinflusst wird, was bei einer Aufgabe, in diesem Fall Lesen oder Schreiben, zu leisten ist. Kinder, die zu Hause eine Umgebung haben, in der sie lesende oder schreibende Menschen beobachten können, sind dabei im Vorteil. Andere müssen diese Erfahrung teilweise erst in der Schule mit Hilfe der Lehrerin oder der Mitschüler z.B. im Rollenspiel nachholen (Bsp.: Der Arzt schreibt ein Rezept, Mutter liest ein Buch, ...), um verschiedene Funktionen der Schriftsprache wahrnehmen zu können.
Lesen und (Recht-)Schreiben werden, wie zu Beginn des Kapitels 2 ausgeführt, als kognitive Problemlöseprozesse gesehen. Je mehr diese Einsichten in die Schriftsprache mit persönlich Bedeutsamem verbunden werden können, je mehr Raum gelassen wird für eigenes Problemlösen, so dass Kinder über Sprache nachdenken und auf eigene Fragen nach Antworten suchen, desto tiefer ist das Verständnis für die erkannten Sprachstrukturen.
In einer methodenvergleichenden Untersuchung konnte gezeigt werden, dass die Kinder aus den entwicklungsorientierten Klassen durch die selbstständige Auseinandersetzung mit der Schriftsprache über das freie Schreiben und An-

regungen zur Sprachreflexion eine weitaus bewusstere Haltung zur Sprache einnahmen und wesentlich besser ihre Einsichten verbalisieren konnten als Kinder aus Fibelklassen (vgl. Kirschhock 2003).

Phonologische Bewusstheit

Sprachbewusstheit umfasst neben dem Erkennen, wozu Schrift eingesetzt wird, auch das Wissen um die Gliederung der Schriftsprache. Am Beispiel des Wortkonzeptes wurde die wachsende Einsicht bei größeren linguistischen Einheiten aufgezeigt. Die kleinsten Einheiten, die für die Kinder bei der Schriftsprache eine Rolle spielen, sind die Phoneme und ihre visuellen Entsprechungen, die Grapheme. Sich der Lautstruktur der gesprochenen Sprache zuwenden und damit vom Inhalt des Wortes absehen zu können ist eine entscheidende Fähigkeit beim Erwerb der Schriftsprache. Seit etwa 20 Jahren hat sich in der internationalen Forschung die phonologische Bewusstheit als die bedeutsamste Voraussetzung für erfolgreichen Schriftspracherwerb herauskristallisiert. Sie kann als Fähigkeit charakterisiert werden, sich dem formalen Aspekt der Sprache zuzuwenden und zu erkennen, dass die gesprochene Sprache gegliedert ist. Darüber hinaus umfasst sie die Fähigkeit, mit einzelnen sprachlichen Bausteinen, also z.B. mit Reimen oder mit Lauten, variabel umgehen zu können.
Die phonologische Bewusstheit umschließt zwei Ebenen:
Im weiteren Sinne umfasst sie artikulatorisch-sprechrhythmische Elemente, also v.a. Silben und Reime (vgl. Skowronek & Marx 1989; Martschinke, Kirschhock & Frank 2001). Die meisten Vorschulkinder können mit diesen Sprachelementen gut umgehen, sie „manipulieren". Sie können z.B. sagen, welches der vier folgenden Wörter sich nicht auf die anderen reimt: „Wurm-Turm-Tür-Sturm" oder sie können selbst Reimwörter finden. Auch können sie Namen in Silben gliedern oder aus Silben, die ihnen vorgesprochen werden, Wörter zusammensetzen.
Es gibt ein Fülle von Untersuchungen, die einen Zusammenhang zwischen der Ausbildung der phonologischen Bewusstheit im weiteren Sinne und dem Lese- und Rechtschreiberfolg im Laufe der Grundschule aufzeigen (vgl. z.B. Wimmer, Zwicker & Gugg 1991; Landerl & Wimmer 1994). MacLean, Bryant und Bradley (1987) stellten fest, dass sich mit der Beherrschung von Kinderreimen im Alter von drei Jahren die phonologischen Fähigkeiten Fünfjähriger gut vorhersagen lassen (Reime und Stabreime). Diese wiederum waren signifikant korreliert mit der späteren Leseleistung in der Grundschulzeit.

Im engeren Sinne bedeutet phonologische Bewusstheit, Phoneme synthetisieren ([i]-[n], [in]), analysieren ([Hut], [H]-[u]-[t]) und manipulieren zu können, also z.B. bei dem Wort Mund das [u] durch [o] zu ersetzen und dann das neue Wort zu nennen (vgl. Skowronek & Marx 1989). Dies ist wesentlich schwieriger als eine sprachrhythmisch gebundene Segmentierung zu leisten, wie beim Reimen oder Silbenklatschen. Da die Einheit „Phonem" eine willkürlich festgesetzte und abstrakte Einheit ist, wird zumindest ein grundsätzlicher Zugang zur Schriftsprache vorausgesetzt. Deshalb entfaltet sich diese schriftsprachspezifische Fähigkeit vor allem im Erlernen der Schriftsprache, die den Umgang mit Phonemen beim Lesen und Schreiben notwendig macht. Aber auch Vorschulkinder besitzen oft bereits ein erstes Verständnis dafür und können z.B. Anlaute von Wörtern nennen. Untersuchungen belegen, dass es einen positiven Zusammenhang vornehmlich zwischen phonologischer Bewusstheit im engeren Sinne und schriftsprachlichen Leistungen am Ende des ersten Schuljahres, aber auch in der weiteren Grundschulzeit gibt (Weinert & Schneider 1992). Die Wiener Forschergruppe um Klicpera konnte nachweisen, dass die zehn Prozent schwächsten Kinder im Lesen und Rechtschreiben am Ende des ersten Schuljahres bereits zum Schuljahresanfang durch eine schlechte Ausbildung der phonologischen Bewusstheit aufgefallen waren (Klicpera & Gasteiger-Klicpera 1993).
Für den Vorschulbereich wurde theoriegeleitet ein Test entwickelt, mit dem die phonologischen Fähigkeiten von Kindern gut festzustellen sind (Jansen, Mannhaupt, Marx & Skowronek 1999). Auch für den Schulbeginn liegt ein Diagnoseverfahren dazu vor (Martschinke, Kirschhock & Frank 2001), um die Kinder jeweils dort abzuholen, wo ihre Fähigkeiten gut ausgebildet sind.
Als sich die Bedeutung dieser Fähigkeit abzeichnete, begann man kurz darauf, die Trainierbarkeit der phonologischen Fähigkeiten zu untersuchen. Die bekannteste und bedeutendste Studie für den Vorschulbereich stammt von dänischen Forschern. Zwei weit auseinander gelegene Kindergartengruppen wurden auf ihre phonologischen Fähigkeiten hin getestet. Eine der beiden Gruppen wurde nun jeden Tag ca. 15 Minuten mit Aufgaben zur phonologischen Bewusstheit trainiert. Bei den Tests nach acht Monaten zeigte sich ein signifikanter Vorsprung der Trainingsgruppe, der sich sogar am Ende des ersten Schuljahres in den Lese- und Rechtschreibleistungen deutlich niederschlug (vgl. Lundberg, Frost & Peterson 1988). Diese Studie wurde im deutschsprachigen Raum mit ähnlichen Ergebnissen von Schneider und seinen Mitarbeitern wiederholt (vgl. z.B. Schneider, Visé, Reimers & Blässer 1994; Schneider, Roth, Küspert & Ennemoser, M. 1998). Für den schulischen Bereich wurde am Institut für Grundschulforschung ein Training

für die erste Klasse entwickelt, das Defizite aus der Vorschulzeit kompensieren hilft (vgl. Forster & Martschinke 2001). Bei einer groß angelegten Studie mit 15 Klassen unter verschiedenen unterrichtsmethodischen Bedingungen behielten die trainierten Klassen bis zum Ende des Untersuchungszeitraumes (Ende zweite Klasse) einen deutlichen Vorsprung – vor allem in der Lesefertigkeit – gegenüber den beiden anderen Gruppen. Dieses Training ist bausteinartig aufgebaut und kann sehr gut individuell für Risikokinder auch in offeneren Formen des Unterrichts eingesetzt werden.

4 Kinder auf ihrem Lernweg unterstützen – Methodisch-didaktische Bausteine eines entwicklungsorientierten Unterrichts im Schriftspracherwerb

Die Frage, ob man Kinder eher in einem (Fibel-)Lehrgang unterrichten oder eher ihren eigenen Lernweg gehen lassen soll, wird in der Konzeption des Schriftspracherwerbs im entwicklungsorientierten Unterrichts klar zugunsten eines Vorgehens beantwortet, das den individuellen Lernwegen Zeit und Raum gibt. Wohl wissend, dass aber nicht alles „entdeckt" werden und nicht jedes Kind alleine seinen Lernweg gehen kann, bilden unterstützende methodisch-didaktische „Bausteine" die flankierenden Maßnahmen dieser Konzeption.

Im vorangegangenen Teil wurden die Kernstücke eines pädagogisch begründeten, entwicklungsorientierten Unterrichts dargelegt, aus denen sich konsequent die Forderung nach methodisch-didaktischen Maßnahmen ergibt, die den Lernweg der Kinder individuell unterstützen. Nur in enger Verknüpfung mit diesen Grundlagen ist es möglich, die konkreten, praxisorientierteren Bausteine nicht als oberflächliche Handlungsanweisungen zu verstehen. Sie sind Prinzipien eines pädagogisch legitimierten, an der schriftsprachlichen Entwicklung und dem Sprachwissen anknüpfenden Unterrichts, eben Prinzipien eines „entwicklungsorientierten Unterrichts im Schriftspracherwerb".

Jeder methodisch-didaktische Baustein wird kurz in seiner Zielsetzung umrissen und im pädagogischen, entwicklungspsychologischen und/ oder sprachwissenschaftlichen Gedankengut verortet. Zur Konkretisierung dieser didaktischen Bausteine und natürlich auch der gesamten Konzeption beschreiben Praktiker Elemente ihres Unterrichts.

Die Stärke und zugleich die Beschränkung dieser Beiträge liegt zwangsläufig in der persönlichen Gestaltung und Beschreibung der jeweiligen Lernumgebung und ihrer innovativen Impulse. Doch auch wenn es damit nicht möglich ist, eine Konzeption wie die des Schriftspracherwerbs im entwicklungsorientierten Unterricht vollständig abzubilden, wird doch der Blick auf einige wichtige Facetten des Ansatzes gerichtet.

1. Baustein:

Kinder aktiv konstruieren lassen – Die Lauttabelle als Handwerkszeug

Wenn wir wollen, dass Lesen- und Schreibenlernen als *selbstbestimmtes Handeln* und als *sinn-volles Tun* erfahren wird, ist es unabdingbar, den Kindern geeignete Hilfsmittel an die Hand zu geben, die Ihnen erlauben, sich Schriftsprache zumindest teilweise selbst beibringen zu können.

Lauttabellen als „Lexikon für die Laut-Buchstabenbeziehung" haben sich als Mittel der Wahl etabliert, insbesondere für ein eher schreiborientiertes Vorgehen, das mittlerweile immer öfter praktiziert wird. Wir verwenden hier den weiteren Begriff der Lauttabelle statt des üblichen Begriffs „Anlauttabelle", der suggeriert, dass alle Laute unserer Sprache am Anfang eines Wortes zu finden seien. Einige Laute oder Lautkombinationen finden sich nur im In- und Auslaut.

Lauttabellen eröffnen den Kinder einen weitgehend eigenständigen Weg zum Verständnis und zur Anwendung des für unsere Sprache so grundlegenden phonetischen Prinzips. Lauttabellen dienen somit als Schlüssel für die Tür zur alphabetischen Strategie.

Dies gilt aber nicht für Kinder, die bereits lesen können bzw. erste orthographische Muster beim Schreiben verwenden; für sie wäre die Arbeit mit der Lauttabelle ein Rückschritt. Alle anderen Kinder allerdings – ob sie sich noch auf der logographischen oder auf einer der qualitativ immer weiter ausdifferenzierten Zwischenstufen der alphabetischen Strategie befinden – können mit Hilfe einer Lauttabelle aktiv werden, sie können immer neue und immer der „Sache" nähere Theorien darüber entwickeln, wie Schriftsprache funktioniert.

Manche Kinder verschriften mit Hilfe der Lauttabelle zunächst nur den Anlaut oder einen anderen Laut des Wortes, das sie schreiben wollen, andere verschriften in „Skelettschrift" schon pro Silbe mindestens ein Graphem. Es gibt auch einige, die bereits ganze Wörter in phonetischer Umschrift niederlegen können und dabei nur für wenige, noch unbekannte Phonem-Graphem-Verbindungen die Tabelle benötigen. Das heißt, dass die Tabelle für Kinder sehr unterschiedlichen Entwicklungstandes ein geeignetes Arbeitsmittel sein kann. Beginnend bei der logographischen Strategie über die verschiedenen qualitativ unterschiedlichen Stufen der alphabetischen Strategie bis hin zu

ihrer vollen Entfaltung kann die Lauttabelle zur Ausdifferenzierung und Weiterentwicklung beitragen, bis sie sich selbst überflüssig gemacht hat.
Im Zusammenhang mit der Qualitätsentwicklung von Lauttabellen finden wir mittlerweile mehrere Veröffentlichungen, in denen von „Stolpersteinen" in Lauttabellen (Crämer, Füssenich & Schumann 1996; Prieß 1999) die Rede ist, die allen Kindern, aber besonders Kindern mit Sprachschwierigkeiten oder unzureichenden Voraussetzungen für erfolgreichen Schriftspracherwerb zum Verhängnis werden können. Viele Verlage bieten mittlerweile Lauttabellen an, ohne wichtige Kriterien für die Gestaltung einer Lauttabelle zu beachten (vgl. z.B. Prieß 1999; Sommer-Stumpenhorst 2002). Gerade für Kinder, die Schwierigkeiten beim Zugang zur Schriftsprache haben, ist die Anfangshürde enorm hoch, da dem Kind sofort zu Schulbeginn und auf einmal (fast) alle Phonem-Graphem-Korrespondenzen präsentiert werden. Der Gestaltung einer Fibel als vormals wichtigstem Medium beim leseorientierten Beginn im schriftsprachlichen Anfangsunterricht wurde durch Qualitätskriterien ausreichend Aufmerksamkeit gewidmet, der Gestaltung von Lauttabellen als wichtigstem Medium in einem schreiborientierten Vorgehen gebührt diese Aufmerksamkeit in gleichem Maße.
Die folgenden Fragen sollen eine kritische Haltung gegenüber angebotenen Verlagsprodukten signalisieren. Ebenso wie bei Fibeln kann eine Lehrkraft erkannten Problemen bewusst begegnen oder auch Veränderungen vornehmen. Außerdem können solche Fragen bei der Herstellung einer eigenen Lauttabelle helfen.

Welche Laute bzw. Buchstaben sind auf der Lauttabelle?

- Wie geht die Tabelle mit den Buchstaben <c>, <q>, <y>, <v>, <x> um?
- Werden auch die mehrgliedrigen Grapheme angeboten?
- Wie werden Laute abgebildet, die nur im In- oder Auslaut vorkommen?
- Werden alle Laute abgebildet?

Bestimmte Laute kommen als Einzelbuchstaben in deutschen Wörtern nicht vor und sollten deshalb auch in Lauttabellen als „Sonderzeichen" behandelt und gekennzeichnet sein oder in den ersten Phasen des Lernprozesses noch nicht auf der Lauttabelle verzeichnet werden. Beispielsweise kommen <c> und <y> in deutschen Wörtern nicht vor, auch <q> findet sich nur in Verbindung mit dem <u> als <qu>. Der gesprochene Laut [f] wird regelhaft mit <f> verschriftet, nicht mit <v>, d.h. man kann deswegen auch das <v> als Sonderzeichen behandeln.

Zusätzlich verwenden wir aber noch mehrgliedrige Grapheme (<ch>, <qu>, <sch>, <sp>, <st>, <er>, <ng>, <pf>), Umlaute (<ä>, <ö>, <ü>), Diphtonge (=„Doppellaute“, <au>, <ei>, <eu>) oder orthographische Kennzeichnungen für kurze oder lange Vokale (<tz>, <ck>, <ie>).
Ein weiteres Problem besteht darin, dass nicht alle Laute bzw. Buchstaben auch im Anlaut vorkommen (<ch> in Milch, <ch> in Dach, <ng> in Ring, kurzes <ü> in Mücke, <ß> in Fuß). Dies würde sie eigentlich für eine Lauttabelle unbrauchbar machen. Da dieses Hilfsmittel aber auch zum Identifizieren unbekannter Buchstaben eingesetzt werden können soll, ist es sinnvoll, auch Laute im In- oder Auslaut auf der Tabelle zu platzieren, diese aber deutlich optisch zu kennzeichnen, z.B. mit einer Markierung der Lautposition.
Das Problem, dass Vokale in unterschiedlicher Länge oder Kürze (bzw. Offenheit – Geschlossenheit, Gebundenheit – „Un“-Gebundenheit) erscheinen können, soll durch die Zuordnung von zwei Bildern zu jedem Vokal (z.B. „Esel“, „Elefant“) ins Bewusstsein gerückt werden. Ein Kind, das in „Bett“ den zweiten Laut versucht abzuhören, könnte die Ähnlichkeit mit dem Anfangsbuchstaben <e> in „Esel“ kaum erkennen.

Gibt die Anordnung der Laute bzw. die Form einer Lauttabelle dem Schüler eine Orientierungshilfe?

- Ist die Form motivierend?
- Ist die Anordnung eine Hilfe für die Kinder?
- Gibt es eine Lauttabelle für „Anfänger“ und für „Fortgeschrittene“?

Die bekannteste Tabelle von Jürgen Reichen ist als Torbogen konzipiert und spricht damit Kinder emotional an, insbesondere wenn es als das Tor zum Lesen- und Schreibenlernen verstanden wird. Außerdem bietet die Torform auch einen Anfangs- und einen Endpunkt beim Suchen nach bestimmten Graphemen. Das ist besonders wichtig, wenn Kinder einen Laut nicht finden, z.B. weil sie eine Silbe statt eines Lautes „abgehört“ haben und in „endlos“ angelegten Kreisen oder Achtecken ihre Suche unentwegt ohne Erfolgschance fortsetzen. Zusätzlich leistet die Torform noch eine weitere Orientierungshilfe: Die Vokale sind „oben“ oder „in der Mitte“. Gegenüberliegend finden sich beispielsweise ähnliche Laute, aber nicht gleich nebeneinander, um die Kinder nicht zu verwirren. Sie sollen dieses Angebot bewusst aufsuchen können, wenn die Schreibentwicklung so weit vorangeschritten ist.

Ob eine Lauttabelle als Tor, Haus, Zirkuszelt, Lineal o.ä. gestaltet ist, ist nicht entscheidend; wichtig ist, dass die Kinder sich angesprochen fühlen, aber darüber hinaus konkrete Hilfen zur Orientierung finden. Dabei sollte sich die Anordnung dringend an der Lautstruktur der deutschen Sprache orientieren und nicht an der Ordnung des Alphabets, wobei auch Kombinationen möglich sind.
Ein wichtiger Aspekt ist die Menge der angebotenen Buchstaben oder Laute. Können einige Laute am Anfang weggelassen werde (so z.B. in der differenzierten Lauttabelle des Modellversuchs Phonetisches Schreiben, Schweißtal 1998, S. 52f)? Oder können Laute anfangs auch noch hinter Fensterläden oder im Keller „verschwinden“ (siehe das Hexenhaus von Martschinke, Eger & Piniek, in diesem Buch auf Seite 215)? Solche Versuche helfen Kindern, die erst am Anfang der alphabetischen Strategie stehen und wirken der hohen Anfangshürde etwas entgegen. Auch schwierigere Laute oder Lautkombinationen wären auf einer Tabelle für fortgeschrittene Schreiber besser untergebracht.

Sind die gewählten Wörter bzw. Bilder geeignet, den Laut zu repräsentieren?

- Sind die Bilder eindeutig zu identifizieren?
- Ist der (An-)Laut der prägnante Laut?
- Beginnen Wörter mit dem Namen des Buchstabens?

Die große Leistung, die Kinder bei der Arbeit mit der Lauttabelle vollbringen, setzt voraus, dass sie zunächst das Bild gut erkennen, das „richtige“ Wort zuordnen und dann den Laut isolieren und lautieren können.
Um auf der Lauttabelle das Bild und den damit gemeinten Begriff gut identifizieren zu können, sollten die Bezeichnungen den Kindern möglichst gut bekannt und nicht leicht zu verwechseln sein. Prieß (1999, S. 52) schreibt beispielsweise, dass der abgebildete Indianer mit Federkrone auf der Originaltabelle von Reichen von ihren Schülern immer als Häuptling angesehen wurde und die Kinder auch nicht von dieser Meinung abzubringen waren, bis sie die Federkrone auf dem Bild durch eine einzelne Feder am Hinterkopf ersetzte. Sommer-Stumpenhorst (2002) plädiert für eine Verwendung von Wörtern aus verschiedenen Bereichen, da ein gemeinsamer Gestaltungsgedanke (z.B. Tiere) zwar motivieren, aber auch Uneindeutigkeiten mit sich bringen kann.
Die Lautanalyse wird deutlich erschwert, wenn die ausgewählten Wörter zu lang sind und insbesondere ihre Betonung nicht auf der ersten Silbe haben.

So wird das Krokodil der Originaltabelle Reichens auf der dritten Silbe betont, so dass beim Rekodieren im Arbeitsgedächtnis den Kindern unter Umständen das [i] oder das [l] als prägnanter Laut „im Ohr hängen bleibt". Auch der Anfang mit einer Mitlauthäufung erschwert das Abhören des Lautes [k], da hier die Koartikulation so stark ist, dass eventuell das [kr] als ein Laut wahrgenommen bzw. nur das [r] als dominanter Laut wahrgenommen wird.
Viele Schulanfänger kennen bereits einige Buchstaben. Leider haben sie im familiären Umfeld oft gelernt, die Buchstabennamen zu benützen, als z.B. „be" für <b>. Diese Information ist kontraproduktiv zum Erwerb der alphabetischen Strategie. Beim Schreiben werden wichtige Laute ausgelassen, da sie ja bereits „mitklingen" („*HSE*" für Hase); beim Lesen wird die per se schon schwierige Synthese erschwert, indem das Kind versucht, Buchstabennamen zusammen zu binden, beispielsweise „Vau-A-Te-E-Er". Aus diesem Grund sind Bezeichnungen auf der Tabelle ungünstig, die mit dem Buchstabennamen beginnen, wie Besen (mit „be").

Wie Lauttabellen zu benutzen sind, erklärt sich nicht unbedingt von selbst. Die Anwendung der Lauttabelle, die Orientierung darauf, ein ökonomischer und systematischer Gebrauch bedürfen einer Anleitung durch die Lehrkraft. Wie **Rosi Wölfel „Die Arbeit mit der Lauttabelle"** in ihrer Klasse eingeführt und durch verschiedene Angebote im Werkstattunterricht gesichert hat, ist im nächsten Abschnitt nachzulesen.

Die Arbeit mit der Lauttabelle
(Rosi Wölfel)

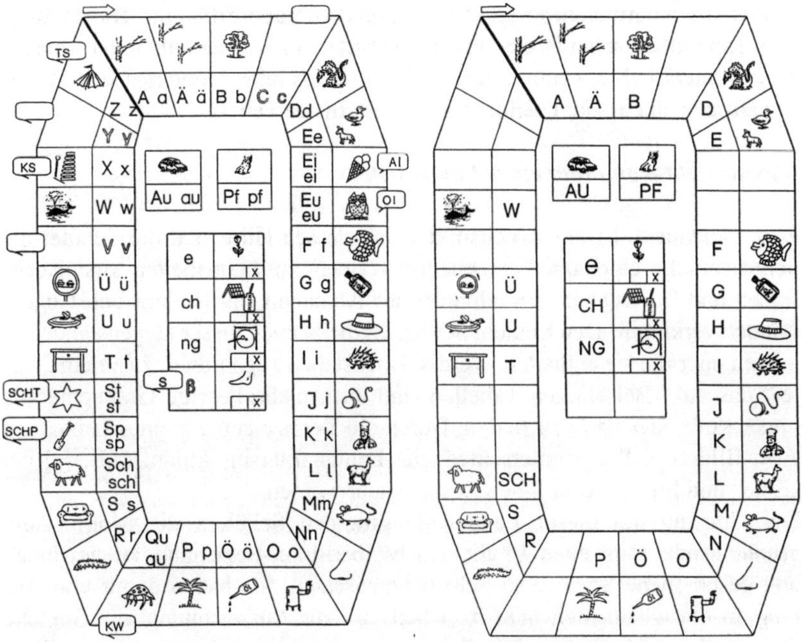

Abb. 13: Lauttabelle aus dem Modellversuch Bayern (z.B. in Schweißtal 1998)

In der Zeit von Mitte September bis Mitte November herrscht in der Klasse 1c im Deutschunterricht eine geschäftige Arbeitsatmosphäre. Die Kinder sitzen allein oder mit einem Partner zusammen oder stehen in Gruppen um einen Tisch herum. Einige Kinder murmeln unterschiedliche Laute und Wortfetzen, andere hingegen sprechen sich immer wieder das gleiche Wort vor. Das Geräusch des Würfelns und Zählens ist deutlich zu erkennen, und etliche Schüler hantieren mit Kärtchen und Glassteine. Alle Kinder haben eine Lauttabelle vor sich liegen. Manche Kinder sitzen vor ihrem Heft und schreiben. Immer wieder läuft ein Kind mit einer Tabelle oder dem Heft in der Hand zur Lehrerin, um eine Frage zu stellen, oder bittet mit dem erhobenen Finger um Hilfe.

Hier findet gerade eine Phase freier Arbeit mit dem Arbeitsmaterial zur Lauttabelle statt, und das in Form von Werkstattunterricht (siehe dazu Beitrag von E. Knäble und C. Hirsch in diesem Buch): Die Wörter der Tabellenbilder sollen aufgeschrieben oder neue Wörter mit dem gleichen Laut gesucht werden. Den Kindern stehen viele Lernmaterialien zur Verfügung: Die verwendete Tabelle, einzelne Bilder aus der Tabelle, Buchstaben aus unterschiedlichem Material (Moosgummi, Holz, Sandpapier) oder Memories und Dominos aus den Buchstaben, Bildern und Wörtern der Tabelle.

Was versteht man unter einer Lauttabelle?

Eine Lauttabelle ist ein Arbeitsmittel, mit dessen Hilfe sich die Schüler die Schriftsprache eigenaktiv erschließen können. In Lauttabellen sind Buchstaben und Buchstabenverbindungen des Alphabets mit Bildern von Gegenständen verknüpft. Den Lauten, mit denen die Namen dieser Gegenstände beginnen oder die sie enthalten, werden Buchstaben zugeordnet, z.B. dem „Apfel“ das <a>. Bei einigen Tabellen sind auch mehrgliedrige Grapheme wie <ng>, <pf> oder <au> zu finden. Durch die Kennzeichnung eines Lautes mit zwei Bildern soll die unterschiedliche Lautqualität im Anlaut (z.B. [ɛ] bei „Ente“ und [e] bei „Esel“) bewusst gemacht werden.
Der Umgang mit dieser Lauttabelle gibt den Schülern die Möglichkeit, grundlegende Einsichten in die Buchstaben-Laut-Beziehung zu gewinnen und gesprochene Sprache in Schrift umzusetzen. Sie haben damit von Anfang an die wichtigsten Schriftzeichen, die zur Aufzeichnung von Sprache nötig sind, zur Verfügung. Die Tabelle dient v.a. dem Schreiben. Methodisch aufbereitet, zielgerichtet eingesetzt sowie vielseitig und intensiv genutzt ist sie ein wichtiges Arbeitsmittel zum selbstgesteuerten Lernen. Das bedeutet für Lehrende Hilfe und Entlastung und für die Lernenden Lernanreiz und Eigenverantwortung.
Über einen längeren Zeitraum (je nach Lerntempo und Entwicklungsstand) haben die Kinder beim Schriftspracherwerb die Aufgabe, auf der Tabelle Laute zu suchen, die gefundenen Buchstaben aufzuschreiben, zu vergleichen und Geschriebenes auch zu überprüfen. Dieser Prozess ist zuerst sehr mühsam und wesentlich anspruchsvoller als die herkömmliche Buchstabenvermittlung, führt aber zu selbstständiger Arbeitsweise und vermittelt den Schülern grundlegende Kenntnisse über den Aufbau, die Stuktur und die Anwendung der Schriftsprache.

Wie macht man die Schüler mit der Lauttabelle vertraut?

Ehe die Kinder selbstständig mit dem begleitenden Material umgehen können, ist es nötig, sie mit der Anordnung der Bilder und der Handhabung der Lauttabelle vertraut zu machen. Zunächst geht es darum die Bilder richtig zu benennen und die Bezeichnungen korrekt auszusprechen. Danach wird der Anfangslaut des Wortes wiederholt und eingeprägt: Z.B. [a] wie „Apfel". Es ist wichtig, das Vorgehen beim Suchen des richtigen Lautes in einer bestimmten Reihenfolge einzuüben, um unnötigen Zeitaufwand bei der Suche zu vermeiden. In gemeinsamer Arbeit werden Wörter in Laute zerlegt und die passenden Großbuchstaben von der Tabelle abgeschrieben. So entstehen Wörter, deren Bedeutung die Kinder kennen. Die Zuordnung der Laute zu Bildern unterstützt die visuelle und emotionale Wahrnehmung und erleichtert das Lernen.

Diese Phase ist gekennzeichnet durch tägliche Übungen im Klassenverband mit der Demonstrations- und der Schülertabelle. Hier fördern Rätselspiele, Klatschen oder Flüstern der Wörter die Aussprache und das gezielte Suchen der Tabellenwörter. Die räumliche Orientierung auf dem Blatt wird durch genaue Angaben (oben – unten, links – rechts, vor – nach) weiterentwickelt. Das Erfinden von Geschichten zu einzelnen oder mehreren Bildern schafft bildliche Assoziationen, ermöglicht kindgemäße sprachliche Strukturen und trainiert das Gedächtnis.

Vielfältige Übungen zur Lauterkennung und Lautunterscheidung, sowie sprachliche Spiele mit Reimen und Zungenbrechern ergänzen diese intensive Beschäftigung mit der gesprochenen Sprache und erweitern die *phonologische Bewusstheit.*

Beispiele für solche Übungen:

- Gedehntes, deutliches Sprechen der Wörter
- Beobachten der Mundstellung und des Atems
- Wörter in Einzellauten vorsprechen
- Zuordnen der Kindernamen zu den Bildern
- Gruppieren der Namen nach gleichen Anlauten
- Heraushören gleicher Vokale oder Konsonanten aus einer Reihe von vorgesprochenen Wörtern
- Reimwörter herausfinden
- Klatschen nach Sprechsilben
- Kinderlieder
- Kinderreime
- Unsinnswörter
- Sätze mit gleichen Anfangsbuchstaben

Die Zuordnung der Anlaute zu den Wortanfängen der Kindernamen spielt eine bedeutende Rolle, da die eigenen Namen von großem Interesse sind und zum überwiegenden Teil bereits geschrieben werden können. Namen sind auch wertvolle Grundlagen für Kennenlern-, Rätsel- und Silbenspiele. Gibt es in den Namen seltene Buchstaben, z.B. <y> in „Yvonne", so müssen sie dem Kind bereits in dieser Phase erklärt werden.
Hier beginnt die *Verknüpfung der gesprochenen mit der geschriebenen Sprache*, da zum ersten Mal der Name mit dem Anlaut der Bildbezeichnung gekoppelt und verschriftet werden soll. Von da an werden die einzelnen Laute in den Wörtern durch eine *überdeutliche, gedehnte Sprache* hörbar gemacht und in Buchstaben aufgeschrieben. An dieser Stelle werden bereits Differenzierungsangebote zur Verfügung gestellt, da der Entwicklungsstand und die Arbeitsgeschwindigkeit der Schüler sehr unterschiedlich sind und bei der zeitlichen Planung berücksichtigt werden müssen.

Werkstattarbeit mit den Materialien zur Lauttabelle

Zurück zu unserer Unterrichtsstunde.
Henrike und Gunnar holen sich das *Bilderlotto* mit den großen Anfangsbuchstaben für die Tabellenwörter.

Abb. 14: Werkstattarbeit mit den Materialien zur Lauttabelle

Narum, Fabrice und Benjamin spielen das große *Würfelspiel*, bei dem immer zwei Bilder mit gleichem Anlaut aufgeklebt sind. Mit einem Spielstein und einem Würfel muss man versuchen, möglichst vor den Mitspielern ans Ziel zu gelangen. Man stellt den Spielstein auf ein Bild, spricht man den Bildernamen und den Anlaut aus und sucht das andere Bild mit dem gleichen Anfangsbuchstaben. Dorthin darf man jetzt den Spielstein setzen. Leider liegt das dazugehörige Bild nicht immer auf dem direkten Weg zum Ziel, so dass Vor- und Zurückspringen nötig sind. Wer als Erster am Ziel ist, hat gewonnen.

Maja spielt mit Caroline ein *Domino*, bei dem Bilder und groß geschriebene Wörter der Tabelle aneinander gereiht werden müssen. Die beiden können schon Wörter erlesen und wollen nicht mehr mit den Anfangsbuchstaben arbeiten.

Basti sitzt mit einer Kiste voll Vogelsand auf dem Boden. Tief im Sand stecken Bilder und Buchstaben der Tabelle. Er holt nacheinander Bilder heraus, spricht sie sich vor, achtet auf den Anfangslaut und *schreibt den Buchstaben in den Sand.* Anschließend kontrolliert er mit seiner Tabelle und glättet den Sand für seinen nächsten Buchstaben.

Vor Lukas und Martin liegt eine Lauttabelle. Sie haben sich auch einen Würfel und zwei Glassteine geholt. Sie spielen ein *Würfelspiel*, bei dem nach jedem Zug mit dem Bildernamen eine kleine lustige Geschichte erdacht wer-

Abb. 15: Würfelspiel

den soll, z.B.: Ich bekomme von meiner Oma ein riesiges Paket. Da es auch Unsinnsgeschichten sein dürfen, haben die Kinder viel Spaß dabei. Es ist erlaubt, neue Regeln zu erfinden, so dass man nach bestimmten Vorschriften aussetzen oder zurückgehen muss.
Jana arbeitet ab und zu gerne allein. Sie hat sich das *Klipp-Klapp-Buch* geholt und sucht aus dem dreiteiligen Buch gleiche Bilder, Buchstaben und Wörter heraus. Mit Hilfe der Tabelle und einer angebrachten Markierung kann sie überprüfen, ob sie richtig zugeordnet hat.
Alice und May haben noch Probleme mit der deutschen Sprache. Sie üben mit der Lehrerin die genauen deutschen Bezeichnungen und Buchstaben.
Erik und Franzi können bereits recht gut lesen und holen sich ein *Gezinktes Memory*. Bei diesem Spiel ist es von Vorteil, schon lesen zu können, da die richtigen Wörter auf der Rückseite eines der beiden Bilder stehen und so als Entscheidungshilfe dienen. Es gelten die gleichen Regeln wie beim bekannten Memory.
Moritz und Max schreiben einige Tabellenwörter in ihr *Heft* und malen die Dinge dazu. Katja und Rahul holen sich *kopierte Bildchen* aus einem Körbchen, kleben sie in ihr Heft und schreiben daneben die Wörter.

Abb. 16: Stempelarbeit

Planung einer solchen Arbeitsphase

Die wichtigsten *Voraussetzungen* für erfolgreiches Arbeiten im Offenen Unterricht sind:

- Geeignete Gestaltung des Klassenzimmers, z.B. Einrichtung von Arbeitsecken, Regale, Pinnwände etc.
- Bekanntgabe der zeitlichen Planung, Unterstreichen von Wechseln durch akustische Signale (Glocke oder leise Musik geben das baldige Ende der Phase bekannt oder kündigt die Aufräumzeit an)
- Bereitstellung von strukturiertem Arbeitsmaterial, auch aus anderen Lernbereichen, z.B. Mathematik, Motorik, Denkschulung
- Festlegen der Regeln zur Werkstattarbeit in der Klasse
- Einführung der Arbeitstechniken im Umgang mit dem Material
- Vorstellen des Spielmaterials (es genügt oft, es nur den Kindern einer Spielgruppe zu zeigen und dann diese als Spezialisten für die Weitergabe verantwortlich zu machen)

Durchführung

Zu Beginn einer solchen Arbeitsphase erhalten die Kinder genaue Informationen über die Art der Arbeiten. Es kann bei einer Besprechung im Sitzkreis geklärt werden, welche Art von Aufgabe gelöst werden soll, ob z.B. eine Pflichtaufgabe erfüllt werden muss, welche Zeit zur Verfügung steht und welche Anschlussarbeiten erledigt werden können. Die Arbeitsphase sollte dann ungestört ablaufen, wobei der Lehrer als Berater, Helfer, Mitspieler oder Beobachter fungiert. Er kann auch gezielt mit einem Kind oder einer kleinen Gruppe arbeiten.
Das Ende der Werkstattarbeit wird durch ein akustisches Signal angezeigt. Nachdem aufgeräumt ist, kann der Lehrer zu einer Reflektion in den Sitzkreis rufen oder den Eintrag der durchgeführten Tätigkeit in einen Arbeitsnachweis oder Wochenplan veranlassen. In jedem Fall besteht für den Lehrer die Pflicht, die geleistete Arbeit zur Kenntnis zu nehmen bzw. zu würdigen.

Auswahl von Spielen mit Bildern, Buchstaben und Wörtern der Tabelle

Die Bilder, Buchstaben und Wörter der Tabelle werden kopiert, gegebenenfalls laminiert und anschließend zu verschiedenen Spielen verarbeitet. Alle Spiele können in Einzel-, Partner- oder Gruppenarbeit gespielt werden. Wichtig dabei ist das deutliche Sprechen der Wörter und das Benennen der Laute.

Puzzle	Aus der Tabelle ein Puzzle schneiden und zusammensetzen lassen
Erfinden	Erfinden von Geschichten und Merkhilfen zu den Bildern
Spiele mit Glassteinen	– Würfelspiele auf der Tabelle: Wer ist zuerst im Ziel? Wer schafft die meisten Runden? – Suchspiele: Wo wohnt der Esel? (Bild auf der Tabelle suchen)
Zuordnungsspiele	Buchstabenkarten oder Moosgummibuchstaben ziehen und dem Bild zuordnen
Schatzsuche	Im Vogelsand versteckte Bilder herausziehen und dem entsprechenden Buchstaben zuordnen
Ich und Du	Suchspiele mit dem Partner
Angelspiele	Kärtchen erhalten eine Metallklammer, es wird mit einem Magneten geangelt. Der geangelte Buchstaben wird benannt und zum Bild der Tabelle gelegt
Lotto	Buchstaben werden auf Bilderlottokarten gelegt
Domino	Je zwei unterschiedliche Bilder, Buchstaben oder Wörter stehen auf einem Kärtchen. Aneinanderreihen von passenden Bildern und/ oder Wörtern.
Memory	Jedes Bildkärtchen muss zweimal vorhanden sein. Mit der Rückseite nach oben auslegen. Immer zwei Kärtchen umdrehen und sich merken, wo sie liegen. Wer zwei gleiche Bilder umdreht, darf sie behalten. Wer die meisten Kärtchen hat, gewinnt.
Gezinktes Memory	Wie beim Memory, aber ein Kartensatz trägt den Anfangsbuchstaben oder den Namen des Bildes auf der Rückseite. Das Bild auf der Vorderseite hat hier Kontrollfunktion.
Klipp-Klapp	Ein Spiralblock wird in der Mitte senkrecht zerschnitten. Auf die eine Hälfte wird ein Bild, auf die andere Hälfte wird ein Wort oder Buchstabe geklebt. Durch Umklappen wird der richtige Buchstabe zugeordnet.
Schnipp-Schnapp	Doppelter Satz Bild-, Buchstaben- oder Wortkärtchen oder zwei unterschiedliche Stapel. Die Kärtchen werden gemischt. Die Kinder decken aus dem umgedrehten Stapel je eine Karte gleichzeitig auf. Dazu sagt man schnipp. Sind die Karten gleich, muss man sofort schnipp-schnapp sagen. Der Schnellere bekommt die beiden Karten. Wer die meisten Karten hat, gewinnt.

Abb. 17: Sammlung von Spielen

Schreiben mit der Lauttabelle

Die Technik des Verschriftens muss in gemeinsamer Arbeit eingeübt werden und sollte auch immer in der gleichen Weise durchgeführt werden. Über längere Zeit sind tägliche Übungen zum Suchen der Bilder und Buchstaben nötig. Dabei kann der Lehrer mit der ganzen Klasse, aber auch mit einzelnen

Kindern üben. Sind die Schüler mit der Vorgehensweise vertraut, können sie ohne fremde Hilfe schreiben. Dies macht die Schüler unabhängig und verschafft ihnen die Möglichkeit, in ihrem eigenen Arbeitstempo vorzugehen. Dadurch gewinnen sie die Sicherheit, dass jede selbstständig erbrachte Leistung akzeptiert wird. Dies vermeidet unnötigen Stress.
Wir haben als Teilnehmer des Schulversuchs Phonetisches Schreiben (Schweißtal 1998) beim Verschriften von lauttreuen Wörtern der Tabelle begonnen und damit sehr gute Erfahrungen gemacht. Beim Freien Schreiben wird die gleiche Vorgehensweise praktiziert.

- Das gewählte Wort gedehnt sprechen
- Den Anfangslaut in Verbindung mit dem gelernten Bild bringen
- Das Bild suchen, mit einer Merkhilfe kennzeichnen (Glasstein)
- Den Buchstaben abschreiben
- Den nächsten Laut abhören
- Das Wort durch wiederholtes Sprechen Laut für Laut gliedern, anhand der Tabelle identifizieren, kennzeichnen und schreiben
- Das fertig aufgeschriebene Wort sollte im Idealfall noch einmal gelesen werden, um das Ergebnis auf Vollständigkeit und Stimmigkeit zu überprüfen

Auch für das Lesen kann die Lauttabelle hilfreich sein. Hier dient sie dazu, den nicht geläufigen Buchstaben in der Buchstabenspalte der Tabelle zu suchen.

Bemerkungen zur Schrift

Beim Abschreiben der Druckbuchstaben von der Tabelle erhalten die Schüler keine Vorschriften über den Bewegungsablauf. Bei sogenannten Buchstabentagen oder Buchstabengeburtstagen werden nicht nur der Laut und seine Verwendung, sondern auch die Form und Schreibbewegung vorgestellt. Für die Vernachlässigung der lang und intensiv geübten Buchstabenschreibungen der Druckschrift gibt es einige Gründe. Einer der wichtigsten ist wohl, dass Kindern die Freude am spontanen Schreiben getrübt wird, wenn zu viel Kritik geübt wird. Allerdings sollte jeder Buchstabe, wie die Schrift insgesamt, gut lesbar und klar von ähnlichen Buchstaben zu unterscheiden sein. Dies gelingt den Kinder im Normalfall problemlos.

Erfahrungen

Diese Art von Unterricht macht uns Lehrern und sicher auch den Schülern viel Freude. Die Lauttabelle ist ein Arbeitsmittel, das als ein erstes Nachschlagewerk oder „Wörterbuch“ angesehen werden kann und an dem die Technik des „Nachschlagens“ und Suchens erstmals systematisch erlernt wird. Die Betonung der Selbstverantwortung und Eigenaktivität gibt den Schülern Spielraum für eigene Ideen und macht sie unabhängig. Der selbstverständliche Umgang mit der Schrift schafft neue Räume für Kommunikation und Interaktion. Hier wird die Grundlage für ein erfolgreiches schriftsprachliches und rechtschriftliches Lernen gelegt.

Eine neue Dimension der Schülerbeobachtung tut sich auf, wenn man die Schreibprodukte der Schüler analysiert und vergleicht. Es ist bei aufmerksamer Begleitung möglich, den Entwicklungsstand der Kinder festzustellen und gegebenenfalls Entwicklungsdefizite, Wahrnehmungsschwächen oder organische Behinderungen, z.B. beim Hören, Sehen oder Sprechen, zu diagnostizieren. Dadurch werden vielleicht sogar längerfristige Lernstörungen aufgedeckt und können durch geeignete Maßnahmen (gezielte Übungen, Förderunterricht in der Schule, logopädische Behandlung) günstig beeinflusst werden.

2. Baustein:

Zum Schreiben und Lesen verlocken – Schreib- und Leseanlässe, auch in Projekten

Da Schriftspracherwerb im entwicklungsorientierten Unterricht anfangs eher das Schreiben in den Mittelpunkt rückt, überrascht vielleicht, dass Kinder – so die Überschrift – gleichzeitig zum Lesen und zum Schreiben „verführt" werden sollen. Dem Vorwurf, dass das Lesen in schreiborientierten Verfahren vernachlässigt wird, wird hier bewusst ein Konzept entgegengesetzt, das Lesefreude und auch Leseförderung als wichtige Teile eines Ganzen betrachten.

Gerade wenn Kinder Schrift und Schreiben sowie Schrift und Lesen nicht nur als Kulturtechnik kennen lernen, sondern die Funktion von Schrift „erfahren" sollen, ist es notwendig, im Sinne des Erwerbs von Schriftsprache sowohl authentische Schreib- als auch Leseanreize zu schaffen. Indem Kinder Lesen und Schreiben in ihrer Funktion verwenden und somit von Anfang an an Schriftkultur teilhaben, erleben sie ihren Lernprozess als *sinn-volles Tun*. Lese- und Schreibanlässe aus der Lebenswelt schaffen einen emotionalen Zugang, sichern das *Interesse* und können die bei den meisten Kindern zu Schulbeginn vorhandene *Lernfreude* aufrecht erhalten. Die Schreib- und Lesesituationen sollen authentisch sein, so dass Kinder ihre individuellen, adressatenbezogenen und oft auch *kreativen* Problemlösungen für eine gestellte Aufgabe finden können.

Wichtigster Leseanreiz ist, das zu lesen, was vorher geschrieben wurde. Das setzt voraus, dass Kinder von Anfang an das schreiben können, was sie wollen und was sie können. Die richtige Schreibung muss in ihrer Bedeutung nachgeordnet werden, um Schreibhemmungen zu verhindern. Für Kinder, die sich gerade erst der alphabetischen Strategie zuwenden, heißt das auch, dass sie Angebote brauchen, die nur „ein Wort" erfordern oder ermöglichen, später dann erst „Sätze" oder ganze „Texte".

Damit wird ein neues Verständnis von „Kindertexten" sichtbar, das sich deutlich vom Konzept des historisch gewachsenen Begriffs „Aufsatz" absetzt. Wespel (1997) kombiniert diesen weiten Textbegriff mit der entwicklungsorientierten Vorstellung einer qualitativ immer höherwertigen Ausdifferenzierung von produzierten Wörtern bis hin zum Niveau eines stilistisch ausgebauten Textes.

1. Ein Bild (und der Name)
2. Ein Wort – zum Bild
3. Ein Satz – zum Bild
4. Die Und-dann-Geschichte
5. Die strukturierte Minimalgeschichte
6. Der stilistisch ausgebaute Text

Schon ein Bild, zunächst beschriftet mit dem eigenen Namen, später mit einem inhaltlich passenden und bedeutsamen Wort, gibt Informationen, die über das Bild hinausgehen. Der Name sagt „Ich habe das Bild gemalt", das Wort zum Bild gibt Aufschluss über das Gemalte, bezeichnet es, gewichtet Einzelheiten oder ordnet das Bild in einen übergeordneten Zusammenhang ein. Einzelne Sätze oder mehrere zunächst oft mit „und dann" verbundene Sätze informieren beispielsweise über wichtige Personen oder Begebenheiten. Die strukturierte Minimalgeschichte enthält alle für den Adressaten wichtigen Informationen, ohne die klassischen Gütekriterien, wie z.B. Dreiteilung in Einleitung, Hauptteil, Schluss, Ausgestaltung des Höhepunkts, als Maßstab zu nehmen.

In diesem Verständnis ist ein in sich stimmiger und verständlicher Text auch ein gelungener Text (Altenburg 1996), den es lohnt auch wieder zu lesen.

Nicht jeder Schreib- und Leseanlass ist per se „frei" im Sinne des Freien Schreibens. Wenn Schreibentwicklungen individuell sind, müssen auch Lese- und Schreibanlässe unterschiedliche Aufgabenlösungen erlauben, oder – noch besser – ein Kind darf aus verschiedenen Lese- und Schreibanreizen auswählen, die es interessieren und von denen es auch glaubt, sie sowohl inhaltlich als auch sprachlich bewältigen zu können. Eine gemeinsame mündliche Vorarbeit kann dann nur als störend im individuellen Zugriff auf das Thema angesehen werden. Ebenso müssen andere Rahmenbedingungen (Schreibzeiten, Schreibende, Länge des Textes, Art des Textes) viel mehr in die autonome Verantwortung des zukünftigen kompetenten Lesers und Schreibers gestellt werden.

Wie kann ich nun Kinder zum Lesen und Schreiben verführen?
Der Beitrag von **Gabriele Klenk** und **Anja Sindern** trägt im Titel das Wort *motivierend*. Dafür, dass die ausgewählten Schreib- und Leseanlässe wirklich anregend sind, bürgen die Erfahrungen der beiden Lehrerinnen. Sie greifen unter dem Titel **„Motivierende Schreib- und Leseanlässe in der ersten und zweiten Jahrgangsstufe"** vorwiegend Schreibanlässe, aber auch einige Leseanlässe aus dem Schulleben, aus der Lebenswelt der Kinder, aber auch aus verschiedenen Fächern wie Heimat- und Sachunterricht, Mathematik, Deutsch etc. auf und zeigen damit, wie eine Lese- und Schreibkultur im Klassenzimmer aussehen kann.
An einem ausgewählten speziellen Projekt zeigt **Jutta Hertlein-Maier** auf, welch unterschiedliche Funktionen Schreiben und Lesen haben kann und eröffnet damit für die Kinder das gesamte Spektrum von Schriftkultur. Höchste Aufmerksamkeit wird in dem Beitrag **„Es war einmal... ein Märchenprojekt in der ersten Klasse"** darauf gerichtet, den Kindern sowohl auf Wort- und Satz-, als auch auf Textebene Angebote zu machen, um jedem Kind einen individuellen Zugriff auf eine Schreib- oder Leseaufgabe zu ermöglichen.

Motivierende Schreib- und Leseanlässe in der ersten und zweiten Jahrgangsstufe

(Gabriele Klenk/ Anja Sindern)

Schreibanlässe sind auch Leseanlässe – das ist ein wichtiges Prinzip in unserem Unterricht. Deswegen werden im Folgenden vorwiegend Schreibanlässe zusammengestellt und nur um einige spezielle Leseanlässe ergänzt.

Kinder wollen lernen

Wenn man Kinder am ersten Schultag fragt, was sie in der Schule lernen möchten, erhält man sehr häufig die Antworten: „Ich möchte das Lesen lernen" oder „Ich möchte das Schreiben lernen".
Dabei haben viele Kinder den Weg bereits begonnen, der es ihnen ermöglicht, anderen etwas mitzuteilen, das nicht auf mündlicher Sprache beruht. In unterschiedlicher Ausprägung haben sie über Bilder und Zeichen ihren Eltern Mitteilungen gemacht, Briefe geschrieben oder eigene Bilder mit Unterschriften versehen. Einige dieser Schulanfänger merken aber deutlich, dass ihre Ausdrucksmöglichkeiten damit begrenzt sind und Erwachsene schriftlich miteinander über Dinge kommunizieren können, die ihnen verborgen bleiben. Sie möchten auch Zugang zu dieser ganz eigenen Welt haben und damit hinter manches „Erwachsenengeheimnis" kommen. So bringen sie also eine große Motivation mit in die Schule. Allerdings sind viele Schulanfänger auch enttäuscht, wenn sie merken, dass das Schreiben- und Lesenlernen sich in erster Linie auf das Üben von Texten beschränkt und wenig mit Informationsentnahme oder echter Mitteilung zu tun hat.
Diese Motivation der Kinder möchten wir in unserem Unterricht vom ersten Schultag an aufgreifen und den Kindern sofort die Möglichkeit von Mitteilungen oder eigenen Notizen bieten. Die Verwendung selbst erfundener Zeichen ist möglich und wird durch Schriftzeichen ergänzt. Im Laufe der Zeit wird die Bildsprache immer mehr abgelöst von der Schriftsprache. Dabei spüren die Kinder ihren Lernzuwachs deutlich.
Hierbei bieten sich als Ausgangspunkt für Schriftspracherwerb zwei Verfahrensweisen an: Entweder kann stärker leseorientiert mit methodenintegrierenden Verfahren begonnen werden oder stärker schreiborientiert durch das Verschriften eigener Texte.
In den letzten Jahren haben wir im Unterricht bewusst das Verfahren des Verschriftens gewählt. Nun erleben wir täglich zusammen mit den Kindern den Aufbau von Schreibkompetenz und Schreibfreude. Die Schriftsprach-

erfahrung, über die Kinder bereits verfügen, kann dabei von Anfang an differenziert eingesetzt werden. Der Unterricht holt die Kinder also dort ab, wo sie sich befinden. Außerdem ermöglicht er das Erleben des doppelten Mitteilungscharakters von Schrift, der darin besteht, dass man etwas für sich oder für andere notieren kann, um es jetzt oder zu jedem späteren Zeitpunkt zu lesen. Die Kinder können dabei viele eigene Ideen entwickeln. Von Beginn an erfahren sie, dass sie selbst etwas schriftlich niederlegen können, das die Reaktion von anderen nach sich zieht. Sie entwickeln Vertrauen in ihren eigenen Lernweg, werden als Persönlichkeit wahrgenommen und respektieren Mitschüler in ihrer Andersartigkeit.

Verschriftung von Anfang an

Jeder einzelne Unterrichtstag bietet eine Fülle von Schreib- und Leseanlässen. Manche gehen vom Kind aus, andere werden durch die Lehrerin angeregt oder vorgegeben. Wenn Kinder erleben, wie vielfältig sie sich durch Schrift ausdrücken können, werden sie davon auch immer wieder Gebrauch machen. Soll die Freude am Verschriften erhalten bleiben, muss jeder Verschriftungsversuch erkannt und gewürdigt werden. So schrieb Christina bereits in der zweiten Schulwoche einen Brief:

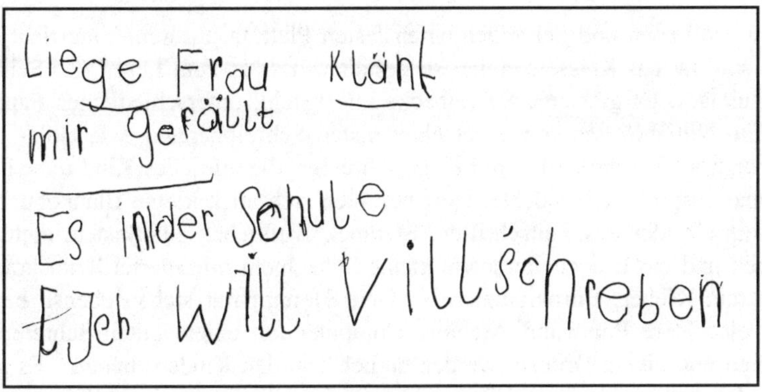

Abb. 18: Liebe Frau Klenk, mir gefällt es in der Schule. Ich will viel schreiben.

Sie war erstaunt, als sie am nächsten Tag die Antwort ebenfalls schriftlich mitgeteilt bekam. Der Briefwechsel erstreckte sich über mehrere Tage hinweg und spornte Christina immer wieder an, neue Mitteilungen zu machen.

Der Wortschatz, den die Kinder bei solchen Texten verwenden, ist ihr persönlicher Gebrauchswortschatz. Hier darf es keine Begrenzung nach oben geben, d.h. jedes auch noch so schwierige Wort wird selbstständig geschrieben und nicht auf einen späteren Zeitpunkt verschoben. Das Schreiben ist vom unmittelbaren Erlebnis abhängig und Erlebnisse wie „Karussellfahren auf dem Volksfest" werden dann aufgeschrieben, wenn sie stattgefunden haben und nicht erst dann, wenn die Buchstabenanalyse es zulässt.
Es ist uns wichtig, die Kinder erleben zu lassen, dass in der Schule jeden Tag wie selbstverständlich geschrieben und gelesen wird. Es gehört zur täglichen Arbeit und stellt keinen Ausnahmezustand dar. Neben dem gebundenen Schreiben, bei dem die Lehrerin methodische oder inhaltliche Vorgaben macht, z.B. „Wir suchen eine Überschrift zu unserem Versuch im Heimat- und Sachunterricht" oder „Wir schreiben zu jedem Bild einer Bildergeschichte den wichtigsten Satz" wird das sog. freie Schreiben für die Kinder im Laufe des ersten Schuljahres zur Selbstverständlichkeit. Offene Aufgabenstellungen auf der Wort-, Satz- oder Textebene ermöglichen jedem Kind eine Arbeit auf seinem Entwicklungsniveau sowie eine Erfahrung mit Schrift in eigenem Tempo. Sie sind in vielen unterrichtlichen Situationen enthalten und durchziehen nahezu alle Fachbereiche und Arbeitsgebiete.

Schreib- und Leseräume gestalten

Weil das Lesen und Schreiben einen festen Platz in unserem Unterricht haben soll, ist das Klassenzimmer so gestaltet, dass es zum Lesen und Schreiben einlädt. Es gibt eine Schreibecke mit Tafeln, unterschiedlichen Papiersorten, Notizblöcken sowie verschiedensten Schreibgeräten, wie Gold- und Silberstifte, Vierfarbstifte und Kugelschreiber, die ein jedes Kind unbedingt einmal ausprobieren möchte. Dort befinden sich auch kleine Blankobücher, Schnipselbilder aus Zeitschriften, Stempel, Aufkleber, Fühlkisten, mehrere Lupen und ein Binoccular sowie kleine Schachteln mit allerlei Krimskrams. Scheren, Kleber, Büroklammern und ein Heftapparat stehen ebenso bereit wie eine leere Pinnwand. Mehrere Computer mit einem guten Schreibprogramm und einem Drucker werden täglich von den Kindern benutzt. Es gibt eine Leseecke mit einem Bücherregal, in dem die Bücher nach bestimmten Kategorien (z.B. Schwierigkeitsgrad, Inhalt) geordnet sind. Wir haben festgestellt, dass Kinder „Kuschelecken" gar nicht so sehr benötigen wie die Möglichkeit, selbstbestimmt zu arbeiten und dabei nicht immer nur auf einem Stuhl in vorgeschriebener Haltung sitzend vorzugehen. Sie nutzen vielmehr unkompliziert alle Räume, die man ihnen zur Verfügung stellt. So lesen sie z.B. auf Sitzkissen im Flur genauso wie auf dem Bauch liegend am Teppich. Sie schreiben im Reitersitz auf dem Stuhl oder kniend auf einer Kiste.

Abb. 19: Frei gewählte Schreibhaltung

Schreib- und Leseerlebnisse schaffen

Das Material im Klassenzimmer alleine bringt aber noch kein Kind zum Schreiben oder Lesen. Dazu bedarf es Anregungen und Erlebnisse, die uns das tägliche Leben in vielfältiger Weise bietet, wenn wir sie nur erkennen und auch wahrnehmen. Deshalb ist es uns besonders wichtig, den Kindern gemeinsame Erlebnisse zu ermöglichen, die sie emotional so bewegen, dass es naheliegend ist, darüber etwas zu schreiben. Es geht nicht darum, mit viel Aufwand solche Erlebnisse zu planen, vielmehr finden sie täglich statt und müssen nur ergriffen und festgehalten werden. Sehr gute Erfahrungen haben wir dabei mit dem Einsatz eines Fotoapparats sowie einer digitalen Kamera gemacht. Es gibt Fotos vom Schulanfang, vom Erntedankfest oder vom Besuch der Kindergartenkinder. Fotografieren kann man die Kinder aber auch während der täglichen Freiarbeit, im Pausehof oder einfach während sie alleine arbeiten. Mit der digitalen Kamera sind diese Bilder sgar noch am gleichen Tag Motivation genug, um darunter zu schreiben: *„DAS BIN ICH, LUKAS“*. Der Satz des einen Kindes unter seinem Foto ist dabei der Anlass für ein anderes Kind, diesen lesen zu wollen. Immer wieder beschriften auch wir selbst als Lehrerinnen diese Bilder und bauen in den Text Fragen ein, die zu Antworten anregen sollen.

Lesen im Sinne von Informationsentnahme aus Zeichen

Viele Kinder entnehmen bei Schuleintritt den ihnen begegnenden Zeichen die Informationen mit Hilfe der logographemischen Strategie. Sie erkennen Namen und Firmenlogos sozusagen im Ganzen. Andere Kinder benennen bereits einzelne Buchstaben oder erraten Wörter anhand des Anfangsbuchstabens. Diese Herangehensweisen an Information durch Zeichen kann man sich im Unterricht vom ersten Tag an zunutze machen, indem man Wörter und Symbole verwendet, wohl wissend, dass sie von den Kindern nicht selbstständig erlesen werden können. Es geschieht z.B., wenn

- täglich an einer Seitentafel Symbole angebracht werden, die den Kindern den Unterrichtsablauf mitteilen,
- ein Tages- oder Wochenplan mit zu erledigenden Aufgaben ausgegeben wird,
- die Hausaufgaben in Zeichen oder Wörtern an die Tafel geschrieben werden,
- bei einem Schulhausrundgang Symbole und Schilder nicht erklärt werden, sondern die Bedeutung durch Vermutungen erschlossen wird,
- von Anfang an den Kindern im Heft kleine Mitteilungen gemacht werden und sie aufgefordert sind, bei Unklarheiten nachzufragen,
- Kindern auf ihre kurzen Briefe schriftliche Mitteilungen gemacht werden, die wieder zu neuer Kommunikation anregen, z.B. durch eine weiterführende Frage,
- Mitteilungen über Ausflüge, Besuche durch die Polizei o.ä. schriftlich gegeben werden.

Offene und gebundene Schreibanlässe

Es gibt Kinder, denen es von Anfang an leicht fällt, freie Schreibanregungen aufzugreifen, um ihrer Phantasie und Gedankenwelt freien Lauf zu lassen. Andere wiederum brauchen einige Anstöße und Gestaltungshilfen. Um frei schreiben zu können, benötigt ein Kind ein Mindestmaß an ihm zur Verfügung stehenden Lauten, die es geläufig verschriften kann und ein Mindestmaß an Schreibtechnik, die es ihm ermöglicht, Buchstaben zu Papier zu bringen.

Spontanen Schreibanlässen, die durch das kindliche Erleben bedingt sind, muss Raum gewährt werden. Sie ergeben sich meist aus dem Alltag heraus, sind situationsgebunden und nicht wiederholbar. Ob einem Kind ein Zahn herausfällt, der Rettungshubschrauber im Pausehof landet oder der Strom ausfällt, all diese Anlässe werden dann genützt, wenn sie stattfinden. Ein Schreibanlass ist für uns nur dann wirklich frei, wenn der Schüler Zeitpunkt, Inhalt und Form selbst bestimmt. Diese Texte entspringen unterschiedlichen Motiven und sind nicht automatisch an die Lehrerin adressiert. Kinder schreiben, weil sie

- ein neues Schreibwerkzeug ausprobieren wollen,
- einem anderen Menschen etwas mitteilen wollen,
- für sich selbst etwas notieren möchten,
- eine neue Schriftart entwickeln möchten,
- Materialien kennzeichnen oder verschönern wollen,
- ein Erlebnis verarbeiten möchten,
- dadurch besser denken können, z.B. bei der Lösung einer Mathematikaufgabe.

Diese wirklich freien Schreibanlässe als Lehrerin immer aufzugreifen und daran im Sinne der Aufsatz- oder Rechtschreiberziehung zu arbeiten, würde u.E. dazu führen, den Kindern das Schreiben abzugewöhnen. Dies bedeutet nicht, dass o.g. Motive nicht zu einem späteren Zeitpunkt aufgegriffen werden könnten, um sie in gebundenen Schreibanlässen weiter zu entwickeln. Es ist aber unbedingt wichtig, dass es im Unterricht neben der Zeit des angeleiteten Lernens auch eine Zeit des freien und unzensierten Ausdrucks gibt. Trotzdem werden den Kindern von außen Lernanstöße gegeben, um ihnen eine Weiterentwicklung zu ermöglichen.
Lernen ist letztendlich immer ein eigener Konstruktionsprozess des Kindes. Lernanstöße können also nur wirksam sein, wenn sie vom Schüler aufgegriffen, gestaltet und in das eigene Denken integriert werden. Dazu bedarf es aber Zeiten der Erprobung und der Überarbeitung. Dabei orientieren sich Kinder immer an Vorbildern. Eltern, Lehrer, Mitschüler und „Starautoren" kommen ebenso zum Zug wie Medien aller Art.
Eine anregende Lernumgebung entsteht, wenn

- im Unterricht viele Texte mit Vorbildcharakter verwendet werden,
- die Lehrerin selbst ein gutes Vorbild darstellt, z.B. wenn sie eigene Notationen nicht still für sich erledigt, sondern die Kinder daran Anteil nehmen lässt,
- gute Schülerbeispiele anderen durch Ausstellungen sichtbar gemacht werden,
- im Lehrerkollegium angeregt wird, dass außerhalb der Klassenzimmer nicht nur Bilder, sondern Unterrichtsergebnisse auch in Form von Texten präsentiert werden und so jüngere Schüler von älteren lernen können,
- den Eltern vermittelt wird, dass ihr schriftliches Vorbild eine Bedeutung für ihr Kind hat,
- Autorenlesungen durchgeführt werden,
- Kinder der regelmäßige Besuch einer Schulbücherei ermöglicht wird,
- möglichst viele originale Sachtexte verwendet werden, ohne sie in einfache Sprache zu übersetzen,
- z.B. während der zehnminütigen Essenspause gute Kinderliteratur vorgelesen wird.

Wenn Kinder im Unterricht erleben können, dass es bei vielen Gelegenheiten sinnvoll ist, Texte schriftlich zu verfassen, sie dafür Zeit erhalten und sicher sein können, dass nicht jeder Text korrigiert und bewertet wird, dann haben wir die Voraussetzung dafür geschaffen, dass viele Kinder vom freien Schreiben auch Gebrauch machen werden. Gleiches gilt auch für das Lesen. Wenn wir als Lehrerinnen den Kindern wie selbstverständlich Wörter, Sätze

und Texte zukommen lassen, ohne die sie keine Information über ein Spiel, ein Vorhaben oder eine Aufgabe hätten, schaffen wir den höchstmöglichen Anreiz, dieses auch lesen zu wollen.
Die im Folgenden dargestellten Schreib- und Leseanlässe stammen aus den unterschiedlichsten Zusammenhängen:

- Aus dem Schulleben und dem Schulalltag
- Aus der Lebenswelt der Kinder
- Aus dem Heimat- und Sachunterricht
- Aus dem Mathematikunterricht
- In Verbindung mit Kunst
- Jahreszeitlich gebunden
- Aus der Kinderliteratur
- Aus einem Projekt hervorgehend
- Wünsche und Vorstellungen

Schreib- und Leseanlässe aus dem Schulalltag

- *Was möchtest du in der Schule lernen?*

Der erste Schreibanlass in meiner neuen Klasse ergibt sich am ersten Schultag. Die Kinder erzählen, was sie in der Schule lernen möchten. Damit wir uns alles merken können, notiere ich es für sie an der Tafel und spreche dabei die einzelnen Laute mit. Dies mache ich ganz bewusst, um den Kindern zu zeigen, dass

- man sich etwas notiert, um es nicht zu vergessen,
- sich Wörter aus Lauten zusammensetzen, die beim Schreiben mitgesprochen werden können,
- diese Wörter am nächsten Tag einen Leseanlass darstellen.

Natürlich werden die Kinder am nachfolgenden Tag auf unterschiedlichem Niveau und mit unterschiedlichen Strategien diese Wörter wieder erkennen. Manche haben sich die Stelle an der Tafel gemerkt, an der ihr Wort notiert ist, andere erkennen es am Anfangsbuchstaben oder an der Länge des Wortes und wieder andere erlesen es bereits.

- *Ich schenke dir ein Wort*

Am ersten Schultag bekommt jedes Kind von mir sein persönliches Wort geschenkt. Dadurch erfahren die Kinder, dass Worte in der Schule eine zentrale Bedeutung haben und einen eigenständigen Wert darstellen. Die Kinder überlegen sich ein Lieblingswort, das sie auf einem Blatt zeichnerisch darstellen. Dabei können inhaltliche oder lautmalerische Bevorzugungen ausschlaggebend sein. Neben dieses Bild schreibe ich ihnen ihr Lieblingswort in

Großbuchstaben auf, während ich es gleichzeitig langsam vorspreche. Einige der Kinder fragen mich zu diesem Zeitpunkt, ob sie ihr Wort selbst aufschreiben dürfen. Für mich ist dies bereits eine Information über den Lernstand der Kinder. Am nächsten Tag werden alle Wortgeschenke von den jeweiligen Kindern wieder gesucht. Dabei wird festgestellt, dass manche Kinder das gleiche Wort gewählt haben. Dies wird dadurch sichtbar, dass der gleiche Inhalt gemalt wurde. Weiterhin kann die Buchstabenfolge miteinander verglichen werden. Diese Wörter bieten mehrere Lernmöglichkeiten:

- Die Kinder wählen einen Begriff aus ihrem Leben, über den sie mit mir schriftlich kommunizieren, auch wenn es die zeichnerische Ebene ist.
- Sie erfahren, dass dieser Begriff, den sie vielleicht bisher nur in seiner inhaltlichen Dimension erfahren haben, durch mich in Zeichen umgesetzt werden kann.
- Sie stellen fest, dass gleichen Begriffen unabhängig von Personen gleiche Zeichen zugehören.
- Sie sollen sich diesen Begriff bis zum nächsten Tag merken, um ihn dann wieder zu erkennen.
- Sie erfahren, dass Kinder über verschiedene Strategien verfügen, mit deren Hilfe sie ihr Wort wieder finden.
- Sie erleben verschiedene Schriften, wenn von Kindern sowie von mir geschriebene Wörter an der Tafel hängen .
- Sie erfahren vielleicht, dass sie selbst einige Zeichen zu dem Wort beisteuern können, aber noch einen Lernzuwachs benötigen.

- *Namensbänder*

Die Kinder erhalten ihre Namen in sehr großen Buchstaben auf langen Papierstreifen senkrecht geschrieben. Zunächst überlegen sie, warum manche Kinder ein so langes und andere wiederum ein so kurzes Band bekommen. Dabei wird den Kindern bewusst, dass die Länge eines Wortes von der Anzahl der Buchstaben abhängt. Gleichzeitig können Kinder die Buchstaben ihres Namens sehr gut miteinander vergleichen. Es wird erkannt, dass manche Buchstaben sehr häufig vorkommen und andere nur sehr selten. Doppelt vorkommende Namen werden mit der Strategie erkannt „Dieses Wort ist zweimal vorhanden – der Name ist in unserer Klasse zweimal vorhanden – folglich muss dieses Wort so heißen“. Nun können die Namensbänder nach unterschiedlichen Kategorien geordnet werden:

- Gleiche Anfangsbuchstaben
- Gleiche Endbuchstaben
- Anzahl der Buchstaben
- Mädchennamen und Jungennamen

Die Kinder erhalten nun die Lauttabelle und suchen darin die Buchstaben ihres Namens. Sie malen zu jedem Buchstaben ihres Namens das Anlautbild oder schneiden aus Zeitschriften Bilder von Dingen aus, die mit dem gleichen Anlaut beginnen.

- *Namenteppiche*

Die Kinder legen auf einem Blatt einen Namenteppich aus den Namen ihrer Mitschüler an. Sie verwenden dazu verschiedenfarbige Stifte, gehen mit ihrem Blatt zu jedem Platz und schreiben den Namen vom dort stehenden Namensschildchen ab. Dabei ist weder die Schreibrichtung noch die Zeilenführung vorgegeben. Hierbei entstehen viele bunte Namenteppiche. Kinder erfahren dadurch, dass man mit Schrift gestalten kann, überprüfen zählend, wie viele Namen sie verwendet haben und prägen sich einzelne Namen besser ein.

- *Briefe an Pfifi*

Am ersten Schultag lernen die Kinder einen kleinen Zwerg mit dem Namen Pfifi kennen. Dieser Zwerg begleitet uns durch die erste Klasse. Er wohnt in der Schule, hat einen eigenen Stuhl, eine Büchertasche und vor allem einen Briefkasten. Die Schüler schreiben ihm viele kleine Briefe, die er natürlich täglich beantwortet. In diesem Briefkasten finden sich stets auch Briefe an mich, die mir zeigen, dass den Kindern durchaus klar ist, dass Pfifi und ich unter demselben Namen erreichbar sind.

- *Arbeit mit dem Tagebuch*

Nach den ersten Übungen mit der Lauttabelle verschriften die Kinder während der täglichen Wochenplanarbeit ein Wort oder einen Satz ins Tagebuch. Dazu dient ein DIN A5 Schreibheft ohne Lineatur. Jeder Eintrag erfolgt mit dem Datum, das von der Tafel abgeschrieben wird. Dieses Tagebuch enthält vorne einen Hinweis für alle Leser darüber, dass es den persönlichen Entwicklungsweg dieses Kindes darstellt. Hier hinein schreibt ausschließlich der Eigentümer. Wenn ich einem Kind etwas dazu mitteilen möchte, so lege ich ihm einen Zettel bei. Das Tagebuch wird auch nicht korrigiert. Es kann zu jedem Zeitpunkt des Unterrichts vom Kind benutzt werden, wenn es etwas schriftlich festhalten möchte. Dazu liegt es immer auf dem Tisch und kann so leicht erreicht werden. Kinder schreiben spontan Erlebnisse auf, wie „Ein Zahn ist mir herausgefallen“ oder „Ich habe neue Schuhe bekommen“.
Manche Kinder benötigen einen kleinen Anstoß für die Tagebucharbeit, weil sie keine eigene Idee haben. Dann wählen sie aus einer Schachtel einen Sticker oder ein einfaches Bildchen, das sie ins Heft kleben und schreiben.

Einzelne Kinder wählen bereits eine Bilderfolge, zu denen sie eine kurze Geschichte aufschreiben. Diese Bilder sind für mich als „Lesehilfe“ sehr bedeutsam, weil ich dadurch die Skelettschrift der Kinder besser verstehen kann. Zwischen dem Inhalt, den Kinder zu Papier bringen möchten und ihren tatsächlichen Möglichkeiten besteht oft eine enorme Diskrepanz. Oft wollen sie viel mehr schreiben, als sie tatsächlich leisten können. In diesem Fall benötigen sie Unterstützung. Seit ich eine jahrgangsgemischte Eingangsklasse unterrichte, helfen hier die Zweitklässler. Vorher habe ich für das Kind einen Teil des Satzes geschrieben und dazu laut gesprochen, ein oder zwei wichtige Wörter wurden jedoch immer von dem Kind selbst verschriftet.

- *Buchstabengeburtstage*

An einem bestimmten Tag der Woche wird der Geburtstag eines neuen Buchstabens gefeiert. Der Buchstabe wird am Tag zuvor bekannt gegeben. Jedes Kind bringt einen Gegenstand von zu Hause mit, in dessen Name der Geburtstagslaut zu hören ist. Nachdem alle Gegenstände auf die Geburtstagsdecke gelegt sind, nennen die Kinder die Namen der Gegenstände, die an die Tafel geschrieben werden sollen. Auch dabei findet vielfältiges Lernen statt:

- Die Kinder überlegen bereits bei der Ankündigung des Geburtstagslautes, welcher Buchstabe als nächstes Geburtstag haben könnte und welche Möglichkeiten es überhaupt noch gibt.
- Ich baue den anzukündigenden Buchstaben in seinen Teilen an der Tafel auf. Die Kinder überlegen, welcher Buchstabe dies werden könnte. Durch Hinzufügen weiterer Teile engt sich die Auswahl immer stärker ein. Den Kindern werden dadurch gleiche Teile von Buchstaben sehr gut bewusst.
- Ein Wort wird ein zweites Mal genannt und alle Kinder werden aufgefordert, das bereits vorhandene Wort an der Tafel zu suchen.
- Schon in der zweiten Woche bitte ich die Kinder, die Laute des Wortes selbst mitzusprechen. Immer wieder wird gemeinsam überlegt, wie das Wort weitergeht.
- Im Laufe der Zeit werden in den Wörtern gleiche Bausteine gesucht und umrahmt. Die Kinder entdecken sehr schnell Endungen wie „-er“, „-en“, „-el“ usw.
- Während des Aufschreibens weise ich die Kinder auf sog. Fallen hin. Dadurch wird den Kindern die Unterschiedlichkeit von Schreib- und Sprechweise bewusst.
- Kinder suchen Wörter, die im Wort versteckt sind. Auf diese Weise finden sie zahlreiche zusammengesetzte Namenwörter und kommen dadurch zu weiteren Begriffen mit dem Geburtstagslaut.

Die Kinder bestehen in meiner Klasse auf den Buchstabengeburtstagen auch dann noch, wenn sie schon lesen können. Für den Leselernprozess vieler Kinder spielt die Weiterführung der Buchstabengeburtstage keine erhebliche Rolle mehr, die Arbeit geht aber immer mehr über in ein rechtschriftliches

Erfassen. Beim Verschriften der mitgebrachten Dinge entdecken die Kinder im Laufe der Zeit Wortbausteine, zusammengesetzte Namenwörter, Rechtschreibbesonderheiten usw. Dieser Übergang von Verschriften und Lesen in ein Entdecken von Rechtschreibbesonderheiten ist auch schon durch die Buchstabenabfolge der Geburtstage gegeben. Buchstaben wie <x>, <y>, <qu>, <v> oder <eu> feiern ja auch nicht gleich in den ersten Schulwochen Geburtstag.

- *Dino geht auf Reisen*

In der Geschichte zu dem Buchstaben <d> kam die Figur eines Dinosauriers vor, der das Lesen und Schreiben erlernt. Im Laufe der Woche erfuhren die Kinder, dass Dino verreist. Daraus ergaben sich verschiedene schriftsprachliche Tätigkeiten, die ich zu einem Stationentraining ausgebaut habe. An diesen Stationen war es möglich, auf der Wort-, der Satz- oder der Textebene zu arbeiten. Die Kinder konnten die Stationen in der Bearbeitung frei wählen. Nachdem die einzelnen Aufgaben im Sitzkreis erklärt waren, bearbeiteten die Schüler über mehrere Tage hinweg verschiedene Stationen mit folgenden Arbeitsaufträgen:

- Zu Bildern schreiben: Was nimmt Dino mit in den Urlaub?
- Zu realen Gegenständen eine Auswahl vornehmen: Was würdest du mit in den Urlaub nehmen? Begründungen dafür festhalten.
- Zu Urlaubsbildern von Dino schreiben. Was macht er gerade?
- Aus Spieltieren einen Urlaubsfreund für Dino auswählen und ein gemeinsames Erlebnis aufschreiben.
- Urlaubsbriefe von Dino lesen, Aufenthaltsorte zuordnen und ihm antworten.

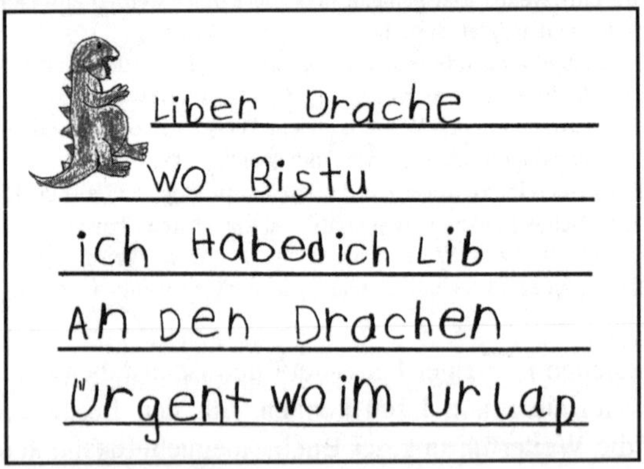

Abb. 20: Lieber Drache, wo bist du? Ich habe dich lieb. An den Drachen, irgendwo im Urlaub

- *Das eigene Lesebuch*

Die in unserer Klasse eingesetzte Fibel verwenden wir nicht für den Leselehrgang, sondern als Buch, um darin Texte zu lesen. Wir gestalten uns auch ein eigenes Lesebuch. So gibt es bei jedem Buchstabengeburtstag eine Geschichte, die besonders gut zu diesem Laut passt, und ein darin eingebundenes Gedicht. Dazu erhalten die Kinder zwei Blätter. Das erste Blatt enthält ein Bild, das zu einem späteren Zeitpunkt die Geschichte ins Gedächtnis zurückrufen soll. In diesem Bild ist häufig die Form des Buchstabens zu entdecken. Weiterhin ermöglicht diese Seite den Schülern, auf zwei vorgegebenen Linien den Buchstaben in Druckschrift zu üben. Um das Bild herum schreiben die Kinder vom ersten Tag an Wörter, in welchen der Laut zu hören ist. Das zweite Blatt enthält einen Reim, der aus der Geschichte entnommen ist. Er wird immer wieder mit Bewegungen gesprochen und kann deshalb zu Hause von den Kindern rasch erlesen werden. Das jeweils dritte Blatt eines Buchstabens wird von den Kindern selbst gestaltet. Wir nennen es das Sekretärinnenblatt, weil ich den Kindern dabei zunächst als Sekretärin zur Verfügung stehe. Dafür formulieren die Kinder zu jedem Wort, das während des Buchstabengeburtstages an die Tafel geschrieben wurde, einen Satz. Die Sätze werden in den ersten Wochen nur genannt, im Laufe der Zeit von den Kindern aber bereits selbst aufgeschrieben. Als besondere Sätze werden diejenigen hervorgehoben, die möglichst viele Wörter von der Tafel enthalten. Dazu müssen mehrgliedrige Sätze gebildet werden. Dies kann natürlich nicht von allen Kinder geleistet werden, bietet aber eine gute Differenzierungsmöglichkeit mit Vorbildwirkung. Am nächsten Tag erhalten die Kinder von mir das Sekretärinnenblatt mit dem Computer geschrieben in zwei verschiedenen Ausführungen zurück. In der ersten Ausführung sind alle Sätze vollständig. Nach dem Namenwort des Buchstabengeburtstags befindet sich ein freies Kästchen, in das der Begriff von den Kindern gemalt wird. Bei der anderen Ausführung handelt es sich um den gleichen Text als Lückentext. Die Namenwörter des Buchstabengeburtstages sind unten aufgeführt und werden von den Kindern in den Text eingefügt. Viele Kinder wählen beide Seiten. Das Erlesen der Sätze findet auch hier wieder auf ganz unterschiedlichen Ebenen statt. Während die einen Schüler den ganzen Satz lesen können, konzentrieren sich die anderen nur auf die Namenwörter neben den freien Kästchen. Diese werden von schwachen Lesern zunächst einfach wiedererkannt. Im Laufe des Schuljahres können jedoch immer mehr Sätze tatsächlich erlesen werden. Bereits nach den Herbstferien werden manche Namenwörter zum Buchstabengeburtstag von den Kindern selbst geschrieben. Im Januar können von einigen Kindern auch die Sätze dazu selbst aufgeschrieben werden, wenngleich sie anschließend von mir in „Bücherschrift" übersetzt werden müssen.

Abb. 21: Sekretärinnenblatt

- *Unser Fotoalbum*

Das Fotografieren im Unterricht ist mir seit vielen Jahren zur Gewohnheit geworden. Die ersten Fotos mache ich bereits am ersten Schultag von jedem Kind. In ein Fotoklappalbum gesteckt und mit dem Reihensatz „Das ist..." versehen, bieten sie den Kindern eine hohe Motivation für das Kennen lernen ihrer Klassenkameraden durch das Erlesen der Namen. Fotos lassen sich darüber hinaus für viele weitere Schreib- und Leseanlässe verwenden:

- Die Schüler schreiben zu einem selbst gewählten Foto einer Serie einen Satz und fügen diese dann zu einer Geschichte zusammen.
- Die Schüler ordnen Fotos nach der zeitlichen Reihenfolge und erstellen dazu eine Geschichte.
- Im Laufe eines längeren Zeitraumes entstandene Fotos werden nach den verschiedenen Anlässen sortiert, in selbst angefertigte Bücher geklebt und beschriftet.
- Mit Fotos, die bei einer besonderen Aktion erstellt wurden, werden Ausstellungstafeln gestaltet, die Eltern und Besuchern Informationen über diese Aktion geben sollen.
- Fotos von Freiarbeitssituationen werden zu einem Angebotskatalog zusammengefasst und beschriftet. Andere Schüler werden dadurch an mögliche Tätigkeiten während der Freiarbeit erinnert.
- Ein Fotoalbum für die Schulanfänger in den Kindergärten wird erstellt. Dieses kann während des Besuchs der Kindergartenkinder gemeinsam mit den Erstklässlern gelesen werden oder den Kindergärten zur Vorbereitung auf die Schule zur Verfügung gestellt werden.
- Am Schluss eines Schuljahres kann man mit Hilfe der Fotos viele Situationen noch einmal an sich vorüber ziehen lassen und bei einem gemeinsamen Abschlussfest die Kinder von

diesen Erlebnissen nochmals berichten lassen. Hierbei wird sowohl den Eltern als auch mir immer wieder bewusst, was wir in der Schule alles geleistet hatten. Fotos bieten im Übrigen einen hervorragenden Lehrnachweis!

– Im zweiten Unterrichtsjahr schenke ich meinen Kindern dann zum Geburtstag jeweils eine Karte mit einem Foto von ihnen und ein paar von mir oder einem Kind geschriebenen Zeilen. Dadurch ist praktisches Lernen ebenso gegeben, wie der Vorschlag der Gestaltung von Geburtstagskarten.

Sehr gerne schreiben die Kinder zu digitalen Fotos am Computer. Als wir während einer Projektwoche zum Thema „Märchen" verschiedene Bodenbilder zu Märchen gestaltet hatten, wurden diese von mir fotografiert und in den Computer gestellt. Während der nächsten Wochen konnten sich die Kinder ihr Lieblingsmärchenbild herholen und in Partnerarbeit das Märchen noch einmal nacherzählen. Das Ausdrucken des eigenen Textes zusammen mit dem Bild ließ Kinder meiner jahrgangsgemischten Eingangsstufe über Tage hinweg an einer Geschichte sehr motiviert arbeiten. Dabei liegt der Vorteil des Computers darin, dass immer wieder Verbesserungen am Text vorgenommen werden können, ohne dass dieser noch einmal ganz abgeschrieben werden muss.

- *Geschichten zu Kalenderblättern und Postkarten*

Zu lustigen Bildkarten oder Kalenderblättern erstelle ich einen kurzen Text, der immer mit einer Frage oder einer Aufforderung zur Weiterarbeit endet. Immer wieder holen sich Kinder solche von mir ausgelegte Karten, lesen sie und schreiben dazu die Antwort oder setzen die Geschichte fort. Im Laufe der Zeit ist dies Anlass für die Kinder, selbst Bilder zu sammeln und Geschichten dazu zu schreiben. Bei einem begehrten Kalenderblatt überlegen sich die Schüler schon während des Monats eine Geschichte, um dieses nach Ablauf des Monats auch wirklich zu erhalten.

- *Ein Theaterbesuch*

Angeregt durch das Schattenspiel „Vom Büffel, der nur ein Horn hatte" schrieben die Kinder ihre Empfindungen und Eindrücke dazu nieder. Zunächst war es den Kindern aber wichtig, ein Bild zu malen. Zu diesem Bild verfassten sie dann ihren eigenen Text. Diese Geschichten gaben mir auch Aufschluss darüber, was die Kinder inhaltlich von der Geschichte verstanden hatten. Dieses Schattenspiel hatte meine Klasse sehr beeindruckt. Deshalb schrieben wir einen Brief an die Veranstalter und sandten unsere Geschichten gleich mit ein. Natürlich freuten sich die Kinder sehr darüber, als wir auch eine Antwort erhielten. Sie erlebten, dass es für die Briefe wirkliche Adressaten gegeben hatte, die wiederum reagierten.

- *Kinderzeugnisse*

Zu jedem Zeugnistermin erhalten die Kinder von mir ein eigenes Zeugnis. Es ist in einfachen, kurzen Sätzen verfasst. Natürlich erwarte ich deshalb von den Kindern ebenfalls ein Zeugnis für mich, das sie sehr gerne erstellen und das für mich immer äußerst aufschlussreich ist. Es zeigt mir die ehrliche Meinung der Kinder, da es während des letzten Unterrichtsvormittages angefertigt wird und somit durch die Eltern nicht beeinflusst ist.

- *Ein Abschlussgeschenk*

Als ich das letzte Mal eine Klasse vor den Sommerferien an eine andere Lehrerin abgab und mich von Eltern und Kindern verabschiedete, erlebte ich selbst, dass ein zentrales Anliegen meines Unterrichts auf fruchtbaren Boden gefallen war. Die Eltern meinten, dass es wohl eine meiner Lieblingsbeschäftigungen gewesen sein muss, mit den Kindern Büchern zu allen möglichen Themen zu erstellen. Dies nahmen sie zum Anlass, mir als Abschiedsgeschenk ein Buch zu schenken, das von den Kindern selbst erstellt wurde. Darin beschrieben die Kinder, was ihnen während des Schuljahres besonders gut gefallen hatte. Ich freute mich riesig darüber, dass mein Anliegen, Schreibanlässe zu finden, eine so deutliche Wirkung gezeigt hatte.

Schreibanlässe, die sich aus dem Heimat- und Sachunterricht ergeben

- *Ich als Person*

Im Laufe des ersten Schuljahres erstellt jedes Kind ein eigenes Ich-Buch. Schon am ersten Elternabend werden die Eltern dazu informiert und gebeten, den Kindern verschiedene Fotos mitzugeben. Im Morgenkreis werden grundlegende Dinge zur Gestaltung der einzelnen Seiten besprochen. Im Anschluss daran hat jedes Kind die Möglichkeit, die Reihenfolge und Ausführlichkeit der Gestaltung selbst festzulegen. Manche Kinder bearbeiten gerne alle Seiten nacheinander, andere wieder nehmen sich mehrere Wochen Zeit, um ihr Buch fertig zu stellen. Es kommt auch vor, dass ein bereits spiralig gebundenes Ich-Buch wieder weiterbearbeitet wird, weil den Schülern ein Inhalt noch wichtig erscheint. Das Ich-Buch enthält folgende Seiten:

- Das bin ich
- Hier wohne ich
- Das ist meine Familie
- Als ich geboren wurde
- Ich war im Kindergarten
- Ich bin jetzt ein Schulkind

- Ich habe Freunde
- Manche Dinge machen mir große Freude
- Manchmal bin ich traurig
- Was ich einmal werden möchte
- Mein größter Wunsch

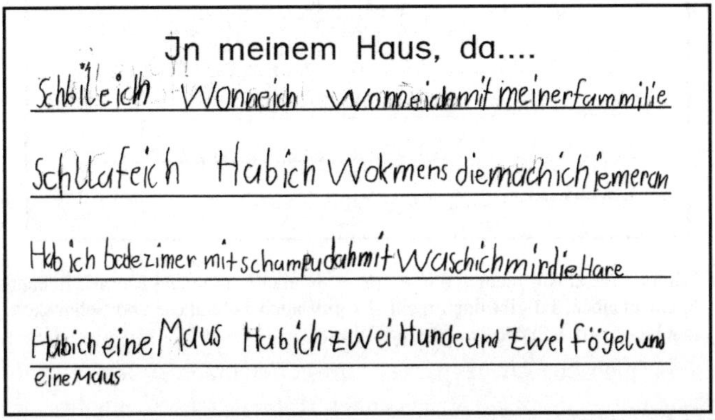

Abb. 22: In meinem Haus, da spiele ich, wohne ich, wohne ich mit meiner Familie, schlafe ich, habe ich Walkman, die mach ich immer an, habe ich Badezimmer mit Shampoo, damit wasche ich mir die Haare, habe ich eine Maus, habe ich zwei Hunde und zwei Vögel und eine Maus

- *Meine Wiese*

Im Heimat- und Sachunterricht der ersten Jahrgangsstufe sollen die Kinder die Vielfalt und Schönheit der Wiese erfahren. Wir begaben uns dazu, mit verschiedenen Arbeitsmaterialien ausgerüstet, auf eine nahegelegene Wiese. Mit Hilfe einer Schnur grenzten jeweils zwei Schüler ein Stück der Wiese ab und beschränkten sich in ihren Beobachtungen so auf einen kleinen Ausschnitt. Sie entdeckten Pflanzen und beobachteten Tiere. Diese zeichneten sie möglichst naturgetreu ab, schauten in Pflanzenbestimmungsbüchern nach und hielten wichtige Erkenntnisse schriftlich fest. Sie fotografierten selbst ihre Wiesenausschnitte und beschrifteten die Bilder für eine Ausstellung. Sie verfassten Tier- und Pflanzenrätsel, die sie später bei der Erstellung eines Wiesenspiels wieder verwendeten. Nach einer Fantasiereise zum Thema „Auf meiner Wiese“ schrieben sie wunderschöne Geschichten, in denen sie ihren eigenen Ideen freien Lauf lassen konnten.

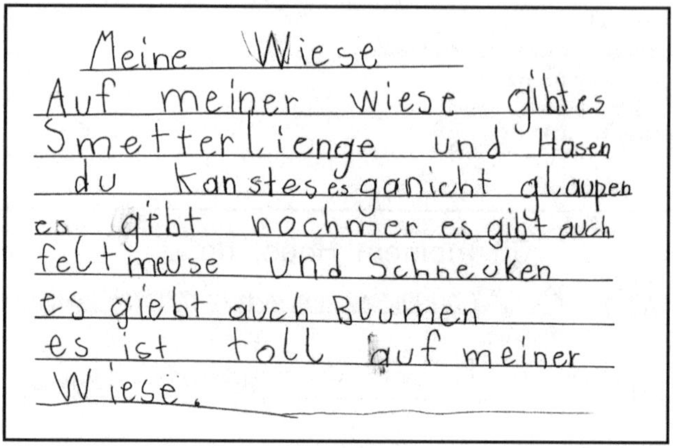
Meine Wiese
Auf meiner wiese gibtes
Smetterlienge und Hasen
du kanstes es ganicht glaupen
es gibt nochmer es gibt auch
feltmeuse und Schneuken
es giebt auch Blumen
es ist toll auf meiner
Wiese.

Abb. 23: Meine Wiese. Auf meiner Wiese gibt es Schmetterlinge und Hasen. Du kannst es gar nicht glauben. Es gibt noch mehr. Es gibt auch Feldmäuse und Schnecken. Es gibt auch Blumen. Es ist toll auf meiner Wiese.

- *Unser Kochbuch*

Bei der Erarbeitung des Lehrplanziels „Ernährung – Gemeinsam essen und Tischkultur erleben" bereiteten wir ein gemeinsames Frühstück. Eltern unterstützten uns bei der Vorbereitung. Zunächst sammelten wir aus Kinderkochbüchern interessante Rezeptvorschläge. Diese arbeitete ich zu einfachen Arbeitskarten um. Bereits einige Tage vor dem gemeinsamen Frühstück gingen wir die Zutatenliste durch und überlegten, was von den Kindern mitgebracht werden könnte. Die Herstellung der einzelnen Speisen erfolgte schließlich in Gruppen, die jeweils von einer Mutter betreut wurden. Zunächst mussten die Rezepte genau durchgelesen werden, um danach vorgehen zu können. In arbeitsteiliger Gruppenarbeit wurden aber auch Essensregeln aufgeschrieben, Servietten gestaltet, Tischschmuck erstellt usw. Im Anschluss daran entstand die Idee, ein eigenes Kochbuch zusammenzustellen. Nun sammelten die Kinder eifrig Kochrezepte, schrieben eigene Familienrezepte auf, ergänzten diese durch Skizzen und kamen so zu eigenen kleinen Kochbüchern. Einige Kinder arbeiteten die Rezepte nach und gaben Rückmeldung über ihren Erfolg.

- *Die Monatsvorschau*

Bei der Erarbeitung der Lehrplanziele zum Kalender wird uns Lehrerinnen immer bewusst, dass dieses Thema sich eigentlich über das ganze Schuljahr hinweg erstrecken müsste, um die Feste und Ereignisse im Jahreslauf wirklich bewusst erleben lassen zu können. Wir haben im Januar bei der Herstellung unseres eigenen Kalenders die Feste und Ferientage eingetragen. Wenn nun ein neuer Monat beginnt, gibt es eine sogenannte Monatsvorschau, die von einigen Kindern freiwillig ausgeführt wird. Sie sehen in ihrem Kalender nach, welche Feiertage, Ferien und besonderen Ereignisse uns im kommenden Monat erwarten und gestalten dazu eine Pinnwand in der Aula unseres Schulhauses, damit sich alle Kinder darüber informieren können. Somit werden Lernergebnisse wirksam wiederholt, finden praktische Anwendung und wirken weiterhin über das Klassenzimmer hinaus.

- *Offenes Klassenzimmer*

In den letzten Monaten waren wir immer mehr dazu übergegangen, die Gänge und freien Plätze des Schulhauses nicht mehr mit Bildern zu schmücken, sondern Lernergebnisse zu präsentieren. Beim Thema „Spielen“ erkundete ich zunächst den Wissensstand der Schüler mit einem Fragebogen, bei dem die Kinder auch ihre Eltern und Großeltern nach deren Spielgewohnheiten befragen mussten. Die Auswertung dieser Ergebnisse hängten wir außerhalb unseres Klassenzimmers auf. Wir gestalteten zwei große Tische mit Spielen von früher und heute. Dazu mussten von den Schülern Spielanleitungen, Hinweisschilder, Namen der Besitzer usw. geschrieben werden. Während der 14-tägigen Ausstellung kamen immer wieder neue Schreibanlässe hinzu. Das Besondere daran: Andere Klassen beteiligten sich, übernahmen den Fragebogen, präsentierten ihre Auswertungen und gaben uns wieder neue Leseanlässe.
Die Gestaltung von „offenen Klassenzimmern“ war in unserem Schulhaus geboren und wird seitdem von Kindern und Lehrern innerhalb und außerhalb der Unterrichtszeit begeistert weiter verfolgt.

- *Portfolio zum Thema „Zeit“*

Die jahrgangsgemischte Eingangsklasse veränderte die Methoden meines Unterrichts in besonderem Maße. Um den sachunterrichtlichen Themenstellungen sowohl der ersten als auch der zweiten Jahrgangsstufe gerecht zu werden, erstellte ich eine Werkstatt zum Thema „Zeit“. Ich teilte Inhalte wie „Tagesablauf“, „Wochentage“, „Jahreszeiten“ und „Monate“ in verschiedene Angebotsschachteln auf. Jede Schachtel enthielt die Arbeitsanweisung, die dazu benötigten Materialien sowie einen Hinweis auf den Schwierigkeitsgrad der Bearbeitung. Zunächst stellte ich meinen Schülern Teile dieser Lernangebote teilweise vor. Im Laufe der Woche wurde dies von Schülern übernommen, welche die Aufgabe bereits bearbeitet hatten. Weiterhin erhielten die Kinder einen Plan mit „Muss- und Kannaufgaben". In der ersten Stunde zu diesem Thema erzählte ich den Schülern, dass Künstler sich bei der Bewerbung mit einer Mappe vorstellen, die zeigt, was sie alles können. So eine Portfoliomappe wollten wir während des Werkstattunterrichts ebenfalls erstellen. Die Kinder sollten also alle Ergebnisse sammeln. Dies waren einmal unterschiedliche Arbeitsblätter aus den Schachteln, Geschichten zu den Jahreszeiten, Rätsel zur Zeit, Informationen über Verpflichtungen am Nachmittag und Ideen wie „Wenn ich Zeit habe, dann...". In die Mappen legten die Schüler aber auch Bilder von den Jahreszeiten, Kalenderblätter und viele andere Dinge. Um eine Übersicht in der Mappe zu erreichen, mussten Inhaltsverzeichnisse erstellt werden, die natürlich alle auf den Besitzer zugeschnitten waren. Schließlich bekam jeder noch drei Tage Zeit, um diese Mappe zu überarbeiten, da die Kinder sich damit ja auch darstellen sollten. Es wurden Texte überarbeitet, Sätze hinzugefügt, Bilder verschönert, die Umschlagseite gestaltet usw. Schließlich sammelte ich die Mappen ein und bewertete sie. Jedem Kind teilte ich schriftlich mit, was ihm besonders gut gelungen war und wo Verbesserungsmöglichkeiten bestanden. Diese Rückmeldungen legte ich den Mappen bei, als ich sie wieder austeilte, damit die Kinder sie nochmals überarbeiten konnten. Hier wurden in ganz besonderem Maße Schreibanlässe zu Leseanlässen und umgekehrt. Portfolios benutze ich seitdem häufig als Leistungsnachweis in Ergänzung zu Lernzielkontrollen. Sie geben mir Aufschluss über Lernprozesse und Arbeitseinsatz und ermöglichen den Schülern nach der Bewertung eine Weiterarbeit und Verbesserung der eigenen Leistungen.

Schreibanlässe, die sich aus dem Mathematikunterricht ergeben

- *So habe ich gerechnet*

Für jede Rechnung gibt es verschiedene Lösungswege. Meine Schüler sind es gewohnt, nicht nur die Rechnungen im Heft festzuhalten, sondern auch die Lösungswege dazu darzustellen. Es ist dabei ihnen überlassen, ob sie dies mit Hilfe einer Zeichnung, eines Schemas, Pfeilbildern oder in Sätzen vornehmen. Der Arbeitsauftrag dazu lautet immer: Zeige mir, was dein Kopf denkt, wenn er diese Aufgabe ausrechnet. Die Fähigkeiten der Schüler, rechnerische Lösungswege aufzuschreiben, sind sehr breit gestreut. Während schwächere Schüler lange bei der zeichnerischen Darstellung verweilen oder auch einfach feststellen: „Ich habe es auf einmal gewusst" stellen stärkere Schüler Handlungsfolgen bald in mehreren Schritten dar. Dies setzt voraus, dass sie in „Zuerst-dann-Beziehungen“ denken und verschriften können. Bei der Darstellung von Lösungswegen im Mathematikunterricht geht es mir aber nicht nur um Worte und Sätze, sondern um die Vielfalt möglicher Zeichen zur schriftlichen Kommunikation. Solche Zeichen werden von Kindern erfunden und den Klassenkameraden als Lesehilfe erklärt. Sie können vereinbart und so zur gemeinsamen „Zeichensprache“ werden.

- *Säulendiagramme erstellen und lesen*

Gerade in der jahrgangsgemischten Eingangsstufe haben uns die Daten der einzelnen Schüler besonders interessiert. Wir erfassten sie in Säulendiagrammen. Solche Daten sind z.B. Geburtsjahr, Geburtsmonat, Haarfarbe, Geschlecht usw. Für jeden braunhaarigen Schülern setzten wir beispielsweise einen Baustein. So kamen wir zu realen Säulen, die wir als Zeichnungen darstellten. Nun schrieben die Schüler zu diesen Diagrammen wahre oder unwahre Geschichten. Dabei konnten zwei oder mehrere Säulendiagramme miteinander verglichen werden. Eine einfache Aussage war: „In unserer Klasse gibt es mehr braunhaarige als blonde Kinder.“ Komplexer hingegen war die Aussage: „Im ersten Vierteljahr haben weniger Kinder Geburtstag als in den Monaten Juli und Dezember zusammen.“ In diese Sachgeschichten wurden bewusst auch Fehler eingebaut, die von den anderen Kindern herausgefunden werden mussten. Hierbei handelte es sich, wie so oft in meiner Klasse, um eine offene Aufgabenstellung, die eine Bearbeitung auf unterschiedlichen Niveaus ermöglichte. Der Schwerpunkt lag dabei auf der Informationsentnahme von Säulendiagrammen. Sie sollten von den Kindern in Worte und Sätze umformuliert werden, nachdem sie sozusagen vorher eigenhändig von ihnen erstellt wurden.

Schreibanlässe in Verbindung mit Kunst

- *Punktebuch*

In den ersten Schulwochen haben die Kinder die Farben ihres Malkastens ausprobieren dürfen. Den Daumen oder Zeigefinger haben sie mit einer Farbe angemalt und damit Punkte auf kleine Zettel gedruckt. Danach haben sie mit Buntstiften Dinge, Tiere oder Menschen daraus gestaltet und den entsprechenden Begriff dazugeschrieben. Die Zettel wurden schließlich zu einem Punktebüchlein zusammengeheftet.

- *Geometrische Figuren*

Das Bild „Burg und Sonne“ von Paul Klee besteht aus vielen verschiedenen geometrischen Figuren (Vierecke, Dreiecke und Kreise). Wir haben über das Bild gesprochen und schließlich aus angefärbtem Zeitungspapier geometrische Figuren ausgeschnitten. Diese haben die Kinder dann zu einem Phantasiebild zusammengesetzt. Schließlich haben sie ihr Bild beschrieben – je nach Können mit einzelnen Worten, mit einem Satz, oder wie manche Kinder mit einer ganzen Phantasiegeschichte.

- *Bildergalerie*

Aus Kunstkalendern habe ich verschiedene Bilder herausgetrennt, die etwas Besonderes, etwas Kurioses oder etwas sehr Anregendes zeigten, z.B. Bilder von Chagall, Breughel, Degas, Picasso, Naive Malerei, usw. Diese Bilder wurden im Schulgang aufgehängt. Beim „Spaziergang durch unsere Bildergalerie“ haben wir uns in die Welt eines Kunstwerkes versetzt, und ich habe den Kindern eine spannende Geschichte dazu erzählt. Daraufhin durfte sich jeder sein Lieblingsbild aussuchen und aufschreiben, was „sein Bild“ ihm erzählt. Es entstanden nette Geschichten, die korrigiert in einem Kunstbüchlein mit dem dazugehörigen Bild veröffentlicht wurden. Gerne haben die Kinder immer wieder darin geblättert und die Geschichten gelesen.

Jahreszeitlich gebundene Schreibanlässe

- *Zum Erntedank*

Bereits nach wenigen Schulwochen wird das Erntedankfest gefeiert. Ich bringe am Montag danach einen Korb mit Erntegaben mit, die die Kinder benennen und anschließend verschriften. Da die Kinder zu diesem Zeitpunkt noch große Unsicherheiten im Verschriften zeigen und oft noch lange überlegen, bis sie eine Entscheidung darüber getroffen haben, was sie denn jetzt aufschreiben könnten, schneide ich aus buntem Papier Obst, Gemüse und andere Erntegaben aus, die sich leicht verschriften lassen (Kiwi, Banane, Apfel, usw.) Diese kleben die Kinder in ihr Heft und schreiben den entsprechenden Namen darunter. Natürlich dürfen die Kinder weitere Erntegaben dazukleben, malen und verschriften. Alternativ kann man auch ein Obst- und Gemüsebüchlein (DIN A7) erstellen. Auf der einen Seite steht das Wort und auf der Rückseite wird das entsprechende Bild dazu gemalt. Wurde das Wort rechtschriftlich richtig aufgeschrieben, so kann man das Büchlein später auch als Leseanlass weiterverwenden.

- *Es ist Herbst*

Wir verwandeln unser Klassenzimmer in eine herbstliche Werkstatt. Es gibt viele verschiedene Blätter, Kastanien, Eicheln, Früchte, Herbstbücher, Bastelbücher, Poster und vieles mehr, was uns an den Herbst denken lässt. Zu unseren Angeboten gehören verschiedene Arbeitsblätter.

- Eines zeigt einen Laubhaufen. Wer hat sich darin wohl seine Wohnung für den Winter eingerichtet (verschiedene Tiere einzeichnen und beschriften)?
- Das Eichhörnchen hat sich Vorräte für den Winter angelegt. Was hat es gesammelt?
- Umrisse von Tieren und Dingen sind mit doppeltem Pergamentpapier überdeckt. Der Nebel lässt vieles verschwinden. Finde heraus, was sich im Nebel verbirgt, und schreibe es auf!
- In einem Apfel hat sich eine Raupe eine Wohnung eingerichtet. Es werden Gänge und Räume eingezeichnet und beschriftet.
- Auf einem weiteren Arbeitsblatt schwebt ein Drachen hoch in der Luft. Was kann er von oben alles erblicken? Was erlebt er?
- Der Herbstwind wirbelt alles auf. Was fliegt durch die Luft? Male und schreibe!
- Rätsel: Aus gepressten Blättern oder Kastanien und Eicheln gestalten die Kinder Tiere und Dinge. Was hast du gebastelt? Schreibe es auf! Alternativ schreiben die Kinder selbst drei Möglichkeiten auf und lassen ihre Mitschüler raten.
- Sich Notizen machen: Wir kochen Apfelmus. Schreibe auf, was du dafür mitbringen musst!

- *Der erste Schnee*

Der erste Schnee im Winter ist für die Kinder immer ein besonderes Erlebnis. Oft bauen sie Schneemänner oder andere „Schneewesen“. Erfinde ein „Schneetier“, beschrifte seine Teile und versuche, es im Schulhof nachzubauen! Ist es so gut beschrieben und gebaut, dass die Mitschüler es herausfinden?
Im Märchen von Frau Holle schüttelt Goldmarie die Betten aus. Dann schneit es auf der Erde. Was wird alles vom Schnee zugedeckt? Male und schreibe!
Es hat geschneit – was kannst du im Schnee machen?

- *Adventszeit – Weihnachtszeit*

Die Adventszeit regt zu vielfältigen Aktivitäten in der Klasse an. Viele Kinder fiebern seit langem dem Weihnachtsfest entgegen. Der Adventskalender ist eine Hilfe, die verbleibende Zeit bis Weihnachten besser erfassen zu können.
Auf einem Arbeitsblatt habe ich 24 Bilder gemalt, die leicht zu verschriftende, „lauttreue“ Abbildungen zeigen. Jeden Morgen malen die Kinder ein weiteres Bild aus und schreiben das entsprechende Wort dazu, das entweder gemeinsam oder von den Kindern selbst verschriftet werden kann.

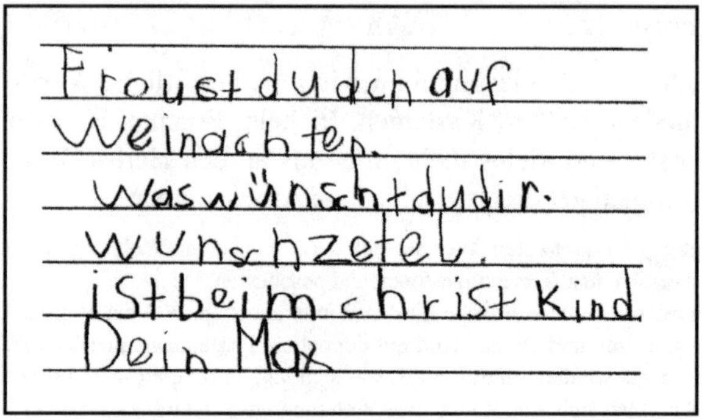
Froustdudch auf
Weinachten.
waswünschtdudir.
wunschzetel.
istbeimchrist Kind
Dein Max

Abb. 24: Freust du dich auf Weihnachten? Was wünschst du dir? Wunschzettel ist beim Christkind, Dein Max

Eine andere, sehr schöne Anregung ist die Gestaltung eines Adventsheftes. An jedem Tag wird eine Seite gestaltet, auf der besondere Vorkommnisse und Weihnachtliches (Besuch des Weihnachtsmarktes, Anleitung zum Plätzchenbacken, Bastelanleitung, Wünsche im Brief an das Christkind, Rätsel, Geschichten,...) festgehalten werden. Das Geheft haben wir am letzten Schultag vor Weihnachten in Geschenkpapier verpackt und den Eltern geschenkt.

- *Fasching*

Bereits einige Wochen vor Fasching beginnen die Kinder mit Überlegungen und Planungen, wie sie sich an Fasching verkleiden wollen. Sie überlegen, wer sie sein wollen, was sie dazu brauchen und was sie dabei erleben werden und schreiben es auf. Jedes Kind darf seine Aufzeichnungen in Rätselform vorlesen. Die Ideen und Vorschläge der Kinder werden schließlich gesammelt und zu einem Faschingsbuch zusammengefasst, in dem die Kinder meiner Erfahrung nach auch später noch gerne lesen.
Eine andere Art und Weise, das Faschingsthema zu behandeln, kann durch eine Bildbetrachtung geschehen. Der „Karneval der Tiere" von Miro bietet vielfältige Schreibanlässe. Welche seltsame Gestalten entdeckst du auf dem Bild?

- *Ostern*

Für die Osterzeit habe ich ein Schreibprojekt für die Kinder vorbereitet. Sie konnten allerlei Bastelarbeiten herstellen und verschiedene Osterbräuche kennen lernen. Zunächst habe ich den Kindern vom Osterhasen Stups erzählt, der in der ersten Klasse der Osterhasenschule ist und viele Dinge lernen muss. Es gab sowohl teilweise gebundene wie auch ganz offene Schreibaufgaben:

- Manchmal malt Stups ganz verrückte Sachen auf die Ostereier. Male und beschreibe die Eier!
- Stups hat ein Osternest im Zoo versteckt. An welchen Tieren muss Lisa vorbeilaufen, um das Osternest zu finden?
- Ostereier-Versteck-Wettbewerb: Hilf Stups, die besten Verstecke für die Osternester zu finden! Was ist der erste Preis für das beste Versteck?
- Was muss ein Osterhase in der Schule lernen? Erstelle einen Stundenplan für Osterhasenkinder!
- Richte eine Osterhasen-Eierwerkstatt ein!
- Erfinde selbst ein Ostergedicht!
- Ergänze die Reime! (z.B.: Es war einmal ein Hase mit einer langen...)
- Was muss ein richtiger Osterhase alles können?

Schreibanlässe, die aus einem Projekt hervorgehen

- *Klassenzeitung*

Nach besonderen Erlebnissen gestalten wir in der ersten Jahrgangsstufe gerne eine Ausgabe einer Klassenzeitung.
Nach dem Besuch des „Erfahrungsfeldes der Sinne" waren wir z.B. angeregt, in unserem Klassenzimmer ebenfalls ein kleines Erfahrungsfeld für die anderen Klassen unserer Schule zu gestalten. Dabei mussten wir einerseits viele Dinge planen und verschiedene Stationen selbst gestalten und betreuen. Andererseits konnten die Kinder meiner Klasse jedoch auch andere Schüler an den Stationen beobachten, Vor- und Nachteile des Stationenaufbaus feststellen usw. Ein Bericht darüber drängte sich geradezu auf. So entstand unsere eigene Schülerzeitschrift zu unserem „Erfahrungsfeld der Sinne". Die Stationen wurden fotografiert oder gemalt und die Kinder beschrieben, mit welchen Materialien sie erstellt wurden. Es war den Schülern der ersten Klasse aber auch ebenso wichtig, festzuhalten, wie sie die Reaktion der eingeladenen Schüler empfunden hatten und was sie in Zukunft anders gestalten würden.
Es wurde auch thematisiert, dass in einer Zeitung keine Rechtschreibfehler vorkommen dürfen. Deshalb musste der Entwurf Korrektur gelesen werden. Dabei stellte sich den Kinder das Problem „Woher bekommt man die richtigen Wörter, wenn die Schüler sie selbst finden sollen?". Die Vorschläge erstreckten sich vom „Nachfragen bei Erwachsenen", das übrigens von einigen meiner Schüler als verlässliche Möglichkeit stark bezweifelt wurde, bis zum Nachschlagen in Wörterbüchern, wozu man erst einmal die Nachschlagetech-

nik erwerben musste. Diese Arbeit nahm eine geraume Zeit in Anspruch, wobei eine elementare Arbeitstechnik aus dem Rechtschreibunterricht erworben wurde.
Beim Erstellen einer Zeitung müssen auch technische Probleme gelöst werden. Folgende Fragen mussten wir klären:

- Wie kleben wir unsere Artikel auf DIN A4-Seiten auf, damit wir sie später fortlaufend in der Zeitung lesen können?
- Wie legt man die Seiten ineinander und heftet sie am Falz in der Mitte?
- Wie geht man bei einer Auflage von 30 Exemplaren ökonomisch vor?
- Wie hoch sind die Entstehungskosten und wie viel kostet ein Exemplar im Verkauf?
- Was ist eigentlich ein Impressum?

Das, was mit dem Besuch einer Veranstaltung begonnen hatte, wurde im Laufe der Zeit zu einem Projekt, welches von mir gar nicht geplant war. Es enthielt jedoch eine Fülle von Lernmöglichkeiten – nicht nur im Schriftspracherwerb – für meine Klasse, so dass ich im Nachhinein behaupten möchte, es sei eine der fruchtbarsten Lernsituationen für meine Kinder gewesen.

Schreibanlässe aus der Kinderliteratur

- *„Die Buchstabenmaus" von Eveline Hasler*

Die kleine Schulmaus Stanislaus lernt mit den Kindern lesen und schreiben. Aus ihrem kleinen Loch kann sie nur einen Teil der Tafel sehen. Da steht St... oder Ka... oder Ro... oder Ma... Welches Wort hat die Lehrerin wohl an die Tafel geschrieben? Später lernt die Buchstabenmaus noch das Reimen.
Das Wortmaterial ist hier weitgehend festgelegt. Man kann diese Geschichte einsetzen, um gezielt bestimmte Buchstaben zu wiederholen. Je nachdem, wie viele Anfangsbuchstaben eines Wortes man vorgibt, wird das Wortmaterial weniger oder mehr eingeschränkt. Beim Reimen erkennen die Kinder, dass sich nur der Wortanfang verändert.

- *Erstellen eines Buches zur Raupe Nimmersatt von Eric Carle*

Das bekannte Buch von Eric Carle über die „Kleine Raupe Nimmersatt" habe ich zum Anlass genommen, um eine erste zusammenhängende Geschichte von den Kindern verschriften zu lassen. Dieses Projekt erstreckte sich über mehrere Tage. Nachdem ich anhand des Bilderbuches die Geschichte erzählt habe, wurde zunächst das Deckblatt aus festerem Karton erstellt, auf das die Kinder aus fünf runden Plättchen eine Raupe aufgeklebt haben, die dann noch Fühler und Beine bekam. Auf jedes Plättchen wurde ein Buchstabe des

Wortes *„RAUPE“* geschrieben. Danach erhielten die Kinder die erste Seite, auf die ein Blatt gemalt war mit der Aufgabe, ein Ei darauf zu malen und die Seite zu verschriften. Einige Kinder haben nur „Ei“ geschrieben, andere haben „Blatt“ und „Nacht“ hinzugefügt. Auch die zweite Seite war von mir vorbereitet. Sie zeigte die ausgeschlüpfte Raupe, die mit der Futtersuche begann. Ein Schüler schrieb in seiner Lautschrift bereits dazu „Sie macht sich auf den Weg, um Futter zu suchen“. Die nächsten Seiten waren Blankoseiten, auf die die Kinder malten und verschrifteten, was die Raupe alles gefressen hat. Einige Kinder haben sich selbst Dinge ausgedacht. Auf die letzten Seiten malten die Kinder den Kokon und klebten aus Geschenkpapierresten einen bunten Schmetterling. Die Bücher wurden dann unserer Partnerklasse vorgestellt.

- *„Der Wuschelbär“ von Irina Korschunov*

Als Lektüre am Ende des Schuljahres haben wir „Wuschelbär“ von Irina Korschunov gelesen. Es geht um eine einfühlsame und für Kinder gut nachvollziehbare Eifersuchtsgeschichte zweier Teddybären, die dem kleinen Benjamin gehören.
Schreibanlässe waren:

– Was tun Benjamin und sein Wuschelbär zusammen?
– Was tust du, wenn du schlechte Laune hast?
– Der Wuschelbär geht allein in den Wald. Es wird Nacht. Er hört, wie es knackt und raschelt. Was sieht und hört er nachts im Wald?
– Als der Wuschelbär schließlich einschläft, hat er einen ganz schlechten Traum. Was träumt er?
– Schließlich bringt der neue Teddybär den Wuschelbären wieder nach Hause. Sie werden Freunde und singen: Wenn der Bär mal Hunger hat, dann ... Wenn der Bär verreisen will, dann ... Wenn der Bär spazierengeht, dann ...

Wünsche

- *Geburtstagswünsche*

Am Tag vor dem Geburtstag eines Kindes erhält jeder Mitschüler eine Karte mit der Aufschrift: Das wünsche ich dir zum Geburtstag. Alle guten Wünsche werden gesammelt und in einen Geburtstagsumschlag gelegt, den das Geburtstagskind dann als Geburtstagspost erhält.

- *Jahreswechsel*

Erwachsene bedenken sich an Festtagen wie Weihnachten oder zum Jahreswechsel mit Grußkarten. Auch wir haben uns in der Klasse gute Wünsche auf selbst gestaltete Grußkarten geschrieben und „verschickt". Einerseits lernen die Kinder, wie man Grüße formuliert und Karten schreibt, andererseits üben sie einen freundlichen Umgang miteinander ein.

- *Muttertag*

Zum Muttertag überlegen die Kinder, was ihnen an ihrer Mutter so gut gefällt. Sie schreiben ihrer Mama einen Brief auf schönes Briefpapier oder auf ein Kleeblatt, das als Herz zusammengefaltet wird und sagen ihr „Danke". Dies wird ein sehr individueller und bis auf die Anrede und den Gruß, der den Kindern vorgegeben wird, ganz persönlich gestalteter Brief.

- *Vorstellungen*

... wenn ich einmal groß bin ...
... Ich bin das Kind der Familie ... und heiße .... Ich wäre auch gerne ... (Tier) der Familie .... Dann würde ich ...
... Auf Omas Dachboden steht eine große, geheimnisvolle Kiste. Was wohl darin ist?
... Auf dem Volksfest verliert ein Kind seinen Luftballon. Der Luftballon wird vom Wind weggetragen und erzählt von seinen Erlebnissen.

- *Ein unerforschter Zauberspruch*

Zauberer haben auf Kinder eine besondere Anziehungskraft. Bevor ein Zauberer zaubert, sagt er einen Zauberspruch auf. Michael Ende schreibt von einem unerforschten Zauberspruch, den bisher noch niemand laut ausgesprochen hat. Er wird von jedem Kind still erlesen und jeder überlegt und schreibt auf, was wohl passiert, wenn ihn jemand laut sagen würde. Da auch wir in der Klasse Zaubertricks ausprobieren, müssen die Kinder sich selbst witzige Zaubersprüche ausdenken und ins Zauberbuch schreiben.

- *Phantasiereisen*

Phantasiereisen regen die Kinder an, in eine Wunsch- oder Traumwelt zu versinken. In angenehmer Atmosphäre bei ruhiger Musik und einem bequemen Platz zum Träumen begeben sich die Kinder in die Welt ihrer Phantasie. Was sie dabei erleben, malen sie auf und schreiben ihre „Reisegeschichte" dazu. Themen sind z.B.:

– Mein Lieblingsplatz
– Auf einem unbekannten Planeten
– Ein Monster in meinem Garten
– ....

Es war einmal... ein Märchenprojekt in der ersten Klasse

(Jutta Hertlein-Maier)

Es waren einmal ...
... 15 wunderschöne Mädchen und 16 tapfere Jungen. Sie lebten in der schönen Stadt Nürnberg und besuchten dort alle zusammen die zweite Klasse einer Grundschule. Im ersten Schuljahr hatten sie sich gemeinsam mit ihrer Lehrerin auf das Abenteuer eingelassen, sich das Schreiben und das Lesen im entwicklungsorientierten Unterricht zu erobern. Nun, am Anfang der zweiten Klasse, waren viele der Jungen und Mädchen schon recht kompetente Leser und noch viel bessere Schriftsteller geworden. Für einige war es aber noch immer ein hartes Stück Arbeit, sich die Welt der Schriftsprache zu erschließen. Was aber alle gemeinsam hatten, war eine nicht nachlassende Neugierde und Begeisterung für alle Arten von Geschichten. Die Lehrerin war immer wieder fasziniert von der Selbstverständlichkeit und Freude, mit der sich die Kinder daran wagten, eigene Texte zu verfassen. So war sie stets auf der Suche nach motivierenden und kommunikativen Schreib- und Leseanlässen.

Warum Märchen?

Jedes der 31 Kinder hatte bereits vor dem Schuleintritt Märchen kennen gelernt. Die Mütter hatten sie erzählt, im Kindergarten wurden sie vorgelesen. Viele Märchen hatten sie im Kino oder im Fernsehen verfilmt gesehen.
So fanden sie schnell Zugang zu diesem neuen Themenbereich, konnten die einfachen Handlungen genau wiedergeben und begeisterten sich an den klar gezeichneten Figuren wie der guten Fee, dem tapferen Prinzen, der bösen Hexe ...

Projektorientierter Unterricht

Die Kinder waren bereits seit Beginn der ersten Klasse an offene Unterrichtsformen gewöhnt, in denen sie ihren individuellen Zugang zu den Inhalten finden und zum Teil auch Themen selbst bestimmen konnten. Besonders das Freie Schreiben bereitete ihnen Freude. Trotzdem mussten aufgrund der sehr heterogenen Ausgangslage in der Klasse (Kinder mit nichtdeutscher Muttersprache, sehr unterschiedliches Leistungsniveau, ...) die Lernangebote individuell an den Entwicklungsstand der einzelnen Kinder angepasst werden.
Da auch die Partnerwahl während der Projektarbeit frei war, bekam das soziale Miteinander einen hohen Stellenwert.

Wie es begann – Ablauf und zeitlicher Rahmen

Lange bevor es begann, waren die Kinder informiert über unser neues Lese- und Schreibprojekt. Sowohl in der Schule, als auch zu Hause hatten sie ausreichend Gelegenheit, Ideen zu sammeln und auf Kärtchen festzuhalten.
In einem ersten Kreisgespräch wurden die Vorkenntnisse gesammelt. Ich konnte feststellen, dass die Voraussetzungen, die die Kinder für dieses Thema mitbrachten, sehr unterschiedlich waren.
Manche Kinder ließen einen großen Märchenschatz erkennen. Sie konnten viele Märchen genau nacherzählen, während andere mit dem Begriff „Märchen" zunächst nur sehr wenig anfangen konnten, obwohl sie die Inhalte – etwa aus dem Fernsehen – oft schon kannten.
Die Planung für dieses Projekt erfolgte nun gemeinsam mit den Kindern. „Bilder malen, Kassetten hören, Videos anschauen, Märchen spielen, Lieder singen, ..." Das sind nur einige Anregungen, die von den Kindern selbst eingebracht wurden. Es ist ganz selbstverständlich, dass diese Vorschläge während der Dauer des Projektes auch in die Tat umgesetzt wurden.
Innerhalb von nur wenigen Tagen konnten wir auch eine beachtliche Leihbücherei in unserem Klassenzimmer einrichten. Der übliche Büchertisch, auf dem wir sonst unsere Ausstellung zum aktuellen Thema haben, musste um zwei Tische verlängert werden. Mit besonderem Interesse wurden die Märchenbücher aus „fremden" Ländern bestaunt und kommentiert. So erklärte uns Tanja sehr eindrucksvoll: „Die deutschen Märchenbücher können wir lesen und verstehen, das italienische Buch können wir lesen, aber nicht verstehen. Das russische Buch können wir gar nicht lesen. Aber die Bilder sind ähnlich. Da sehen wir trotzdem, dass es die gleichen Märchen sind."
Auch die mitgebrachten Märchenkassetten und -videos regten die Diskussion an. So mancher Zeichentrickfilm wurde von den Kindern erst jetzt als Märchen erkannt.
In der Klasse gab es eine Sammlung verschiedener Kinderlexika. Für eine Charakterisierung, „Was ist eigentlich ein Märchen?", suchten die Kinder nun die unterschiedlichen Beschreibungen heraus und verglichen sie miteinander.
Meine Bitte an die Kinder, die ihnen bekannten Märchen doch einmal aufzuschreiben, löste eine wahre Märchen-Sammelleidenschaft aus. Wenn die Erinnerung nicht mehr ausreichte, um die Liste zu verlängern, dann wurden die Inhaltsverzeichnisse der mitgebrachten Bücher durchsucht. Jedes Märchen, das im Laufe der Projektzeit vorgelesen wurde, wurde auf den persönlichen Listen ergänzt. Ein regelrechter Wettstreit begann: „Wer kennt die meisten Märchen?"

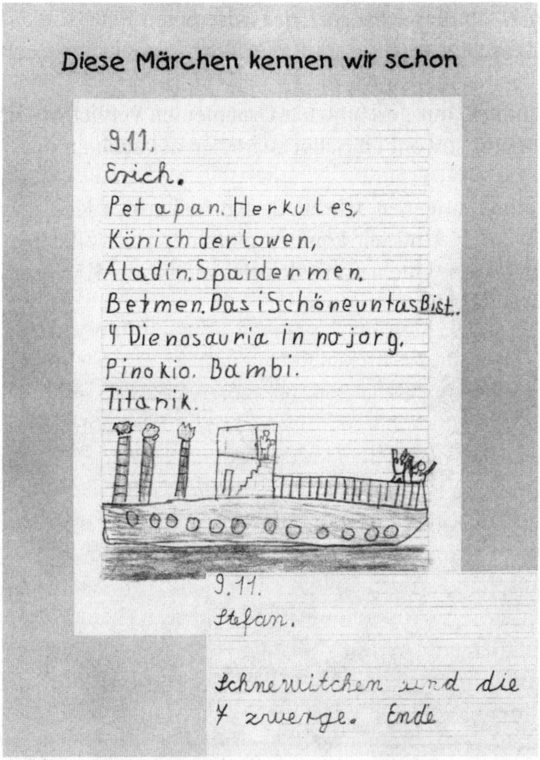

Abb. 25: Diese Märchen kennen wir schon

Der Start in die Projektwochen mit einem Highlight: Besuch im Kunstpädagogischen Zentrum

Nachdem wir uns mit dem Thema Märchen nun umfassend vertraut gemacht und viele Ideen gesammelt hatten, starteten wir unsere Projektwochen mit einem wirklichen Highlight im Kunstpädagogischen Zentrum von Nürnberg. Die Museumspädagogin zeigte uns eine Reihe von Kunstgegenständen, die den Kindern als Assoziationshilfe für Märchen dienten. Auch die Fotos vom Museumsbesuch wurden zum Schreibanlass (siehe Abb. 26).

„Spieglein, Spieglein an der Wand, wer ist die Schönste im ganzen Land?"... Mit großem Vergnügen probierten die kleinen Prinzessinnen meiner Klasse den Zauberspruch vor einem riesigen, reich verzierten goldenen Spiegel aus,

überlegten auch, ob dieser Spiegel zu Hause einen Platz finden könnte, oder warum die Menschen früher daran glaubten, dass ein zerbrochener Spiegel sieben Jahre Pech bedeuten würde.
Ein wunderschönes, mit geschnitzten Ornamenten verziertes Himmelbett aus Ebenholz erinnerte sowohl an Schneewittchen als auch an die Prinzessin auf der Erbse.
Die Mode aus vergangenen Jahrhunderten ließen des Kaisers neue Kleider Wirklichkeit werden. Und wir konnten plötzlich nachvollziehen, wie die böse Stiefmutter Schneewittchen mit dem Riemen ihres Kleides so fest schnüren konnte, dass es ohnmächtig wurde.

Abb. 26: Foto mit Kommentaren

Die Märchenbilder, die die Kinder im Anschluss an diesen Rundgang noch im Museum malten, waren dann, zurück in der Schule ein erster Schreibanlass, als sie mit Sprechblasen, kommentierenden Sätzen und den ersten kurzen Geschichten ergänzt wurden.

Abb. 27: Hänsel und Gretel

Märchenstunde in der Schule

Natürlich begann unsere tägliche „Märchenstunde“ auch mit dem Vorlesen eines Märchens. Im Anschluss daran wählte die Mehrheit der Kinder das Märchen für den kommenden Tag aus.
Selbstverständlich gab es auch jeden Tag einen Freiraum, um in einem Märchenbuch aus der „Leihbücherei“ zu lesen.

Als Hilfe, um den Schwierigkeitsgrad der Bücher einzuschätzen, gab es eine Stoffmaus, als Symbol für leichtes Lesematerial, ein Huhn für mittelschweres, und eine Kuh für schweres und umfangreiches Lesematerial.
Die Buchausstellung wurde immer wieder ergänzt durch Arbeits- und Spielmaterial, das zum Teil von den Kindern selbst erstellt wurde, wie z.B. viele Märchenrätsel oder ein Würfelspiel, bei dem sogar der Spielplan selbst gezeichnet war.

Abb. 28: Märchenspiel, von den Kindern erstellt

Auch die Lese- und Schreibanlässe, die ich den Kindern anbot, waren in drei Schwierigkeitsstufen eingeteilt (manche der Anregungen ließen sich auf verschiedenen Ebenen bearbeiten und sind in der Tabelle mehrmals aufgeführt).

Schreibanlässe		
auf Wortebene	auf Satzebene	auf Textebene
Märchenbilder Zuordnung des Märchennamens zu einer „Bildstörung“ beim Fernsehen (sieben Zwerge sind z.B. nicht gut zu erkennen) **Märchenkorb** Korb mit Gegenständen aus Märchen, die verschriftet werden können **Märchenstempel** Verschiedene Stempel, z.B. eine Prinzessin	**Märchen verändern** – z.B. anderer Schluss bei Rotkäppchen – Dornröschen schläft 100 Jahre, was passiert in der Zwischenzeit (Mode...)? **Zu Märchenbildern etwas aufschreiben** Selbst Erdachtes aufschreiben oder in (Märchen-)Büchern Informationen nachlesen Von den Kindern erstellte **Rätselkartei** (Lösung wurde aufgeschrieben) **Märchenbilder als Ausmalbilder** (zu einem Märchen ca. fünf Bilder) Arbeitsteilig wird zu jedem Bild etwas aufgeschrieben; Kinder organisieren selbst die Teams, ändern Textstellen, die sich überschneiden, ... Vorstellung des Märchenbuches im Kreis! **Handpuppen mit Sprechblasen**: Aufschreiben einfacher Sprechsätze **Märchenrätsel** „Wer bin ich?“ **[Lesen!]** Kinder schreiben selbst Rätsel (Es gab auch vorsichtige Kritik der Kinder untereinander, da zu viele Rätsel zu Dornröschen vorkamen) **Märchenkorb** Korb mit Gegenständen aus Märchen, zu denen Sätze aufgeschrieben werden können	**Märchen verändern** – z.B. anderer Schluss bei Rotkäppchen – Dornröschen: Schläft 100 Jahre, was passiert in der Zwischenzeit? (Mode...) **Zu Märchenbildern etwas aufschreiben** Selbst Erdachtes aufschreiben oder in (Märchen-)Büchern Informationen nachlesen **Spontane Schreibanlässe** z.B fiel einem Kind auf, dass die Zahl 3 häufig eine große Bedeutung hat; daraus ergab sich die Brücke zu Sprichwörtern wie dem folgenden: „Aller guten Dinge sind drei“. Davon angeregt wurden weitere symbolträchtige Elemente in Märchen gesucht, die gesammelt und aufgeschrieben wurden **Märchen selber aufschreiben** Aber: Der Umfang ist zu groß – die Kreiskonferenz der Klasse stellt fest, dass man überfordert ist. Lösung: Abmachung, dass man auch nur Teile aufschreiben kann **Märchenkorb** Korb mit Gegenständen aus Märchen, zu denen Texte aufgeschrieben werden können

Abb. 29: Schreibanlässe

Leseanlässe		
auf Wortebene	auf Satzebene	auf Textebene
Memory Märchenbilder – Märchentitel **Rätsel** Welcher Gegenstand gehört zu welchem Märchen? **Domino** z.B. Froschkönig – goldene Kugel	**Märchenlandkarte** Eine Märchenfigur muss mit einer Rätselbeschreibung erkannt und in der Märchenlandschaft eingeordnet werden **Bilderbücher** (Der Text der Bilderbücher wird voher durch vereinfachte Sätze überklebt) **Lexikonarbeit** Worterklärungen zu Märchen aus Kinderlexika heraussuchen und vergleichen **Märchenrätsel** „Wer bin ich?“ – Mit einfachen Sätzen beschriebene Märchenfiguren identifizieren **Würfelspiel** Das Spielfeld wurde von den Kindern gestaltet. Ereignis- und Aktivkarten stammen aus einer Märchenlandkarte **Sprechblasen** Vorgegebene Sprechblasen Bildern von Märchenfiguren zuordnen; Märchenplakate können entstehen	**Inhaltsangaben von Märchenbüchern** **Vollständige Märchenbücher** ***Zielgerichtetes Lesen:*** **Arbeitsaufträge zu den Märchentexten in den Zweitklass-Lesebüchern** Fragen zum Sachtext über die Gebrüder Grimm **Textstellen heraussuchen** Märchentypische Sprüche den Märchenfiguren zuordnen **Vergleich von verschiedenen Texten (auch eigenen) zum gleichen Märchen**

Abb. 30: Leseanlässe

Abb. 31: Märchen verändern:„Dornröschen, du hast Sailormoon verpasst ...“

Abb. 32: Märchen im Fernsehen (aus der Erinnerung aufgeschriebenes Märchen) „Der gestiefelte Kater"

Abschluss der Projektwochen mit einer Märchennacht

Mit einer nicht enden wollenden Begeisterung hatten die 31 Prinzen und Prinzessinnen sich zu wahren Märchenexperten entwickelt. Selbstverständlich mussten wir für all die Anstrengungen eine entsprechende Belohnung und für unser Projekt einen angemessenen Abschluss finden.

Unser Klassenzimmer war längst mit Märchenbildern dekoriert. Der Gruppenraum wurde zur Hexenküche umgebaut. Ein paar Väter halfen uns am Freitagnachmittag, Tische und Stühle aus dem Klassenzimmer zu entfernen und den Boden mit Turnmatten auszulegen. Die Mütter versorgten uns mit einem leckeren kalten Buffet. Die Zutaten für unseren Märchenpunsch waren vorbereitet. So konnten wir in unsere Märchennacht starten. Nach einem ausgedehnten gemeinsamen Abendessen gab es eine ganze Anzahl von den Kindern einstudierter Vorführungen. Die Verkleide-Kiste und die Kasperlpuppen waren wichtige Requisiten. Lieder und Spiele durften selbstverständlich nicht fehlen. Erst spät am Abend kam unser lang ersehnter Gast, eine Märchenerzählerin. Während sie sich mit Laterne und Schwert auf unserem Märchenstuhl einrichtete, kuschelten wir uns zwischen Kissen und Schlafsäcken auf unseren Turnmatten zusammen. Die Märchenerzählerin überraschte uns mit einem großen Repertoire von Märchen, die uns noch völlig unbekannt waren. Besondere Aufmerksamkeit erreichte sie aber dadurch, dass sie die Kinder in die Erzählungen mit einbezog. Sie durften entscheiden, ob es spannend, lustig oder gruselig weitergehen sollte, ob ein König, eine Hexe oder eine Fee mitspielen sollte. Zum Glück fanden aber alle Märchen ein glückliches Ende. Zum Glück auch deshalb, weil unsere Märchenstunde erst um Mitternacht langsam zu einem Ende kam. Manche Kinder waren schon während des Erzählens eingeschlummert und träumten von verwunschenen Prinzen, verzauberten Prinzessinen, Feen und ...
Und wenn sie nicht gestorben sind, dann leben sie noch heute und werden unser Märchenprojekt sicher nicht vergessen!

SABRiNA
Mir hat Am Märchen
brojekt gefalen wie wir
ins Museum gegangen
sind mit der uban und
die Kleider die füher
noch gab und wie wir
über Märchen geschriben
haben und gemalt haben?

Abb. 33: „Mir hat am Märchenprojekt gefallen..."

3. Baustein:

Kompetenzen und Kompetenzgefühle aufbauen – Individuelle Lernbegleitung in Schreibkonferenzen und im Rechtschreibunterricht

Ein Kind, das etwas kann, weiß – im Normalfall – auch um seine Kompetenzen. Ein Kind, das sich seiner wachsenden Kompetenzen bewusst ist, geht Lernaufgaben mit höherer Erfolgszuversicht und Motivation an und erreicht vermutlich auch bessere Leistungen. Beides – sowohl die Förderung der schriftsprachlichen Kompetenzen als auch die Unterstützung einer selbstwertdienlichen Einschätzung der eigenen Fähigkeiten – sind heute eigenständige Zielsetzungen, die gleichermaßen – *multikriterial* – in der Grundschule verfolgt werden sollen. Man weiß heute auch, dass beide Zielstellungen in einem engen Wechselspiel stehen, wobei der Einfluss der Leistung auf das Selbstkonzept höher einzuschätzen ist als umgekehrt. Nun versucht man, sich die Einflussrichtung Selbstkonzept auf Leistung besonders in den labileren Übergangsphasen wie etwa dem Schulanfang, pädagogisch nutzbar zu machen. Hier stehen die Chancen günstig, über eine *Stärkung des Selbstkonzeptes und des Selbstwertgefühls* die Leistung positiv zu beeinflussen. Man verhindert damit einerseits, dass ein Kind mit – im Vergleich zu anderen Kindern bzw. Lernzielstandards – schlechten Leistungen sich selbst negativ bewertet und damit in den Teufelskreis „schlechte Leistungen – niedriges Selbstkonzept – noch schlechtere Leistungen – noch niedrigeres Selbstkonzept“ gerät. Andererseits kann man über die Unterstützung einer positiven Selbsteinschätzung auch erfolgreiche Lernbiografien anstoßen. Kindern, die ihren individuellen Leistungszuwachs positiv einschätzen, gelingt auch eher eine entsprechende Leistungsentwicklung.
Dies glückt am besten in einem Unterricht, der großzügig Freiheitsspielräume für eigenverantwortliches Lernen bietet, indem er die Wahl der Aufgabe, des Partners usw. dem Schüler weitgehend überlässt, aber auch in einem Klima, in dem der Lehrer in der Lehrer-Schüler-Interaktion bewusst und erkennbar Verantwortung überträgt und sich als Lernberater und nicht als Lernkontrolleur zeigt. Dann können Lernerfolge auch individuell verortet werden und selbstwertdienlich attribuiert werden. Intrinsische Motivation ist der Lohn eines solchen Vorgehens.

Kompetenzen und Kompetenzgefühle können also gleichermaßen wachsen, wenn Kinder die Möglichkeit bekommen, so weit wie möglich *selbstbestimmt* zu lernen. Sogenannte Schreibkonferenzen als Alternative zur früher üblichen Aufsatzkorrektur und Aufsatzverbesserung und die Möglichkeit, die richtige Schreibung zu entdecken, statt über Rechtschreibregeln zu „belehren" sind zwei zentrale Lernfelder, in denen diese Sichtweise eines autonomen Lernens verifiziert werden können. In beiden Bereichen können Kinder Lernerfolge sich selber zuschreiben. Dass sie Erfolge auf ihre Anstrengung und ihre Fähigkeit zurückführen, führt zu weiteren intrinsisch motivierten und nachhaltigen Lernaktivitäten und zu wachsendem Selbstbewusstsein.
Die klassische Aufsatzverbesserung, die für viele Kinder mit negativen Rückmeldungen verbunden war und den „Wert" eines Textes nach formalen und heute nicht mehr in dieser Form allgemeingültig anerkannten Kriterien beurteilte, verliert beim Überarbeiten von Texten in *Schreibkonferenzen* an Bedeutung. Ebenso tritt die Lehrkraft eher in den Hintergrund und die gleichaltrigen Mitschüler werden zu ko-konstruierenden „Kollegen".
Es gibt zwar auch Schreibkonferenzen mit dem Lehrer (alleine, in der Gruppe, mit der ganzen Klasse), aber am klarsten entsteht eine gleichberechtigte Gruppenstruktur mit symmetrischer Kommunikationsform in der von Graves (1995) favorisierten Form der Kleingruppe mit dem Autor und einigen Schreibberatern.
Damit die Kinder in der Gruppe gut kooperieren können, brauchen sie ein Ritual (vgl. Spitta 1992; Schiestl 1998), das Inhalte, Reihenfolge sowie auch einen positiven sozialen Umgang miteinander regelt. Folgende Auflistung enthält sinnvolle Regeln, die aber auf Klassenstufe, Stand der Kinder usw. hin angepasst und reduziert werden müssen und können:

1. Autorenkind liest seine Geschichte vor
2. Applaus, Applaus!
3. Redaktionsteam stellt Verständnisfragen: Was haben wir nicht verstanden?
4. Redaktionsteam lobt: Mir hat gefallen ...
5. Redaktionsteam kritisiert: Besser gefallen würde mir ...
6. Der Text wird Satz für Satz durchgesprochen
7. Rechtschriftliche Überarbeitung des Textes
8. Das Autorenkind entscheidet selber, was und wie es den Text überarbeiten will
9. Abgabe an den Lehrer (Korrektur der Rechtschreibfehler)
10. Veröffentlichung!!!

Gerade die Veröffentlichung macht auch für die Kinder plausibel, dass eine Überarbeitung sinnvoll ist, dass sie für andere etwas mitteilen und aufbewahren können, was diese interessiert und was sie lesen können. Damit ist die Überarbeitung etwas, was zum Funktionieren von schriftlicher Kommunikation beiträgt.

Wichtiger als der Ablauf einer solchen Schreibkonferenz sind pädagogische Grundsätze, die Donald Graves (1995) eingeführt hat:
Der Lehrer soll in erster Linie die *Selbstständigkeit fördern*, indem er eher als Zuhörer agiert und die Verantwortung für das Schreiben beim Kind bleibt. Statt zu loben und zu tadeln fragt und antwortet der Lehrer in der Absicht, dass das Kind seine Probleme selbst lösen kann.
Der Lehrer soll *dem Kind folgen* und warten können. Sehr eindrucksvoll fordert Graves, dass der Lehrer das Kind zum Sprechen über das Geschriebene animiert und selber zuhört:
„Wenn das Kind spricht, lernen wir. Wenn das Kind spricht, lernt das Kind. Wenn das Kind spricht, kann der Lehrer helfen."
Wichtig ist, dass der Lehrer für gemeinsame Schreibkonferenzen *Akzente setzt*, d.h. er spricht immer nur ein Problem an. Der Hauptakzent liegt dabei auf der Mitteilung und nicht auf Schrift und Rechtschreibung. Er kann auch *mit dem Kind schreiben* und durch „lautes Denken" Kinder an seinem eigenen Schreibprozess teilhaben lassen.
Wie man Kritik *annimmt* und andere *fragt*, demonstriert der Lehrer und *vermittelt* durch Ordnungssysteme und immer gleiche Abläufe *Sicherheit*. Voraussetzung für eine solche pädagogische Atmosphäre ist, dass die Lehrkraft ausreichend *Zeit gewährt*.
Das für Schreibkonferenzen von Graves entfaltete pädagogische Gedankengut trifft in fast allen Aspekten auf eine sinnvolle Lernbegleitung durch den Lehrer im *Rechtschreibunterricht* zu. Aus entwicklungsorientierter Perspektive kann man ergänzen, dass man Rechtschreibregeln und -erkenntnisse nicht systematisch „unterrichten" muss, sondern dass vieles „entdeckt" bzw. selbstständig gelernt werden kann. Erkenntnisse über orthographische Regelmäßigkeiten erwachsen aus Beispielen, meist aus eigenen Erfahrungen, aber auch aus Gesprächen über entstehende „Sprachrätsel" mit Mitschülern oder Lehrern. An der selbstständigen Lösung solcher Sprachrätsel erfahren die Kinder Lernerfolge. Dies kann aber nur geschehen, wenn individualisierte, d.h. für den jeweiligen Entwicklungsstand passende „Sprachaufgaben" zu bewältigen sind. In einem individualisierten Anfangsunterricht, der Freiheitsspielräume mit unterschiedlichen Aufgabenstellungen zulässt, können auch Kinder, die sich im Vergleich mit den Klassenkameraden auf einer niedrigeren Verschriftungsstrategie befinden, Lernfortschritte an sich beobachten, die zu einem positiven Selbstkonzept führen. Logische Konsequenz ist der Umgang mit Fehlern: Die Korrektur wird verstanden als Hilfe auf dem Lernweg, als Anstoß für neuerliche Problemlösungsversuche, als Impuls zur Denkentwicklung. Dem Lehrer sollte es auch hier gelingen, dem jeweiligen Entwick-

lungsstand angemessene Hinweise zu geben. Diese Hinweise können positiv verstärkende Funktion haben, sie können aber auch dem Kind inhaltlich weiterhelfen. Beginnt ein Kind gerade, erste Laute abzuhören und zu verschriften, nützt dem Kind für ein beharrliches Weiterentwickeln der alphabetischen Strategie unter Umständen nur ein Lob, hilfreich kann aber auch die Frage sein, ob es denn „noch mehr hört". Wenn ein Kind schon fast alles aufschreiben kann, was es hört, hilft eventuell eine Markierung für fehlenden Laute, beispielsweise ein Punkt.

Denkbar wären auch unterschiedliche Korrektursymbole, die den Kindern Hinweise auf „Fehlerquellen" geben sollen: Ein Ohr zeigt „Achtung, hier fehlt ein Laut!"; ein Baustein ruft Wissen über Wortbausteine ins Gedächtnis; ein Fragezeichen macht auf orthographisch schwierige Stellen aufmerksam, die man gegebenenfalls im Wörterbuch nachschauen kann.

Diese neue Fehlerkultur entschärft die selbstkonzeptschädigende Situation der üblichen Fehlerkorrektur. Ein solches positives Fehlerklima ist notwendig für die Erhaltung und den Aufbau von Kompetenzgefühlen, erlaubt aber auch eine gezielte Leistungsförderung im Sinne eines entwicklungsorientierten Vorgehens.

Edeltraud Habermann beantwortet in ihrem Beitrag die Frage **„Schreibkonferenzen – aber wie?"** Sie zeigt darin die Bedeutung der Mitschüler auf, aber auch, wie wichtig es ist, die Verantwortung für das Schreiben und Überarbeiten bei dem jungen Autor bzw. bei der jungen Autorin selbst zu lassen. Es wird deutlich, dass Kinder bereits in der zweiten Klasse in der Lage sind, ihre Texte mit Hilfe von Gleichaltrigen zu überarbeiten, ohne dass die Lehrkraft im klassischen Sinn berichtigen bzw. verbessern muss. Beide Rollen, die Rolle des autonomen Schreibers und die Rolle des Schreibberaters führen zu Kompetenzen und Kompetenzgefühlen, die die klassische Aufsatzkorrektur durch den Lehrer nicht erfüllen könnte.

Ursula Kummer plädiert in ihrem Beitrag **„Können Kinder die Rechtschreibung entdecken?"** klar für größtmögliche Freiheitsspielräume auf dem Weg bzw. auf den „Umwegen" zur Orthographie, fordert aber auch die gezielte Unterstützung und Beratung durch den Lehrer. Insbesondere müssen Impulse, Materialien und Situationen das „Nachdenken" über Schrift anregen und im sozialen Austausch mit anderen Schülern oder dem Lehrer bewusst gemacht werden. Nur so „spüren" Kinder auch ihre Lernfortschritte und können ein positives Selbstkonzept entwickeln.

„Fehler in neuer Sicht" führen dazu, dass auch Korrekturen individuell und entwicklungsfördernd sein müssen. **Rosi Wölfel** gibt hier in ihrem Beitrag **„Korrekturen – individuell und entwicklungsfördernd"** hilfreiche Anregungen und praktische Hinweise.

Schreibkonferenzen – aber wie?

(Edeltraud Habermann)

Schreibkonferenzen – warum macht man das?

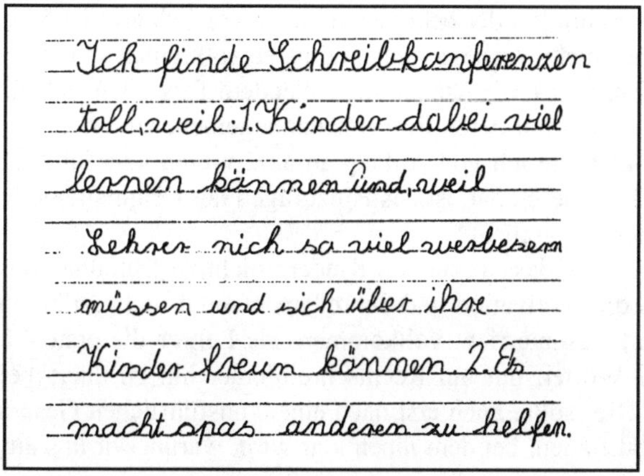
Ich finde Schreibkanferenzen
toll, weil: 1. Kinder dabei viel
lernen kännen und, weil
Lehrer nich so viel verbesern
müssen und sich über ihre
Kinder freun können. 2. Es
macht spas anderen zu helfen.

Abb. 34: Schülermeinung zu Schreibkonferenzen

Diese Schülerin durfte von Anfang an Texte verfassen. Zuerst waren es nur Wörter, dann Sätze und jetzt, im zweiten Halbjahr der zweiten Klasse, sind es Texte. Sie erhielt die benötigte Zeit, die Stufen des Lesen- und Schreibenlernens in ihrem persönlichen Tempo zu durchlaufen.
Mein Ziel ist, sie auf ihrem Weg zum ausgebauten Text zu unterstützen und ihre Texte wachsen zu lassen, ohne sie ständig zu verbessern. Trotzdem soll sie an ihren Texten arbeiten, so dass sie Zeit und Gelegenheit hat, ihre Textbildungsfähigkeit zu entwickeln.
Diese Arbeit am Text nennen wir Schreibkonferenz, ein anspruchsvolles Vorhaben in einer zweiten Klasse!

Schreibkonferenzen – von Anfang an?

Buchner (1990, S. 14 f.) fordert für den Anfangsunterricht:

„Am Ausdruck des Kindes darf nichts verändert werden!“ Die Grenze zwischen falsch und richtig, gut und schlecht ist zu diesem Zeitpunkt nicht vom Lehrer zu ziehen. „Wir respektieren die Würde des Kindes, wenn wir das von ihm hervorgebrachte Werk respektieren, und wir weisen das Kind in seinem Werk zurück, wenn wir verständnislos daran herumdeuteln." Durch das ständige Kritisieren, Bewerten und Verbessern werden die Kinder keinesfalls zu besseren Aufsatzschreibern, im Gegenteil: Wir geben ihnen ständig negative Rückmeldungen und machen ihnen damit klar, dass ihre Leistungen minderwertig sind. Nicht selten beschließen dann die Kinder: „Lieber weniger und das richtig!" oder bekommen Angst vor Fehlern. Ist tatsächlich eine Veränderung (nicht Verbesserung!) nötig, so sollte man es nicht in Eigeninitiative ausführen und die Kinder vor vollendete Tatsachen stellen, sondern es in Absprache und mit deren Einverständnis gemeinsam erledigen. Die einzige Möglichkeit, die ich von Anfang an akzeptieren kann und die sich auch als praktisch erwiesen hat, ist das Hinzufügen der Originaltexte in „Bücher-" oder „Erwachsenenschrift".

Die Praxis zeigte, dass Texte von Kindern nicht zu früh überarbeitet werden sollten, um die Motivation und Schreibspontanität nicht zu bremsen! Es genügt im Anfangsunterricht vollkommen, als Lehrer die ersten Texte, meist sind es nur Wörter, nur auf Rechtschreibfehler hin zu überarbeiten und zu verändern. Dies sollte auch erst nach einem ausführlichen Gespräch mit den Schülern stattfinden, bei dem ihnen klar wird, warum wir uns auf bestimmte Schreibweisen einigen wollen.

Nachdem die Schüler im Anfangsunterricht zuerst einmal das Handwerkszeug „Schreiben" erlernen müssen, ist es eine totale Überforderung bereits fertige Produkte zu verlangen, zu verbessern und zu bewerten. Das Überarbeiten der Texte halte ich frühestens Ende der ersten oder Anfang der zweiten Klasse für angebracht.

In Schreibkonferenzen beraten und überarbeiten

Um den Kindern die Möglichkeit zu geben, in einer vertrauensvollen Umgebung eine Textbildungsfähigkeit zu entwickeln, muss man die typischen Korrekturrituale in der Grundschule ändern.

Bislang hat man den Kindern mittels der Korrektur durch den Lehrer die Schwächen des Textes aufgezeigt. (Wobei dies eine sehr subjektive Beurteilung war.) Anschließend wurden die Texte berichtigt. Häufig waren die Anmerkungen und Verbesserungsvorschläge für den Lehrer schwierig zu formulieren und für die Schüler oft nicht als Hilfe zu verwerten, weil sie mit den Abkürzungen und Hinweisen gar nichts anfangen konnten. Verständlicherweise graute es jedem Lehrer vor der Korrektur der Aufsätze: „Wie teile ich möglichst kurz und verständlich meine Kritik den Kindern mit?" Die Kinder

fürchteten die Berichtigung des Lehrers: „Wie meint der Lehrer das, was will er denn mit diesen Zeichen von mir, wie kann ich es besser formulieren?" Der Lehrer hatte dann die Berichtigung wiederum zu kontrollieren und unter Umständen erneut zu berichtigen. Bei einem schwachen Schüler war die „berichtigte Berichtigung" für den Lehrer immer noch nicht zufriedenstellend. Beide Seiten, Lehrer und Schüler, arbeiteten an den Texten unabhängig voneinander. Es gab kein Miteinander, bestenfalls ein Nebeneinander, im schlechtesten Fall ein Gegeneinander. Das Ende beim Aufsatzschreiben war oft Frust und Enttäuschung auf beiden Seiten.
Bei den Schreibkonferenzen läuft eine sog. Verbesserung (Überarbeitung oder Arbeit am Text) ganz anders ab. Dabei sind die Ansprüche an die Schüler sehr hoch. Man muss sich bei dieser Art der Überarbeitung darüber im Klaren sein, dass nicht jeder Text am Ende „perfekt" sein wird, so wie es der Lehrer nach einer von ihm vorgegebenen Berichtigung erwarten würde. Nicht das Endprodukt allein hilft den Schülern eine Textbildungsfähigkeit zu entwickeln, sondern vor allem *der Prozess des Überarbeitens.* Lernprozesse laufen unterschwellig ab, sie rufen Veränderungen hervor, sind aber auf der Stelle nicht sofort messbar. Diese Lernprozesse sind viel wichtiger als das einzelne Produkt, das gemeinsame Nachdenken in einer Schreibkonferenz, das Herausstellen der Stärken des jeweiligen Textes, die Beteiligung der Autoren und Zuhörer an den Veränderungen.
Um Veränderungen zu erreichen, wird in den Konferenzen beraten, nicht verbessert. Die Autoren haben dabei das letzte Wort. Sicherlich kann man als Lehrer unterstützend eingreifen, indem man den Schülern Tipps, Geheimnisse oder Ratschläge zur Verfügung stellt. Erfahrungsgemäß nehmen es erst einzelne Kinder an, geben diese Anregungen weiter und liefern damit in weiteren Schreibkonferenzen den anderen Schülern Hilfen zur Überarbeitung (Schneeballeffekt).
Eine erste Schreibkonferenz kann das Vorlesen des Textes und die erfolgten Reaktionen der Zuhörer darstellen. Der Autor wird danach seine Geschichte noch nicht verändern, wird aber schon erste Tipps, Ratschläge und evtl. auch Fragen wahrnehmen.

Mein Weg zu den Schreibkonferenzen – so fing ich an

Vor einigen Jahren, als ich der Meinung war, Schreibkonferenzen sind erst in der 3. und 4. Klasse durchführbar, war ich mit meiner damaligen Überarbeitung der Geschichten sehr unzufrieden. So probierte ich folgende Lösung: Durch das häufige freie Schreiben hatte ich viel zu korrigieren und suchte

einfach nach einer zeitsparenderen und schülerfreundlicheren Lösung als die Berichtigung mit dem roten Lehrerstift. Den roten Lehrerstift hatte ich als erstes zur Seite gelegt und durch einen andersfarbigen Stift ersetzt.
Die zweite Stufe der Veränderung war die Ernennung sogenannter Schreibberater. Ich hatte in der Klasse sechs Schüler/ innen, die bereits fähig waren, folgerichtige und gut formulierte Geschichten zu schreiben. Nach Fertigstellung der eigenen Texte durfte man in der Freiarbeit zu diesen von mir ausgesuchten Beratern gehen und seine Geschichte mit ihnen besprechen und verändern. Ich war verblüfft, wie sehr mir diese Kinder helfen konnten. Meine Korrekturarbeit hatte sich um mehr als die Hälfte verringert und die Schüler nahmen die Hilfen der Berater dankbar an. Doch die nächste Unzufriedenheit ließ nicht lange auf sich warten. Die Schüler, die nicht als Berater eingeteilt waren, wollten auch eine solch verantwortungsvolle Tätigkeit übernehmen und Berater sein. Was nun?
Es folgte die nächste Stufe, Beratung in der Kleingruppe: Jeder durfte seine Meinung sagen und Tipps geben, nicht nur der von mir eingesetzte Berater. Eigentlich war zu diesem Zeitpunkt die Schreibkonferenz in einer zweiten Klasse bereits geboren. Parallel zu diesen Ereignissen kamen mir dann die Bücher „Schreibkonferenzen in Klasse 3 und 4“ von Spitta (1992) sowie „Schreibvergnügen“ von Buchner (1990) in die Hände.
Jetzt war mir klar, dass der bereits begonnene Weg der richtige war.

In der zweiten Klasse beginne ich jetzt mit richtigen Schreibkonferenzen.
Um den Kindern Mut zu machen und ihnen zu zeigen, dass kein Autor seine Texte fehlerfrei in der Endversion aufschreibt, habe ich mit einem Entwurf von Härtling aus Spittas Buch „Schreibkonferenzen“ (s.o., S. 45) begonnen. Die Kinder waren beeindruckt von den vielen Korrekturzeichen, Einfügungen, Umstellungen und Streichungen. Sie erfuhren auch, dass ein Schriftsteller selbst Veränderungen vornimmt und anschließend weitere Personen beratend hinzuzieht.
Danach war es für die Schüler kein Fehlersuchen, kein Verbessern im herkömmlichen Sinne, wenn ihre Geschichten verändert wurden, niemand fühlte sich gekränkt oder war deprimiert über Veränderungen. Im Gegenteil – jeder war von nun an auf der Suche: Was kann ich noch verändern, was kann ich noch einfügen oder austauschen? Nur selten kam ein Schüler zu mir und sagte, dass seine Geschichte so in Ordnung sei und er selbst trotz Tipps und Beratung gar nichts verändern möchte.

Schreibkonferenz – so arbeiten wir jetzt

Bevor die eigentlichen Schreibkonferenzen abgehalten werden, bekommen die Schüler ihre geschriebenen Geschichten am nächsten Tag noch einmal zurück, um selbst nötige Veränderungen in einer anderen Farbe vorzunehmen. Das hat den großen Vorteil, dass man als Lehrer in der Zwischenzeit den ersten Entwurf lesen und bei Bedarf auch kopieren kann. Durch die Arbeit mit einem farbigen Stift kann man Veränderungen in der Schreibkonferenz sehr gut erkennen und gemachte Fortschritte dokumentieren. Außerdem habe ich festgestellt, dass sich die Schüler am Tag des Schreibens oft so verausgabt haben, dass sie zu einem selbstständigen Nachlesen nicht mehr fähig oder bereit sind. Häufig verlängern sie ihre Geschichten am zweiten Tag, sie entdecken unvollständige oder unklare Sätze, fügen etwas ein, streichen Überflüssiges heraus usw.

Danach, möglichst erst wieder einen Tag später, beginnen die ersten Schreibkonferenzen. Hierfür habe ich ein Plakat entworfen, das den Ablauf einer Schreibkonferenz zeigt. Die ersten Schreibkonferenzen werden mit den Kindern im Klassenverband durchgeführt. Wenn ihnen der Ablauf klar ist, dürfen sie in kleinen, meist selbst gewählten Gruppen ihre Besprechungen durchführen. Nur selten muss ich eingreifen und um die Aufnahme eines Schülers/ einer Schülerin in eine Beratungsgruppe bitten. Natürlich gab es und gibt es dabei Probleme und noch manche Unklarheit, aber der selbstverständliche Umgang aller Schüler mit den Texten, das selbstverständliche sich gegenseitige Helfen und Beraten, die Fortschritte und die Freude bei vielen Kindern zeigen mir, dass diese Art der Überarbeitung wesentlich mehr Erfolg hat als eine Korrektur durch den Lehrer und eine anschließende „Reinschrift“ durch den Schüler.

Tipps für erfolgreiche Schreibkonferenzen:

- Einige Schreibkonferenzen muss man an verschiedenen Texten erst einmal im Klassenverband durchführen.
- Es dürfen nicht zu viele Schüler in eine Konferenzgruppe eingebunden werden. Die Erfahrung zeigt, dass zwei bis vier Schüler ruhiger und effektiver zusammenarbeiten als sechs Schüler.
- Pro Tag sollte man möglichst nur einen, maximal zwei Texte bearbeiten, da die Schüler schon ziemlich lange Geschichten schreiben und die Konzentration noch rasch nachlässt. Ich gebe die Schreibkonferenzen oft in die Wochenplanarbeit.
- Bei besonders schwachen Schülern sollte die Texte der Lehrer vorlesen, damit eine mangelnde Lesefertigkeit die Qualität der Geschichte nicht beeinflusst.
- Manchmal ist es nötig, dass der Lehrer die Änderungen notiert, da der Schreiber überfordert ist.
- Der Lehrer sollte hin und wieder an einer Konferenz teilnehmen.

- Um auf dem Entwurfspapier genügend Platz zum Überarbeiten zu haben, lässt man alle Texte auf sog. Entwurfspapier schreiben. Das sind einfache linierte Ringbuchblätter. Die Schüler machen sich vor Schreibbeginn Schreibzeichen (zur Zeit ein x) an den linken Rand jeder zweiten Zeile. Es wird nur jede zweite Zeile beschrieben, um so genügend Platz für die Veränderungen zu haben.

Durch einen Brief von einem Schüler erhielt ich eine nette Variante für Entwurfspapier:

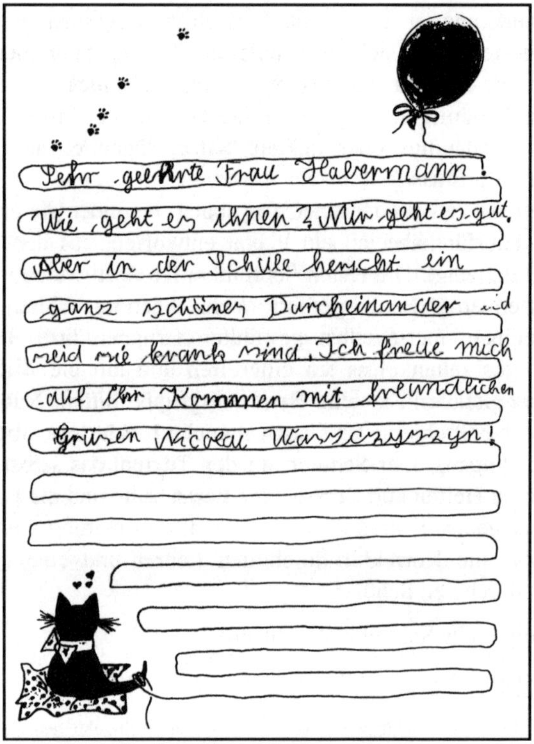

Abb. 35: Schülerbrief auf Briefpapier mit ausreichend Platz für Korrekturen

In der Klasse hat sich eine vertrauensvolle Atmosphäre entwickelt. Niemand wird ausgelacht oder belächelt, jeder weiß, dass er Hilfe bekommt, sich Hilfe zu holen ist selbstverständlich.
Seitdem ich die Schüler so frei wie möglich schreiben lasse, lese ich ihre Aufsätze gerne. Ich weiß sehr viel mehr über die einzelnen Kinder. Wenn ich

die Texte ein zweites Mal lese, bin ich richtig neugierig auf die Veränderungen. Das Nachlesen ist keine Qual mehr, sondern ein Vergnügen. Ich muss nicht mehr 28 nahezu identische Geschichten lesen. (Wenn sie nicht identisch waren, wurden sie durch die Korrektur ziemlich identisch gemacht. Schließlich hatte man als Lehrer von einer gelungenen Bildergeschichte eine klare Vorstellung.)
Die tatsächlich vorzunehmenden Korrekturen halten sich für mich in Grenzen und ich kenne den Stand der einzelnen Schüler in ihrer Schreibentwicklung sehr genau.

Die „Reinschrift" – ein Problem

Nachdem die Kinder mit Freude Geschichten schreiben, und diese immer länger werden, ist eine sog. Reinschrift nach getaner, intensiver Arbeit in der Schreibkonferenz eigentlich eine Zumutung bzw. Strafe für die besonders fleißigen Schüler. Die Kinder haben sehr schnell begriffen, dass derjenige, der viel schreibt, bei der Reinschrift für die Veröffentlichung eigentlich der „Gelackmeierte" ist. Deshalb habe ich mich schon des Öfteren erbarmt und besonders fleißigen Geschichtenschreibern die Reinschrift mit Hilfe des Computers abgenommen. Bei einer der letzten Schreibarbeiten „Diddlgeschichten", habe ich den Kindern versprochen, dass *allen* die Reinschrift erspart wird. Entweder dürfen Eltern am Computer mithelfen (was die Kinder hoch erfreute und bei den Eltern an einem Elternabend sogar Verständnis weckte) oder der Lehrer übernimmt die Arbeit. Ich war erstaunt, was diese Abmachung auslöste: Schreibfreude wie nie zuvor und kaum eine kurze Diddlgeschichte, die längste Geschichte benötigte sogar sieben (!!!) Entwurfseiten. Der Schüler, der diese Geschichte schrieb, musste eine ganze Woche von der restlichen Wochenplanarbeit befreit werden, um genügend Zeit zu haben. Er war einfach nicht mehr zu bremsen!
Allerdings habe ich festgestellt, dass die Reinschrift aus dem Elternhaus einen Informationsabend für Eltern erfordert. Eltern muss der Sinn und die Absicht dieser Art Reinschrift erklärt werden, denn sonst kann es durchaus vorkommen, dass Eltern die herkömmliche Korrekturarbeit übernehmen und der Text der Schüler wieder eigenmächtig verbessert wird. Auch ganz einfache organisatorische Rahmenbedingungen wie Seitenrand, Schriftgröße, Zeilenabstand usw. für die Reinschrift sollten angesprochen werden.

Noch ein Wort zu den Rechtschreibfehlern

Ich habe festgestellt, dass die Kinder fleißig ihre „Lernwörter“ üben und bei Lernzielkontrollen im Rechtschreiben möglichst wenig Rechtschreibfehler machen. Schreiben sie aber Geschichten, so ist für viele (nicht für alle) das Rechtschreiben unwichtig. Ich denke, viele Schüler sind in der zweiten Klasse überfordert, wenn sie sich auf eine saubere Schrift, auf die Rechtschreibung, das eigentliche Thema, die Sprache, den Aufbau und auf die Vollständigkeit gleichzeitig konzentrieren sollen. Deshalb kann ich Graves Forderung, sich beim Schreiben nicht von technischen Problemen der Schrift oder der Rechtschreibung aufhalten zu lassen, nur zu gut verstehen. Er meint, diese Probleme könne man später bearbeiten, wenn das Stück steht (vgl. Graves 1995, S. 145 f.).

So deutlich vermittle ich es den Kindern in der zweiten Klasse zwar nicht, aber ich halte sie auch beim Entwerfen ihrer Texte nicht zu einer Verwendung der Wörterbücher an. Ihre Ideen und Gedanken, die sie zu Papier bringen möchten, werden durch das Nachschlagen gestört. Meine Schüler wissen, dass sie sich jederzeit ein gewünschtes oder benötigtes Wort bei mir am Pult abholen dürfen. Manche Kinder sind selbst durch diese eigentlich relativ kurze Unterbrechung in ihrem Schreibfluss gestört, denn nicht selten ist ein Kind am Pult angekommen und sagt dann: „Oh, jetzt weiß ich gar nicht mehr, welches Wort ich wollte!“

Bei den Schreibkonferenzen kann man ein Wörterbuch verwenden. Außerdem gibt es in der Klasse bereits viele Helfer, die, wenn sie mit auf das Blatt schauen können, Rechtschreibfehler entdecken. Die Fehler, die dann noch übrig sind, bleiben eben für den Lehrer zum Verbessern übrig.

Die Tippkartei – Hilfe beim Schreiben und bei den Schreibkonferenzen

Folgende Kritikpunkte werden von Schülern der zweiten Jahrgangsstufe in den Schreibkonferenzen oft angesprochen, nicht immer finden sie selbst eine Lösung:

- Die Überschrift passt nicht! Die Überschrift ist zu langweilig!
- Der Satz ist zu lang, es fehlen Punkte! Die Sätze sind zu kurz!
- Die Satzanfänge wiederholen sich!
- Der Satz hört sich komisch an! (Meist waren es Grammatikfehler oder es fehlte ein Wort)
- Das Wort ... kommt zu oft vor!
- Die Geschichte ist nicht fertig! Das Ende kommt zu schnell!
- Manchmal weiß man nicht, ob du die Geschichte gestern erlebt hast! (Zeitformen wechseln)
- Das muss man anders erzählen! Lustiger oder spannender!

Bei Texten zu gemeinsamen Erlebnissen:

- So fing es gar nicht an! Du musst von Anfang an erzählen!
- Du hast etwas vergessen!
- Das verstehe ich nicht! (Wichtiges wurde vergessen oder unklar ausgedrückt)
- Das haben wir nicht so erlebt! (Reihenfolge stimmt nicht)

Um den Kindern Tipps zu geben bzw. Hilfen anzubieten, erstellte ich eine *Tippkartei.* Die Karteikarten stehen den Schülern jederzeit zur Verfügung. Sie wurden nach und nach, je nach Bedarf und Entwicklung mit der Klasse oder mit einzelnen Schülern besprochen und immer an einem vorgegebenen Beispiel ausprobiert.
Eine Kartei erweist sich hierfür als sehr praktisch, da jeder nach Bedarf zugreifen kann und die Menge an Tipps oder Hilfen auf einer Karte für die jungen Schreiber überschaubar ist. Außerdem lässt sich eine Kartei jederzeit erweitern und so auch in der gesamten Grundschulzeit einsetzen.

Beispiel für eine einführende Übung zur Karteikarte:
Deine Sätze fangen mit „Und dann ...“ oder „Dann ...“ an!
Dieser Tipp wird am häufigsten verwendet. Die entsprechende Karteikarte entdecke ich auf vielen Tischen während des Geschichtenschreibens. Auch bei den Schreibkonferenzen wird sie oft eingesetzt.

Komm zu mir, ich helfe dir!

Deine Sätze fangen mit:
„Und dann..“. oder „Dann...“ an!

1. Tipp: Denke dir ein anderes Wort aus!

Beispiele: jetzt, nun, anschließend, später, danach, am Schluss, endlich, zuletzt, zuerst, nach einer Weile, schließlich, am Anfang, gleich darauf, inzwischen, nach einigen Minuten, zunächst

2. Tipp: Lass das Wort einfach weg!

Beispiel:
Und dann bin ich nach Hause gegangen.
Ich bin nach Hause gegangen.

Sicher kannst du die Geschichte überarbeiten! Schreibe sie in dein Heft!

Ein Ball geht auf Reisen

Die Kinder spielten mit ihrem Ball. Dann rief die Mutter: „Essen kommen!" Dann ließen die Kinder den Ball einfach liegen. Dann liefen sie schnell ins Haus. Dann war der Ball traurig. Und dann beschloss er wegzurollen.

Abb. 36: Beispiel einer Karteikarte und der zugehörigen einführenden Übung; das obere Bild stellt die Karteikarte dar, bei deren Einführung beide Bilder zusammen auf einem Arbeitsblatt ausgegeben wurden.

Der Text ist fertig – was nun?

Wenn die Texte fertig sind, werden sie zwei- bis dreimal kopiert. Jedes Kind darf sich einen Text von einem Klassenkameraden wünschen. Die weiteren Exemplare sind für Eltern, Omas, Tanten, Freunde usw. als Geschenk geeignet. Nicht selten höre ich dann: „So wie ... schreibe ich das nächste Mal auch!" Die schnell und mühelos herzustellenden Kopien sind eine hervorragende Ergänzung bzw. Anregung für weitere Geschichten und fördern sicherlich die Schreibentwicklung.

Natürlich werden alle eigenen und geschenkten Geschichten zu einem Geschichtenbuch für jeden Schüler gebunden. Weiterhin binden wir im Laufe der ersten zwei Schuljahre viele einzelne Themenbücher. Alle Geschichten, die zu einem bestimmten Thema in der Klasse geschrieben wurden, ergeben ein Buch, z.B. „Wir besuchen die VAG (Verkehrs-Aktiengesellschaft)", „Kochen mit der Klasse 8a", „Diddlgeschichten", „Unsere Schmökernacht", „Kasperl bei mir zu Haus" usw. Diese Themenbücher sind heiß begehrt und werden in der Schule und für zu Hause oft mehrmals ausgeliehen und gelesen. Besonders gerne nehmen die Schüler solch ein Buch in die Hand, wenn es mit Fotos oder selbst gemalten Bildern ausgestaltet ist.

Manchmal hänge ich Geschichten, die bereits in Reinschrift veröffentlicht werden können, in Klarsichthüllen zum Lesen aus. In jeder Klarsichthülle stecken auch drei „Meinungskarten". Wer die Geschichte gelesen hat, nimmt eine „Meinungskarte" heraus, bearbeitet sie und behält sie. Am Ende einer Woche werden dann allen Kindern die „Meinungskarten" überreicht. So schreibt jeder seine eigene Meinung auf und lässt sich nicht vom Vorgänger beeinflussen. Je Geschichte sind nur drei „Meinungskarten“ vorbereitet, sind diese Karten herausgenommen, muss man für einen anderen Schüler schreiben. So erhalten alle Schüler einer Klasse jeweils drei Meinungen.

Für ______________________________ von

____

____

____

____

____

Ich habe noch einen Tipp für dich:

____

Abb. 37: Meinungskarte

So beurteilte ein Schüler zu Beginn der zweiten Klasse die Geschichten seiner Klassenkameraden:

2. Die Geschichte 2 ist kurz.

6. Bei der Geschichte 6. erfährtman nichts vom Gemüse.

7. Die Geschichte7. hat keine überschrüft.

Abb. 38: Beispiel einer „Schülerbeurteilung“

Zum Abschluss möchte ich noch an einem Beispiel aufzeigen, wie sich Texte durch die Schreibkonferenzen verändert und entwickelt haben:

Diddls Geburztag

Morgen hat die Diddl Geburztag und sie weiß nicht wen sie einladen soll. Die Freunde und die Freundinen wissen es und die Diddel bäckt auch einen Kuchen. Leider fiel der Kuchen nach unden und auf die Diddel Maus. Sie dachte o we, was soll ich nur machen wenn meine Freunde und Freundinen kommen lachen sie bestimt. Ich Bade mich lieber und dann läst sie Wasser und andsilisen kommen ihre Freunde und Freundinnen. Und sie gehen ins Wohnzimmer und die Diddl vergist das Wasser es leuft über und alle Diddl Mäuse werden gehwaschen.

Abb. 39: Ramonas Entwurf

Diddls Geburztag

Morgen hat die **Diddl Maus** Geburztag und sie weiß nicht, wen sie einladen soll. Die Freunde und die Freundinen wissen es und die Diddel bäckt auch einen Kuchen. Leider fiel der Kuchen nach unden und auf die Diddel Maus. Sie dachte o we, was soll ich nur machen wenn meine Freunde und Freundinen kommen lachen sie **bestimmt**. Ich Bade mich lieber und dann läst sie Wasser und andsilisen kommen ihre Freunde und Freundinnen. Und sie gehen ins Wohnzimmer und die Diddl vergist. Das Wasser es leuft über und alle Diddl Mäuse werden gehwaschen.

Abb. 40: Erste Überarbeitung, Ramona hat den Text am nächsten Tag selbst verändert

Diddls Geburztag

Am antern Morgen hat die **Diddl Maus** Geburztag und sie weiß nicht wen sie einladen soll. Die Freunde und die Freundinen wissen es **nicht** und die Didd~~e~~l bäckt auch einen Kuchen. Leider fiel der Kuchen **auf die Diddl Maus.** ~~nach unden und auf die Diddel Maus.~~ Sie dachte o we, was soll ich nur machen**? Jetz weis ich was ich mach ich fekleide mich alls Kuchen. anschlisend kommen ihre Freunde** ~~wenn meine Freunde und Freundinen kommen lachen sie **bestimmt**. Ich Bade mich lieber und dann läst sie Wasser und andsilisen kommen ihre Freunde~~ und Freundinnen. Und sie gehen ins Wohnzimmer, und die Diddl vergist. ~~Das Wasser es leuft über und alle Diddl Mäuse werden gehwaschen.~~ Jetzt sehen alle Diddls das die Diddl in den Kuchen gefalen ist.

Abb. 41: Zweite Überarbeitung nach der Schreibkonferenz

Diddls Geburtstag

Am anderen Morgen hat die Diddl-Maus Geburtstag und sie weiß nicht, wen sie einladen soll. Die Freunde und die Freundinnen wissen es nicht und die Diddl bäckt auch einen Kuchen. Leider fiel der Kuchen auf die Diddl- Sie dachte: **„Oh weh,** was soll ich nur machen? Jetzt weiß ich was ich mache! Ich verkleide mich **als** Kuchen." Anschließend kommen ihre Freunde und Freundinnen. ~~Und~~ Sie gehen ins Wohnzimmer. ~~und die Diddl vergist.~~ Jetzt sehen alle Diddls, dass die Diddl-**Maus** in den Kuchen gefallen ist. **Das wurde eine lustige Feier.**

Abb. 42: Dritte Überarbeitung nach der Beratung mit der gesamten Gruppe und der Lehrerin

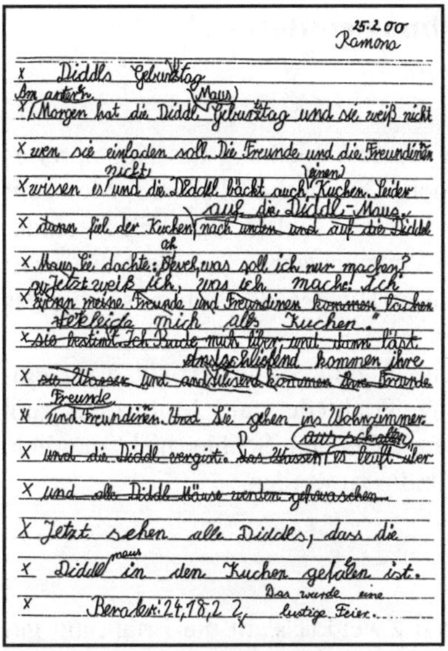

25.2.00
Ramona

Diddls Geburtstag

Am anderen (Maus) Morgen hat die Diddl Geburtstag und sie weiß nicht wen sie einladen soll. Die Freunde und die Freundinen wissen es nicht und die Diddl bäckt auch einen Kuchen. Leider fiel der Kuchen nach unten und auf die Diddl-Maus. Sie dachte: Oh weh, was soll ich nur machen? Jetzt weiß ich, was ich mache! Ich verkleide mich als Kuchen."

Anschließend kommen ihre Freunde und Freundinen. Und sie gehen ins Wohnzimmer.

Jetzt sehen alle Diddls, dass die Diddl maus in den Kuchen gefallen ist.

Beraten: 24,18,2,2 Das wurde eine lustige Feier.

Abb. 43: Ramonas Originalarbeit nach allen Überarbeitungen

Diddls Geburtstag

Am anderen Morgen hat die Diddl-Maus Geburtstag und sie weiß nicht, wen sie einladen soll. Die Freunde und Freundinnen wissen es nicht und die Diddl-Maus bäckt auch einen Kuchen. Leider fiel der Kuchen auf die Diddl-Maus. Sie dachte: „Oh weh, was soll ich nur machen? --- Jetzt weiß Ich was ich mache! Jch verkleide mich als Kuchen!"

Anschließend kommen ihre Freunde und Freundinnen. Sie gehen ins Wohnzimmer. Jetzt sehen alle Diddls, dass die Diddl-Maus in den Kuchen gefallen ist.

Abb. 44: Ramonas veröffentlichter Text

Zu guter Letzt:
Einige Schüler/ innen äußern sich zum Thema Schreibkonferenzen:

Ich finde die Schreibkonferenz super, weil man viel lernen kann und schöne Geschichten schreiben kann. Schreibkonferenzen helfen Kindern, die schöne Geschichten schreiben wollen.

Ich finde Schreibkonferenzen schön, weil man seine Geschichte Kindern vorlesen kann und weil andere Kinder ihre Meinung darüber sagen können.

Ich finde Schreibkonferenzen toll, weil man da in Gruppen arbeitet. Man kann damit auch anderen Kindern helfen und weil da meine Geschichte immer besser wird.

Ich finde Schreibkonferenzen wichtig und sinnvoll, weil wir viele Fehler finden.
Ich finde die Schreibkonferenzen wichtig, weil da dann die Geschichten vielleicht besser werden.

Ich finde Schreibkonferenzen schön, weil ich da aus dem Zimmer gehen darf.

Ich finde Schreibkonferenzen schön, weil man lernt dabei und wird beraten.

Können Kinder die Rechtschreibung entdecken?

(Ursula Kummer)

Albert Camus (1998) dankte anlässlich seiner Verleihung des Nobelpreises zwei Personen – seiner Mutter und seinem Grundschullehrer. Er, Monsieur Germain, hätte seine Schüler immer für würdig gehalten, die Welt zu entdecken. Er habe sie nicht gemästet wie die Weihnachtsgänse, sondern den *Hunger nach Entdeckung* noch genährt. Dieser Hunger, so Camus, sei für das Kind noch wesentlicher als für den Mann.
Schön und gut – bei Fächern wie Heimat- und Sachunterricht, mag eingewendet werden, kann Entdeckerdrang Triebfeder und Motivation zum Lernen sein, aber bei der Rechtschreibung ist es dem Schüler nicht möglich, selbst und ohne gezielte Unterweisung fündig zu werden.

Zeit und Raum

Ich habe bei meiner Arbeit mit Erst- und Zweitklässlern die Erfahrung gemacht, dass viele Einsichten in die Besonderheiten der Orthographie von den Schülern selbst gewonnen werden können. Wichtige Voraussetzungen dafür sind neben vielfältigen Lern- und Arbeitsmitteln vor allem Zeit und Raum (Valtin 1993).
Dieser Raum ist für meine Schüler und mich die Lernwerkstatt, in die sie jeweils eine Stunde pro Woche gehen, um auf ihrem Weg, Lesen und Schreiben zu lernen, ein Stück weiter zu kommen. *Lernziel* und gleichzeitig *Fernziel* ist für alle gleichermaßen, ein kompetenter Leser und Recht- Schreiber zu werden.

Entwicklungsorientierte Lernstandsdiagnose

Wie unterschiedlich die Vorerfahrungen der Kinder sind und auf welchem Entwicklungsstand sie sich jeweils befinden, lässt sich, zumindest zu Schulbeginn, meist bereits anhand der Verschriftung eines einzelnen Wortes erkennen.
Ich habe dafür eine Fühlkiste, in die ich einen Gegenstand lege, den die Schüler ertasten und dann mit Hilfe der Lauttabelle verschriften sollen. Während die übrigen Schüler auf „Entdeckungsreise“ gehen und das Lernangebot erkunden, rufe ich ein Kind nach dem anderen zu mir her, erkläre ihm mein Anliegen und bitte es, zu fühlen, zu sprechen, zu hören und vielleicht sogar schon etwas aufzuschreiben.

Dann beobachte ich das Kind genau:

Hat es die Arbeitsanweisung verstanden?
Geht es zügig an die Aufgabe heran oder ist es eher unschlüssig und unsicher?
Spricht es deutlich?
Wie geht es mit der Lauttabelle um?

- Setzt es die Tabelle ein?
- Ist es noch orientierungslos?
- Ist es gar schon unabhängig von ihr?

Fragt es gezielt nach, wenn es an seine Grenzen gerät oder begnügt es sich?

In Verbindung mit der Schriftprobe kann ich mir mit den so gewonnenen Eindrücken ein gutes Bild vom individuellen Entwicklungs- und Lernstand machen.

Die folgende Abbildung gibt einen Einblick in das breite Spektrum der Schreibleistungen.

Abb. 45: Schreibbeispiele: Würfel

Bei der Beurteilung der Verschriftungen ist mir das Entwicklungsstufenmodell von Kirschhock/ Martschinke (siehe Kapitel 2) ein wichtiges Hilfsmittel (Diagnoseinstrumentarium).

Gerade im offenen Unterricht, der sich die intensive, individuelle Förderung bei gleichzeitigem möglichst selbstbestimmtem Lernen auf die Fahne schreibt, ist die Standortbestimmung jedes einzelnen Schülers unabdingbare Voraussetzung für effektives Arbeiten.

1 Nachdenken über Schrift und Sprache: Die alphabetische Strategie

„Was ich höre, kann ich umsetzen in eine Buchstabenfolge."
Diese Einsicht müssen die Schüler meist erst gewinnen. Viele haben dazu bereits im Kindergarten durch Abmalen des eigenen Namens einen ersten Zugang gefunden und sie machen die Laut-Buchstabenverknüpfung am Anlaut fest. Dieser dient der Abgrenzung zu anderen Namen. Einigen wenigen allerdings ist die Phonem-Graphem-Zuordnung noch völlig verschlossen. Manche Schüler hingegen schreiben bereits ohne Hilfsmittel alles auf, was sie sagen wollen, wenn auch meist lediglich verständlich und selten rechtschriftlich korrekt.

Viel schreiben!

Schreiben lernt man durch Schreiben. Dieser Satz klingt trivial, ist aber oberstes Gebot beim Schriftspracherwerb mit Hilfe der Lauttabelle. Selbst wenn der Schüler „nur" den ersten Buchstaben eines Wortes verschriften kann, ist das bereits richtiges Schreiben. Einmaliges Schreiben genügt aber nicht. Ich muss jedes Kind immer wieder zu Schreibversuchen ermutigen. Vielfältige Schreibanlässe sollen die Kinder dazu anregen. Wenn ich darüber nachdenke, wie ich die Schüler motiviere zu schreiben, berücksichtige ich dabei auch, dass möglichst jeder seinem Wissensstand entsprechend den Anstoß aufgreifen kann. Auch ist mir der Bezug zur kindlichen Erfahrungswelt wichtig.
Ob das die Fühlkiste ist, in der sich Woche für Woche neue Dinge befinden, oder ob es eine kleine Geschichte ist, zu der es etwas zu sagen gibt oder auch eine Frage ...
All dieses verknüpfe ich dann noch damit, dass ich den Kindern vermittle, wie sehr ich mich über jedes Zettelchen, Brieflein oder beschriebene Blatt freue und dass ich jedes einzeln im Gegenzug in Form eines Antwortschreibens würdigen werde.

Wo ist dein Zahn? – Das wollte unser kleiner Zauberer so gerne von den Schulanfängern mit ihren vielen Zahnlücken wissen. Diese Frage stößt bei jedem Schüler einen Lernprozess an, der mit dem Nachdenken über seine

persönliche Zahngeschichte beginnt. In den Köpfen tauchen Bilder auf vom Urlaub, in dem der erste Zahn herausgefallen ist, von der geheimnisvollen Zahnfee, die den Zahn mitgenommen und dafür fünf Mark unters Kissen gelegt hat oder von dem kleinen Döschen, das feierlich zur Aufbewahrung dieser „kostbaren" Erinnerung gekauft wurde.
„Ja, das erzähle ich!" Und schon geht's an die Arbeit. Es liegen Papier und Stifte bereit und natürlich viele Lauttabellen. Die Entscheidung für das „Was" ist gefallen. Nun geht es um das „Wie". Kochan (1989) bezeichnet das als einen von innen nach außen gerichteten Denkvorgang.
Wenn ich heute die Schreibergebnisse betrachte, spüre ich förmlich wieder dieses Knistern in der Luft, das entsteht, wenn viele Köpfe rauchen. Ich sehe wieder, wie es vielen gar nicht schnell genug geht, sich ans Schreiben machen zu können, obwohl es doch eigentlich eine totale Überforderung für sie als Schulanfänger ist, eine kleine Begebenheit aufzuschreiben. Diese Kinder nehmen es als Herausforderung an, wissen sie doch, dass es sich um den *Versuch* handelt, eine schriftliche Mitteilung zu machen. Wichtig ist, dass der Adressat nach dem Erhalt derselben weiß, wo der Zahn ist. Kinder sind auch immer gespannt, ob es ihnen gelungen ist, etwas aufzuschreiben, was ein anderer ohne Erläuterung verstehen kann.

Abb. 46: Leonard: Säckchen

„Dein Zahn ist also in einem Säckchen." Wenn ich das sage und dabei das Kind anschaue, nachdem ich auf dem Blatt gelesen habe, ist ein Strahlen oder zumindest ein zufriedenes Lächeln zu erkennen. Für Leonard hat sich die Mühe gelohnt, Laut für Laut das Wort abzuhören und die entsprechenden Buchstaben auf der Tabelle ausfindig zu machen. Ich habe ihn verstanden. Aber auch für Jürgen, dessen Zahn in einem Mäppchen verwahrt ist, das er dazu gemalt hat, war die Arbeit befriedigend. Er ist seinen Weg gegangen.

Abb. 47: Jürgen: Mäppchen

Manchen Kindern fällt es schon leicht, ganze Sätze orthographisch nahezu korrekt zu schreiben.

Abb. 48: Jonas: Mein Zahn ist in einer Streichholzschachtel

Nina erbittet meine Hilfe. Sie hat noch keinen Zahn verloren. Und während sie mir das erklärt, deutet sie auf ihren Mund. Sie weiß nicht, wie sie es schreiben soll. Wir verständigen uns auf die zwei Wörter „im Mund“. Sie schreibt zuerst ein *„M“*. Gemeinsam sprechen wir das Wort langsam und überdeutlich. Nun hört sie auch das [i]. Dass es für Anfänger leichter ist, die Konsonanten zu hören als die Vokale, entspricht den Beobachtungen der empirischen Forschung. Bei dem Endlaut des Wortes Mund hört sie korrekt ein [t] (Auslautverhärtung) und schreibt es auch sofort hin. In dieser Phase der Schreibentwicklung, in der Nina sich befindet, kann ich das bedenkenlos mit einem „Bravo“ quittieren. Was würde ihr die Erklärung nützen, dass man zwar ein [t] hört, aber ein <d> schreibt. Für ein solches Regelwissen hat Nina noch gar keine „Matrix“ im Kopf aufbauen können. Hier gilt: Korrektes, lauttreues Verschriften ist die Basis für sichere Rechtschreibleistung.

Abb. 49: Nina: Im Mund

Abb. 50: Pia: Mein Zahn ist rausgefallen. In der Zahndose

Pia hat lange an dem Wort Zahndose gefeilt, nachdem sie vorher schon geschrieben hat, dass ihr Zahn rausgefallen ist. Sie hat unterwegs den Faden verloren, radiert und drübergeschrieben und ist doch noch zu einem Ende gekommen.

Der Text bleibt erst einmal so stehen. Sie muss den mühsamen Weg des Auflautierens nicht noch einmal gehen, um die Fehler zu verbessern. Das Getane ist bereits Leistung genug. Jedes Kind hat ein Ergebnis und freut sich auf die Antwort darauf in der nächsten Stunde.

Abb. 51: Stolze Präsentation der Zahnlücken

Ich schildere diese Situation deshalb so ausführlich, um exemplarisch zu zeigen, wie es gelingen kann, alle Kinder das Gleiche tun zu lassen und trotzdem zu individualisieren. Richters (1998) Anregung des Schreibens subjektiv bedeutsamer Wörter lässt sich so realisieren. Ich muss nicht instruieren, sondern die Kinder machen sich selbst auf den Weg, wie Balhorn (1998) eindringlich fordert. Sie dürfen nachdenken, nachschauen, nachfragen, ohne gedrängt zu werden. Sie kommen auf unterschiedliche Weise zum Ziel. Es entsteht eine Arbeitsatmosphäre, die gekennzeichnet ist von der Freude am Lernen, bei dem die Kinder sich fordern, ohne über- oder auch unterfordert zu werden.

Wenn die Kinder erst einmal den kommunikativen Aspekt von Schrift für sich entdeckt haben, wenn die Freude am schriftlichen Austausch geweckt ist, dann schließt sich daran nahezu zwangsläufig die Erfahrung an, dass es beim Schreiben auf eine bestimmte Abfolge der Buchstaben ankommt. Diese muss durch sorgfältiges Abhören gefunden werden, damit das Wort oder der Text verstanden werden kann.

Unterstützende Maßnahmen

Spiele mit Reimwörtern sind sehr hilfreiche Übungen, um die Einsicht zu unterstützen, dass bereits der Austausch eines einzelnen Buchstabens den Sinngehalt eines Wortes grundlegend verändern kann. Da wird aus *Paul* plötzlich das *Maul* oder aus der *Puppe* eine *Suppe.*
Beim Lied von den Chinesen mit dem Kontrabass entsteht durch Lautaustausch nur Unsinn. Bei anderen Lautersetzungen jedoch entsteht ein sinnvolles Wort, z.B. wird aus **Pa**pa plötzlich **Ma**ma.
Dass dabei viel gelacht werden darf, sollte nicht darüber hinwegtäuschen, dass da gelernt wird. Gerade der freudvolle Umgang mit Schrift und Sprache ist der beste Nährboden dafür, dass die Kinder sich aktiv mit beiden auseinandersetzen.
Welche Veränderungen sich während des Unterrichts in den Denkstrukturen der Schüler vollziehen, lässt sich im Einzelnen nicht exakt festmachen. Der Lehrer kann anbieten, gleichsam ein didaktisches Buffet arrangieren. Bedienen müssen sich die Schüler schon selbst. Das Denken kann ihnen niemand abnehmen.

Veränderte Lehrerrolle und veränderte Sichtweise des Fehlers

Diese beiden Aspekte nenne ich bewusst in einem Atemzug, weil sie in der Rechtschreiberziehung besonders eng miteinander verknüpft sind. Wenn der Schüler selbstentdeckend lernen soll, dann muss der Lehrer das zulassen. Wenn er seinen eigenen Lernweg finden darf, muss der Lehrer Umwege akzeptieren, ja geradezu aushalten. Weil das Dogma des Fehlervermeidungsprinzips gestürzt ist, kann der Lehrende die schrittweise Annäherung des Kindes an die Normschreibung würdigen und muss nicht vornehmlich auf der Suche nach dem noch nicht Richtigen sein. Der Fehler gibt ihm in erster Linie Auskunft darüber, wo er noch helfend und beratend tätig werden kann. Der Paradigmenwechsel im Bereich des Lernens hat auch die Rolle des Lehrers verändert. Er ist Lernbegleiter. Ich schätze es sehr, Lernen in einer angstfreien Zone vor dem Fehler zu ermöglichen. „Das kannst du jetzt schon besser“, sage ich lieber, als: „Da hast du immer noch etwas falsch gemacht“. Auch das trägt sicher dazu bei, dem Rechtschreiben seine allseits bekannten Schrecken zu nehmen. Wir an unserer Schule beobachten, dass gerade schwächere Schüler bei dieser Art des Unterrichtens nicht den Mut verlieren. Wir sehen, dass manches vermeintlich nicht so begabte Kind plötzlich einen riesigen Entwicklungssprung macht. Solche Ereignisse freuen und bestärken uns.

Entdeckungen in Konfrontation mit der Norm

„Warum ist da ein „h“?“
Die Schüler wissen, dass ihre kindlichen Verschriftungen (noch) nicht der Erwachsenen- oder Bücherschrift entsprechen. Wo und warum Abweichungen zwischen beiden sind, dafür muss sich ihr Blick erst schärfen.
Indem ich den Schülern auf jedes Schreiben eine kurze schriftliche Antwort gebe, biete ich ihnen nicht nur einen Leseanreiz, sondern ich konfrontiere sie dadurch auch mit der Normschrift. Bei der Beantwortung greife ich die von den Schülern verwendeten Wörter auf. Hat ein Kind von seinem *„HUNT“* erzählt, frage ich nach, wie der „HUND“ heißt usw. So gehe ich auf die ihnen bedeutsamen Wörter ein und ermögliche dadurch das Lernen am individuellen Wortschatz.
Kerstins Aha-Erlebnis beim Lesen einer ihrer Briefe möchte ich schildern, um zu zeigen, wie der exakten auditiven Analyse beim Schreiben eines Wortes die visuelle Analyse beim Lesen folgen kann. Kerstin hatte aufgeschrieben, dass ihr *„ZAN“* im Bauch ist. Sie hatte ihn verschluckt. Beim Lesen ihrer erhaltenen Post wurde sie stutzig. „Ich habe doch keinen Za-h-n!“ Sie war mit den Augen auf das h gestoßen und las es deutlich hörbar mit, was den ihr vertrauten Klang des Wortes natürlich wesentlich veränderte. Zuerst vermutete sie, dass es sich wohl um ein Versehen handele. Doch dann ließ sie sich davon überzeugen, dass es an der richtigen Stelle steht. Diese Stelle war nun fortan *ihre* Merkstelle. Man spricht es nicht, man hört es nicht, aber man schreibt es.
Ein Kind, das an einem einzelnen Problemfall selbst entdeckt hat, dass es eine Diskrepanz gibt zwischen dem, was man hört und dem, was man schreiben muss, das kann dadurch eine Haltung entwickeln, die ihm wesentlich weiterhilft beim Problemlösen durch genaues Hinschauen, Vergleichen, Nachforschen und Nachfragen und somit auch bei jedweder Fehlersuche.

Entdecken am Computer

Vielfältige Erfahrungen in Bezug auf orthographische Elemente können Kinder auch oder sogar besonders bei der Arbeit am Computer machen. Ob mit dem Programm „Rudi Wieselwurm“, bei dem man vorgegebene Wörter Buchstabe für Buchstabe „nachlaufen“ muss oder dem Geist „Lalipur“, zu dessen Schatzkammer man nur kommt, wenn man kurz gezeigte Wörter gelesen und auf der Tastatur richtig geschrieben hat. Immer akzeptiert die Maschine nur die korrekte Schreibweise. Ist das Eingegebene offensichtlich nicht richtig (es piept leise), ergänzen sich die Schüler mit ihren Vermutun-

gen. „Wird das Wort vielleicht groß geschrieben? Braucht man den Buchstaben eventuell zweimal? Muss ein <h> oder ein <e> eingefügt werden, das man an der Stelle nicht hört?“ (Meine Kollegin verwendet für dieses <e> den einprägsamen, kindgerechten Namen „Schlawiner-e“, weil es sich häufig hinter dem <i> versteckt.)
Durch „trial and error“ erweitern die Schüler ihr phonologisches Verschriftungswissen um orthographische Elemente. So baut sich ein inneres Lexikon auf. Durch ständigen Gebrauch dieser Elemente in unterschiedlichen Zusammenhängen beginnen sie selbst zu generalisieren und Prinzipien der Orthographie für sich zu rekonstruieren.
Dass es neben den Phasen des Selbstentdeckens auch Phasen des gemeinsamen Systematisierens, Ordnens und Vertiefens geben muss, versteht sich von selbst. Wegen der unterschiedlichen Entwicklungsstände der Kinder kann eine solche gemeinsame Sequenz allerdings nicht den Anspruch erheben, dass die dabei besprochenen Regelelemente fortan für alle Schüler zu den festen Bestandteilen des Regelwissens gehören müssen. Gerade in dem sensiblen Bereich der Rechtschreiberziehung darf dem Schüler nicht permanent etwas abverlangt werden, was er noch nicht leisten kann. Zu schnell entstehen Versagensängste, aus denen Lernblockaden resultieren können.

2 Nachdenken über Schrift und Sprache: Die morphematische Strategie

Nun gilt es, die bereits vorhandenen, unterschiedlichen Einsichten der Schüler in die Differenz zwischen dem, was man hört und dem, wie man schreibt, für die weiterführende Arbeit nutzbar zu machen und auch die Strukturen im „Buchstabenmeer“ sichtbar werden zu lassen.
Da sind zunächst einmal die Wörter als Ganzes, aber auch die darin enthaltenen Silben, Morpheme und die immer wiederkehrenden Buchstabengruppen. Ich möchte nicht die derzeit kontrovers geführte Diskussion um die Wichtigkeit der Silbe oder des Morphems vertiefen. Auch möchte ich mich nicht auf die eine oder andere Seite schlagen, denn ich glaube, dass sich für jeden Rechtschreibfall bereits einfache Anwendungsformen finden lassen und den Schülern unter dem verständlichen Oberbegriff WORTBAUSTEINE die verschiedenen Bausteintypen näher gebracht werden können, sei es die Silbe als Artikulationseinheit, das Morphem als bedeutungstragendes Element oder auch das immer wiederkehrende „bedeutungslose“ Rechtschreibmuster.

Das Bausteinprinzip

Begriffsklärung:
Die hier geschilderte Gemeinschaftsarbeit dient mir als Einstieg in die Wortbausteinarbeit und es soll dabei vornehmlich der Begriff „Wortbaustein“ für die Kinder nachvollziehbar und verständlich werden. Dazu habe ich viele gleich große Holzstücke zurechtgesägt, von denen ich jeweils eines vor jeden Stuhl im Sitzkreis lege. Ein großer Ziegelstein, den ich auch noch mitgebracht habe, hat nur symbolischen Charakter.
Ich fordere ein Kind auf, seinen Baustein in die Mitte zu legen. Jedes weitere entscheidet selbst, wo und wie es den seinen anlegt. Niemand muss sich melden. Ausschlaggebend ist nur, ob der Schüler überlegt hat, wie er weiterbauen will und dass nicht schon ein anderer unterwegs ist. Langsam entsteht ein Gebilde und dieses verändert sich mit jedem weiteren Element. Wenn alle Steine verbaut sind, stellen wir noch kleine Lichter dazu und betrachten uns das Werk von allen Seiten und aus den unterschiedlichsten Perspektiven. Schön ist es geworden! Es hätte aber auch etwas ganz anderes daraus werden können, je nachdem wo der einzelne Baustein seinen Platz gefunden hat.
Der Hinweis darauf, dass wir mit unserer Sprache genauso bauen können, lässt die Schüler aufhorchen und macht sie neugierig auf die Kärtchen in meiner Hand. Ich verteile diese und ohne weitere Erläuterung machen sich die Kinder Gedanken darüber, wo und bei wem sie ihren Wortbaustein anlegen könnten. Dass man da im Gegensatz zu den Holzklötzen nicht mehr jede Freiheit hat, ergibt sich aus dem Gelesenen. *Foto* kann alleine bleiben, sich mit *graf* zusammentun oder auch das *ieren* noch dazu lassen. Das *ieren* kann aber auch zum *spion,* damit dieser *spionieren* kann. Die Schüler probieren, tauschen sich aus, äußern ihre Vermutungen und bringen ihr Wissen ein. All das geschieht spielerisch und doch ist es ernsthaftes Nachdenken über Schrift und Sprache. Da kommt z.B. der berechtigte Einwand, dass das Foto eigentlich groß geschrieben wird, weil... Wir sprechen das Namenwort an und beschreiben mit eigenen Worten den Unterschied zwischen Groß- und Kleingeschriebenem und dass *ieren* das Signal dafür ist, dass etwas getan wird. Hierbei kann der Lehrer durchaus Denkanstöße geben und somit das Entdecken sanft lenken.
Wir klatschen die entstandenen Wörter und merken, dass Bausteine nicht identisch sind mit den Klatschteilchen, die Silben heißen, wie manch ein Kind schon weiß. Der Fotoapparat liegt zum Fotografieren bereit, damit wir unser Stundenergebnis festhalten können. Wer möchte dies tun?

Abb.52: Foto einer „Wortbaustelle“

Von all dem, was wir zusammentragen, wird jedes Kind etwas anderes profitieren, aber bei jedem klinkt sich etwas in sein individuelles, inneres Lexikon ein und der Boden ist bereitet, bei nächster Gelegenheit erkannte Prinzipien der Orthographie zu rekonstruieren und zu transferieren.

„Stein auf Stein“ – die Wortbaustelle

Um einen Ort innerhalb der Lernwerkstatt zu schaffen, an dem die Schüler möglichst autonom eigene Einsichten im Bereich des morphematischen Prinzips gewinnen können, habe ich eine Baustelle eröffnet. Darin soll in Anlehnung an das Reichensche Tor der Laute oder, wie er auch sagt, dem Tor zur Welt ein Tor zur Rechtschreibung entstehen. Grundstock sind etliche leere Schuhkartons und ein rot-weißes Baustellenband. Jedes Kind, das fortan auf einen Wortbaustein stößt, kann diesen auf einen Karton schreiben. Rund um den Deckelrand finden die Begriffe Platz, die zu dem jeweiligen Wortelement passen.

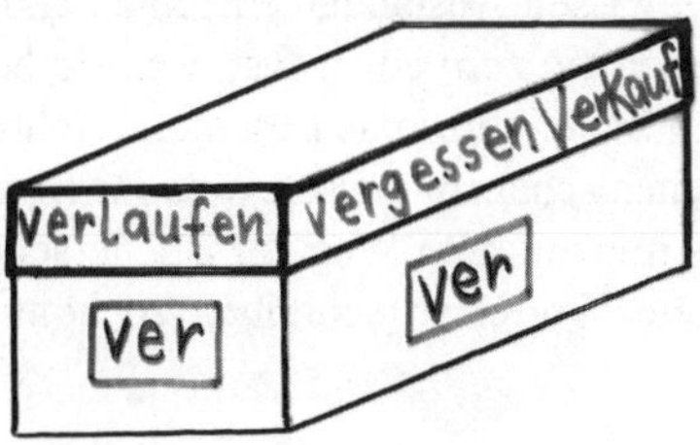

Abb. 53: Wortbaustein

Manche Schüler gehen gezielt auf die Suche. Als Fundstelle kann ich sie auf das Computerprogramm „Lalipur" verweisen, in dem ein gesonderter Teil Wortbausteine enthalten ist. Andere schreiben das Baustellenschild oder halten sich auf dem Bauplatz auf und nehmen die neuen Bausteine entgegen, kontrollieren, ob sie auf allen vier Seiten beschriftet sind und ob noch weitere passende Wörter gebraucht werden. Tag für Tag schleppen die Kinder Kartons an, damit unser Tor wachsen kann und viele entwickeln einen richtigen „Bauherrenstolz" auf das sichtlich Geleistete. Je mehr fertige Bausteine bereit liegen, desto aufwändiger ist es, sich zu vergewissern, dass neu entdeckte Bausteine nicht schon vorhanden sind. Immer wieder beobachte ich, dass Kinder eifrig und konzentriert die Kartons durchgehen, lesen und abgleichen. Eine selbstständig, auf Betreiben der Kinder angelegte Liste erleichtert das Kontrollieren. Auf ihr wird alles notiert, was bereits vorhanden und was gefunden, aber noch nicht erledigt ist.
Rückblickend stelle ich fest, dass die Wortbaustelle sogar mehr Funktionen erfüllt, als ich in der Planung vorgesehen hatte.

- Sie erfüllt die Forderung nach Offenheit und Strukturiertheit zugleich.
- Sie ermöglicht es jedem Schüler, sich seinem Wissensstand und seinen Fähigkeiten gemäß an der Arbeit zu beteiligen (Schreiben, Lesen, Ordnen, Bauen, Suchen, Finden...).
- Sie fördert das selbstständige Arbeiten.
- Sie lässt Raum für kooperative Zusammenarbeit.
- Sie regt implizite Regelbildungprozesse an.
- Sie berücksichtigt unterschiedliche Lerntempi.
- Sie kann beim freien Schreiben als selbst erstelltes „Nachschlagewerk" dienen.
- Sie ist motivierender Lernort.
- Sie schränkt nicht auf ein kurzfristig zu erreichendes Lernziel ein, ohne Gefahr zu laufen, das Ziel aus den Augen zu verlieren.

Jaumann-Graumann (2000) spricht im Zusammenhang mit dem letztgenannten Punkt vom „roten Faden", der jederzeit erkennbar sein muss. Sie betont, dass die Struktur dessen, was geschieht, transparent, erkennbar und nachvollziehbar sein muss.
Ich frage bewusst in gewissen Abständen einzelne Schüler nach dem Ziel unseres Tuns. Dabei stellen sie zum einen fest, was sie bereits können. Das ist zu Beginn des zweiten Schuljahres das Lesen und Schreiben, wobei die Kinder selbst meist gut einzuschätzen wissen, was ihnen noch schwer fällt. Sie erklären, dass wir uns nun auf dem Weg zur Bücherschrift befinden und versuchen, möglichst viele Wörter so schreiben zu können, wie sie im Buch stehen.

Abb. 54: Wortbausteintor aus Schuhkartons

Diesem Ziel wollen wir näher kommen, indem wir ein Tor bauen, das so groß ist, dass jedes Kind aufrecht durchlaufen kann. Die Größe des Tores gibt den Kindern eine Orientierung, wann die Arbeit erfolgreich beendet ist.

Kürbis Jürgen

Bei folgendem Projekt zum Thema Wortbausteine wird besonders die Vielfalt der Kombinationsmöglichkeiten einzelner Wortbestandteile deutlich. Wieder greife ich einen einzelnen Rechtschreibfall auf und stoße ein Gespräch darüber an. Ein großer, ausgehöhlter Kürbiskopf ist gleichsam ein Gast in unserer Runde, zu dem es allerhand zu sagen gibt. Angefangen von der Suppe, die aus dem Fruchtfleisch gekocht werden kann bis hin zu Halloween, das unseren Kindern als Thema für Geburtstagsfeiern vertraut ist. Beim genauen Hinhören wird deutlich, dass jeder das Wort ein wenig anders spricht und dass man die Schreibweise nicht eindeutig abhören und vom Sprechen ableiten kann. Da hat es ein oberbayerisches Kind leichter, denn dort spricht man klar und deutlich das geschriebene <r>. Auch hier dienen mir wieder Holzklötze als Verdeutlichungshilfe und unser erster Baustein wird das *„ür“*. Um diesen festen Bestandteil herum lassen sich viele ver-

schiedene Wörter bilden. Die Sammlung reicht von *Tür* bis zu *Schürze, Würze, Kürze* usw. Zuletzt bekommt der Kürbis noch einen passenden Namen, er soll *Jürgen* heißen. Damit wir unsere zusammengetragenen „ür- Wörter" immer wieder bauen können, schreiben wir alle notwendigen Teile auf weitere Klötzchen, für die eine Kiste bereit steht und die wir entsprechend beschriften. Weitere leere Kisten signalisieren den Schülern, dass es noch viele andere Rechtschreibeinheiten gibt.
Das Computerprogramm „Lalipur" leistet auch in diesem Bereich wertvolle Dienste. Dass das Bearbeitete in Form eines Protokolls ausgedruckt werden kann, bietet sich für die Nacharbeit in Form kleiner, individueller Wortdiktate oder gezielter Rückfragen an.

Unser Weg zur Bücherschrift

Parallel zu der Arbeit an den Wortbausteinkisten führen wir noch ein Tagebuch, das die Kinder selbst gebunden haben und auf dessen Deckblatt in sorgfältig gemalten Lettern UNSER WEG ZUR BÜCHERSCHRIFT steht. Die Anregung dazu habe ich beim Durchforsten der Ideenkiste von Brinkmann und Brügelmann (o.J.) erhalten, die darin das Führen eines Tagebuches als Schreibanlass aufführen. Kinder sollen darin ihre Erlebnisse, Sorgen und Freuden niederschreiben. Warum sollten die Schüler nicht auch gerne ihre Beiträge beim Rechtschreiblernen festhalten?
Mittlerweile ist unser Buch schon ein stattliches Kompendium geworden. Es ist begehrt, sich darin zu „verewigen". In ihm finden selbst getippte Listen ihren Platz, ausgedruckte Protokolle und selbst formulierte Merksätze. So ist z.B. auf der ersten Seite der Satz zu lesen: *Banane schreiben ist nicht schwer, weil man alle Buchstaben hört.* Dahinter haben die Kinder viele Wörter zusammengetragen, die in diese Kategorie passen. Mit jedem neu gefundenen Wortbaustein beginnt ein neues Thema und wir lassen immer ein paar Seiten für Ergänzungen des Vorhergehenden frei. Das können einzelne Wörter sein, eine passende Illustration oder eine kleine Geschichte.
Wieder kann sich jedes Kind am Entstehen und Gelingen unseres Wissensbuches beteiligen. Wie wichtig der Faktor Zeit ist, konnte ich an einem sehr ruhigen, schwächeren und eher passiven Schüler beobachten, den ich gebeten hatte, für unsere „Aus A wird Ä"-Seite einen Apfel aus Papier zu schneiden. Während wir gemeinsam Schere und Papier holen, unterhalten wir uns darüber, wofür das Gebastelte gebraucht wird und was es verdeutlichen soll. Sorgfältig schneidet Alexander einen Apfel und beschriftet ihn. Nachdem er zwei weitere hergestellt hat, überlegen wir, wie das Wort geschrieben wird,

wenn es viele sind. Der Junge braucht lange, bis er seine Überlegungen dazu formuliert. Das, was er dazu zu sagen hat, ist eigentlich schon ein kompletter Merk- und Regelsatz. Ich ermuntere ihn, diesen Satz doch als Hilfe für die anderen Kinder aufzuschreiben. Doch schon die Wiederholung des Gesagten fordert von ihm eine enorme gedankliche Leistung. Er muss es ganz neu überdenken. Ich halte das Gesagte schriftlich fest, damit Alexander seinen selbst erdachten Regelsatz rechtschriftlich korrekt in unser Buch schreiben kann. Er lautet folgendermaßen: *„Äpfel wird mit Ä geschrieben, weil es viele sind und weil Apfel mit A geschrieben wird.“* Er ist so stolz und motiviert, dass es nur noch eines kleinen Anstoßes bedarf, dass er die gleiche Arbeit mit den Ästen macht, an denen die Äpfel hängen. Schneiden – denken – schreiben.

Seither ist Alexander immer wieder kompetenter Ansprechpartner bei Fragen zu diesem „Rechtschreib-Nachdenkfall“. Solch ein Erlebnis des Erfolgs und das entstandene, sichtbare Ergebnis einer besonderen, eigenständigen Leistung, kann die Offenheit des Schülers für etwas erhalten, das ihm sichtlich schwerer fällt als anderen.

Kein Lehrer kann durchgängig einem einzelnen Kind so viel Aufmerksamkeit schenken. Jedoch geht ein solchermaßen gestärkter Schüler zuversichtlicher an zukünftige Fragestellungen heran. Ja er wird vielleicht auftretenden Problemen weniger ausweichen. Er wird nachdenken, nachfragen und versuchen, selbst auf die Suche nach einer Lösung zu gehen. Vielleicht ist es damit gelungen, bei Alexander eine positive Lernbiographie anzustoßen.

3 Nachdenken über Schrift und Sprache: Die orthographische Strategie

Das muss ich mir merken!

Mitsprechwörter, Nachdenkwörter, Merkwörter – dies sind altersgerechte und mittlerweile in der Praxis bewährte Begriffe für die Trias der Strategien beim Rechtschreiblernen.

Kinder, denen man von Anfang an den gesamten Buchstabenbestand zur Verfügung stellt und Schwierigkeiten nicht vorenthält, machen schon zu einem sehr frühen Zeitpunkt „Bekanntschaft“ mit rein orthographischen Elementen. Das „V“ bei „Vater“ ist ein solches. „Vater“ ist für Kinder ein bedeutsames Wort und sie brauchen es für vielfältige Botschaften in ihren freien Verschriftungen, ob sie mit dem Vater am Wochenende beim Schlittenfahren waren oder ob sie sich freuen, dass sie ihn am Wochenende besuchen dürfen. Kinder denken auch gerne mit, wenn ich ihnen die Geschichte von

dem Münchner Kabarettisten Karl Valentin erzähle, der immer ausdrücklich darauf bestanden hat, dass man seinen Namen am Anfang nicht mit [w] spricht, denn man sage ja auch nicht „Water“ oder „Wogel“. Unschwer lässt sich auch ein Junge im Schulhaus ausmachen, der Victor heißt, oder ein Mädchen Verena. Mit einem Veilchensträußchen in einer Vase stehen den Schülern vielfältige Denkanregungen zur Verfügung. Es gibt also einen Laut, der zwei Graphemrepräsentanten hat, deren Verwendung nicht durch Abhören zu erkennen ist. Auch liefert die Schreibweise <v> keinen eindeutigen Hinweis darauf, wie dieser Buchstabe gesprochen wird. Da hilft nur das Gedächtnis. Das muss ich mir einfach merken. Die Kinder sollten aber ruhig erfahren, dass es sich dabei um einige wenige Fälle handelt, die man sich eigentlich leicht einprägen kann. Das <v> in den Vorsilben findet dann bei der Bausteinarbeit nochmals besondere Beachtung.
Dass ein vielfältiges Lernangebot die Chance für weitreichende Entdeckungen bietet, konnte ich bei der dritten Graphemvariante für das gesprochene [f] erleben, ist doch ein Schüler beim Bearbeiten eines Computerprogramms an seine Grenzen geraten, als er das Wort Saxophon schreiben wollte. Weder der eine noch der andere ihm bekannte Buchstabe wurde beim Eintippen akzeptiert. Ratsuchend wandte er sich an seine Mitschüler. Ein Mädchen namens Sophie horchte auf und erklärte ihm, dass er es doch einmal mit <ph> versuchen solle, denn das kenne sie aus ihrem Namen und werde genauso gesprochen, ebenso Philipp und noch vieles mehr. Die sich nun anschließende Unterhaltung, die keiner Aufforderung durch die Lehrperson bedurfte, fand auf einem hohen Reflexionsniveau statt und war gekennzeichnet von großem Interesse an Schrift und Sprache.
Auch wenn die neue Rechtschreibung viele dieser Stolpersteine aus dem Weg geräumt hat, bleibt beim Orthographieerwerb ein waches Problembewusstsein unabdingbar.

Individuelle Lernberatung

Immer wieder begegnen uns Kinder, die wir mit Fug und Recht in der Rechtschreibentwicklung als Selbstläufer bezeichnen können. Das Wissen dieser Kinder ist nicht das Ergebnis von Instruktion, sondern sie haben die korrekte Schreibweise größtenteils ohne explizite Belehrung verinnerlicht, d.h. die angestrebte generalisierende Regelbildung hat sich ohne sichtliche Mühe eingestellt. Meist sind das Kinder aus literalen Familien, die schon von klein auf vielfältige Schrifterfahrungen sammeln konnten, bei denen aber sicher eine besondere Sprachbegabung hinzukommt.
Der weitaus größere Teil der Kinder braucht gezielte Unterstützung.

Freie Verschriftungen sind die ideale Grundlage für weiterführende Hilfestellungen, denn an ihnen lassen sich, ebenso wie in der Anfangsphase des Schriftspracherwerbs, individuelle Fehleranalysen erstellen. Bei näherem Hinsehen kristallisieren sich recht schnell die jeweiligen Fehlerschwerpunkte heraus.

Brügelmann ermutigt Lehrer in seinem Buch „Kinder auf dem Weg zur Schrift" (1992) dazu, behutsam mit verschiedenen Ideen zu experimentieren, er macht Vorschläge und ruft zum Nach-Denken über eigenen Unterrichts auf, um nicht der Beliebigkeit zu verfallen. An anderer Stelle heißt es:

> „Im Grunde kommt es auf den Mut und die Erfahrung der Lehrerin an. Am weitesten geht der Vorschlag, einzelne Übungen kind- und gruppenbezogen dann einzuführen, wenn sich aus der Beobachtung der Schüler konkrete Anknüpfungspunkte ergeben. Eine solche Arbeitsform ist angestrebter Endzustand. Sie setzt voraus, dass die Lehrerin tatsächlich über eine didaktische Landkarte im Kopf verfügt, dass sie die Kinder intensiv beobachtet und diese Beobachtungen deuten kann; schließlich aber, dass sie nicht nur ein breites methodisches Repertoire beherrscht, sondern auch ihre Materialien in einer systematischen Weise und leicht zugänglich geordnet hat".
> (Brügelmann 1992, S. 181)

In diesem Sinne versuche ich immer wieder, die Wirksamkeit meiner Lernangebote kritisch zu hinterfragen und jeweils aufs Neue über geeignete begleitende Maßnahmen für die verschiedenen Lerner nachzudenken.

Da ist z.B. ein „Autorinnenteam", das seit Wochen einträchtig, kooperativ und schreibmutig auf große Blätter Geschichten zu kleinen, von mir kopierten Bildern schreibt. Diese vier Mädchen sind regelrechte Massenproduzentinnen.

Und obwohl ich jeweils zu Beginn jeder Lernwerkstattstunde eine kleine Schreibkonferenz mit ihnen abhielt, hatte ich doch das Gefühl, der Flut von Geschichten nicht Herr und damit den darin enthaltenen ungeklärten Fragen und Rechtschreibproblemen nicht gerecht zu werden (Ich weiß, dass viele Kolleginnen und Kollegen auch solch ein Unbehagen bei dem Gedanken an unkorrigierte Texte beschleicht). Gemeinsam mit den Schülerinnen alle Texte zu überarbeiten, war aussichtslos. Sollte ich ihnen Einhalt gebieten mit dem Argument, lieber weniger, dafür aber richtig zu schreiben? Würden die Mädchen dann mehr profitieren, oder würde diese Art der Rückmeldung nicht eher die Schreibfreude beeinträchtigen?

Meine Entscheidung fiel für ein Abtippen der Geschichten in Bücherschrift und für das Erstellen zweier Wortlisten. Auf der einen hielt ich all jene Wörter fest, die in den Geschichten bereits durchgängig korrekt geschrieben waren und auf der anderen solche, die von den Kindern häufig verwendet wurden, die aber noch fehlerhaft waren. Ich erhoffte mir nicht zuletzt einen

wesentlichen Zugewinn an möglicher Selbstkontrolle. Die Listen brachte ich gut zugänglich und in Augenhöhe an der Pinnwand an.
Zu meiner Freude beobachte ich, dass die Schülerinnen die Aufstellungen ständig in ihre Arbeit mit einbeziehen, weil diese auf ihren persönlichen Wortschatz zugeschnitten sind. Die Liste mit der Überschrift *„Diese Wörter können wir schon"* erweitern sie laufend um Wörter, von denen sie glauben, dass sie diese mittlerweile sicher beherrschen. Auf der zweiten Liste sehen sie immer dann nach, wenn sie unschlüssig sind. Diese Form der individuellen Beratung ermöglicht den Kindern einen hohen Grad an Autonomie bei ihrem Tun. An den Texten ist deutlich ein ständiger Wissenszuwachs zu erkennen. Die Mädchen weisen sich gegenseitig auf mögliche Fehlerquellen hin und beraten sich untereinander. So haben sie bei den Geschichten vom Zauberer selbst entdeckt, dass *„zauban"* nicht richtig sein kann, und haben sich über die Begründung Gedanken gemacht. Sie haben, indem sie das Wort Zauberer auf der zweiten Liste zur Grundlage ihrer Überlegungen gemacht haben und zu einer Entscheidung gekommen sind, ko-konstruiert. Dass sie mittlerweile sogar schon beim Auswählen der neuen Bilder darüber nachdenken, welche Wörter sie wohl häufig verwenden werden und sie sich selbst antizipierend auf die Suche nach deren Schreibweise machen, zeigt, dass eine positive und problembewusste Haltung der Rechtschreibung gegenüber angebahnt ist.
Ich habe keine Bedenken, wenn sich diese Arbeitsgruppe über einen langen Zeitraum hinweg „nur" mit einer Sache beschäftigt, denn durch häufiges Schreiben lernt man das Rechtschreiben (Brügelmann 1992).

Abb. 55: Schülerinnen bei der Arbeit

Anders ist es, wenn sich ein Schüler immer wieder ein und dieselbe Aufgabe vornimmt. Da gilt es, genau hinzusehen und die mögliche Ursache zu erforschen. Handelt es sich um Bequemlichkeit? Traut sich der Schüler nichts Neues zu, oder genießt er die Wiederholung des Vertrauten und gewinnt dadurch Sicherheit? Solchen Kindern unterbreite ich gezielte Lernangebote, bei denen ich die Interessenlage des Einzelnen berücksichtige. Vorher frage ich oft, was sie sich schon zutrauen, denn ohne drohende Sanktionen in Form von Tadel oder schlechter Beurteilung sprechen sie ganz offen über ihre Stärken und Schwächen. Meiner Erfahrung nach sind die Kinder nach einem kurzen, vertrauensvollen Gespräch gern bereit, sich auf das einzulassen, was ich ihnen rate, um auf *ihrem* Weg zur Bücherschrift ein Stück weiter zu kommen. Das kann z.B. ein gezielt ausgewähltes Computerprogramm sein, ein weiterführendes Lernspiel, ein Buch oder ein Schreibanlass.

Arbeit mit dem Wörterbuch

Schnüffel und Schnuff

Für die Arbeit mit dem Wörterbuch bin ich bei Balhorn auf eine wertvolle Anregung gestoßen. Er führt im Anhang eines kleinen Grundwortschatzbüchleins (Balhorn 1993) einige Vorschläge auf. „Aufgaben für Sprachforscherinnen und Sprachforscher" heißt eine Rubrik. Auf der Seite mit dem Titel „Wie finden wir nur die Wörter in unserem Kopf wieder?" sagt er Kindgerechtes zum Thema Wortfamilien. Ich habe seine Idee, den Schülern den Satz „schraip widu schbrichst" zur Diskussion zu stellen, aufgegriffen und ausgeweitet. Wenn man Schülern zu Beginn der zweiten Klasse diese Worte aufschreibt, fallen ihnen viele Einwände ein, ist der Satz doch sowohl inhaltlich als auch rechtschriftlich nicht richtig. Die Aufforderung, dass man so schreiben soll, wie man spricht, belustigt sie eher und es fallen ihnen viele Beispiele ein, wo das nicht so ist. Jeder hat andere Wörter parat, bei denen er sich absolut sicher ist, so stehen sie im Buch. Jetzt lasse ich die Kinder jeweils ein solches Wort aufschreiben. Gute Schüler versuchen dabei immer ein besonders schweres zu finden. Auf den Zetteln, die in eine vorbereitete Wörterkiste kommen, ist dann Schmetterling, Ohr, Zoo usw. zu lesen. Diese Begriffe stehen uns in der folgenden Zeit als Anregungen für Geschichten zur Verfügung. Ich habe den Kindern in der darauffolgenden Stunde geraten, gemeinsam immer zwei Wörter zu ziehen und dazu dann zu erzählen. Da profitiert wieder ein Kind von dem anderen und dessen Wissen.
Schnell kehren wir zurück zu unserem Satz, der ja noch rechtschriftlich richtig gestellt werden muss. Das ist nicht leicht und fordert „detektivische" Fä-

higkeiten. Schnuff, der Hund von Detektiv Schnüffel, bietet den Kindern spielerisch seine Hilfe an, nimmt sofort die Fährte auf und landet bei dem Wörterbuch. Wir stellen exemplarisch den Satz richtig und eröffnen ein Detektivbüro, in dem fortan alle ungeklärten Fälle gelöst werden können. In der Detektei gibt es viele Findefixe und Nachschlagebücher aller Art. Manchmal bittet Schnuff auch die Kinder um ihren Rat, wenn er nicht weiter weiß. Das bietet die Möglichkeit, die Schüler zu motivieren, über einen Rechtschreibfall nachzudenken. Schnuff begleitet uns auf dem Weg zur Bücherschrift.

4 Zusammenfassung

Selbst entdeckendes, eigenaktives Lernen ist jedem Schüler auch beim Rechtschreiblernen möglich. Der Einzelne bedarf bei seinem Tun allerdings der unterstützenden und beratenden Begleitung durch den Lehrer. Dessen Blick ist sowohl auf den Schreiber gerichtet, als auch auf die Schreibweise. Der Lehrende muss sich Klarheit darüber verschaffen, wie die Schreibentwicklungsprozesse seiner Schüler verlaufen und sich dann fragen, wie die Vermittlung der orthographischen Norm gelingen könne. In der Didaktik des Lesen- und Schreibenlernens hat sich ein Wandel vollzogen, der dem Lernenden eine wesentlich aktivere und eigenverantwortlichere Rolle zugesteht und dem Lehrenden Zurückhaltung bei der vereinheitlichenden Instruktion abverlangt. Das bedeutet nicht, dass fortan auf jegliche systematische Unterweisung in der Schule verzichtet werden soll. Gelerntes muss geordnet, vertieft und gesichert werden. Doch dazu muss der Schüler erst einmal Informationen aufgenommen haben. Wenn dies aus eigenem Antrieb, selbsttätig und mit Interesse an der Sache geschieht, ist Lernen erfolgversprechender und nachhaltiger. Die wechselhafte Historie des Unterrichtens lässt vermuten, dass es nicht gelingen wird, den Stein der Weisen hierfür zu finden und dass es keine Patentrezepte gibt. Somit sind meine Beispiele auch nur als Anregungen zu verstehen. Sie sind Beschreibungen meines Versuchs, Kindern größtmögliche Freiräume zu eröffnen, in denen sie mit meiner Unterstützung ihrem natürlichen Wissensdrang und, wie ich überzeugt bin, auch Leistungsdrang nachkommen können.

Korrekturen – individuell und entwicklungsfördernd
(Rosi Wölfel)

Kinder stellen erfahrungsgemäß oft die gleichen Fragen: „Liest du es mir vor?", „Was habe ich geschrieben?", „Findest du es schön?" Aber einige Kinder stellen schon sehr bald die Frage: „Ist das richtig?" Diese Beispiele zeigen uns, welche Rolle der kommunikative Aspekt für die Kinder spielt. Die Wörter und Texte müssen von jemandem gelesen werden, damit Schreiben einen Sinn hat. Der Lehrer ist jetzt aufgefordert, die Schülerarbeit zu lesen und sein Urteil darüber abzugeben.
Wir unterscheiden in der ersten Jahrgangsstufe grundsätzlich zwischen einer *persönlichen Schrift* oder *Kinderschrift* und einer *Bücherschrift* oder *Erwachsenenschrift*. Der Entwicklungsstand der Schüler zeigt sich in ihren Schreibprodukten.
Abweichungen von der *Bücherschrift* sind normal. Sie sollen nicht schriftlich korrigiert und auch nicht als falsch bezeichnet werden. Die verwendeten Laute, die Menge der erkannten Buchstaben, auch die Anordnung der Buchstaben (als Buchstabenband, als Einzelwort, Verwendung von Groß- oder Kleinbuchstaben) sind wichtige Hinweise für den Lehrer auf den Entwicklungsstand des Schülers.
Es kommt häufig vor, dass bei den ersten Schreibversuchen das gewählte Wort nicht erkennbar ist,

- weil ein Wort für das Kind oft nur durch einen Buchstaben symbolisiert wird („*H*" steht für das ganze Wort Hund),
- die Buchstaben noch nicht sicher identifiziert werden können oder
- Teile des Wortes nicht gehört werden.

Dann ist diese Aufforderung hilfreich: „Erzähle, was du geschrieben hast." Anschließend kann man gemeinsam mit dem Kind die Buchstaben heraussuchen, die zu dem Wort passen. Gerade in diesem frühen Stadium des Schreibenlernens ist es wichtig, Frustrationen zu vermeiden, um dem Kind weiterhin freudvolle Schreiberlebnisse und Zutrauen zu seinem eigenen Können zu ermöglichen. So könnte der Kommentar bei dem Wort ... lauten: „Fein, du hast schon viele Buchstaben von dem Wort ... gefunden." Je nach individuellem Leistungsstand könnte noch der Hinweis gegeben werden: „Du kannst noch mehr Laute hören, sprich das Wort einmal gedehnt."
Schreibt das Kind das Wort *„SONE"*, so hat es phonetisch korrekt verschriftet. Auch hier kann der Kommentar lauten: „Prima, ich kann *Sonne* lesen!" Man könnte aber auch – je nach Entwicklungsstand des Kindes – beginnen, auf die orthographisch richtige Schreibweise hinzuweisen: „Sonne wird in

der Erwachsenenschrift mit <nn> geschrieben, das zweite [n] kann man nicht hören, deshalb muss man es sich merken.“ Diese „Merkstellen“ wie Doppelkonsonanten, stummes [h] oder Doppelvokale sollte man bei Tafelanschriften oder Überarbeitungen farbig markieren, um das Signal zu setzen: Achtung, hier werden Buchstaben geschrieben, die man nicht hören kann! Die Schüler nehmen diese Anregungen gerne an und verwenden diese später selber oder weisen den Lehrer mit großer Konsequenz darauf hin. Dies sind wichtige Gelegenheiten, um grundlegende orthographische Strukturen aufzuzeigen und die Verwendung von Rechtschreibstrategien anzubahnen. Eine solche Strategie kann beispielsweise bei Wörtern mit Auslautverhärtung die Verlängerung sein (Hund – Hunde).
Diese kontinuierliche sprachliche Arbeit baut im Laufe der Zeit ein Bewusstsein für Rechtschreibprobleme und ihre wortspezifischen Lösungen auf und knüpft ein Netz aus Informationen, das sich im Laufe der Zeit immer mehr verfeinert und füllt.

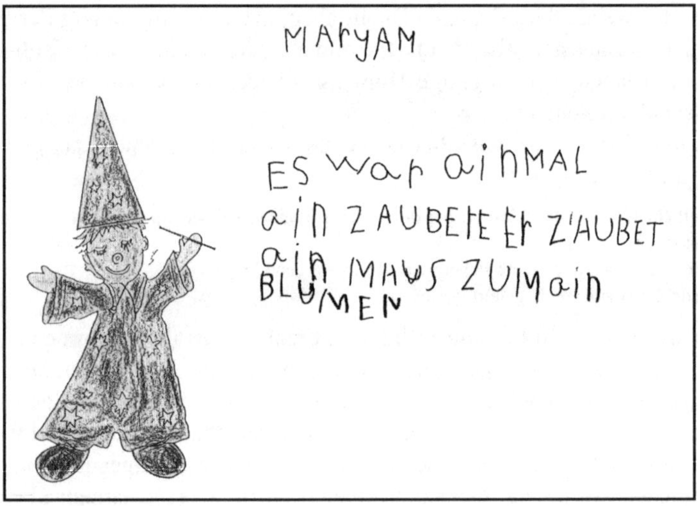

Abb. 56: Schülerbeispiel: Es war einmal ein Zauberer

Warum ist diese Betrachtungsweise sinnvoll?

Es geht zu diesem Zeitpunkt noch nicht um die richtige oder falsche Schreibweise bei der Bewertung dieser Arbeiten. Vielmehr kommt es darauf an, dass die Kinder in einer *anregenden pädagogischen Atmosphäre* eigenständig schreiben lernen. Sie sollen erfahren, dass ihre Arbeiten (und sie selbst) akzeptiert werden und dass sie auch etwas können. Den Kindern wird sehr bald bewusst, dass ihre Texte in *Kinderschrift* sich von denen in *Bücherschrift* unterscheiden. Spätestens dann, wenn sie anfangen zu lesen, stellen sie selbst Unterschiede fest. Wir Lehrer müssen ihnen klarmachen, dass Fehler immer zum Lernen dazugehören und dass jeder, auch der Erwachsene, Fehler macht. Aber aus Fehlern können wir lernen.

Das Ziel der Arbeit, das orthographisch richtige Schreiben, sollte den Schülern dabei von Anfang an bewusst gemacht werden.

Im Mittelpunkt des Unterrichts steht zunächst der aktive Umgang mit den Buchstaben und die Lesbarkeit und Verständlichkeit der schriftlichen Aussagen. Bei der weiteren Arbeit im ersten Schuljahr wird man parallel zu der Entwicklung des Schreib- und Lesevermögens unmerklich zu einer differenzierteren Betrachtungsweise der Verschriftungen übergehen. So heißt der Lehrerkommentar in der Mitte des ersten Schuljahres bei lauttreuen Wörtern dann etwa: „Lies dir das Wort noch einmal durch, finde heraus, welcher Buchstabe fehlt." oder „Du weißt, dass man <st> anders schreibt, als man es spricht. Denk noch einmal nach." oder auch „Du kennst doch jetzt die kleinen Buchstaben und kannst sie auch schreiben."
Nach und nach erweitert sich auf diese Weise das Bewusstsein für die eigenen Texte. Bereits erarbeitete sprachliche Strukturen wie das Einhalten von Wortabständen, regelmäßige Andersschreibung von Lauten, z.B. /au/, /ei/, /eu/, /st/, /sp/ und /qu/, werden schrittweise und individuell integriert (Ich höre /scht/, aber ich schreibe <st>). In diesem Stadium ist es je nach Entwicklungsstand möglich, dem Kind eine Korrektur seines Textes anzubieten. „Möchtest du, dass ich dir sage, wie es in Bücherschrift geschrieben wird?" Lehnt das Kind ab, sollte dies akzeptiert werden. Manche Kinder verlangen allerdings diese Information. Dann schreibt der Lehrer das Wort oder den Text korrekt darunter. Dies kann auch über die Arbeit am Computer geschehen. Auf diese Weise können innerhalb einer Klasse kleine Bücher für jedes Kind oder eine Geschichtenmappe zum Lesen für alle entstehen. Für die Kinder ist es einsichtig, Geschichten in Bücherschrift zu veröffentlichen, weil diese dann leichter lesbar und überschaubar sind.

Diese (subtile) Methode der Korrektur von freien Texten kann auch in der zweiten Klasse fortgeführt werden. Es ist wichtig, die Kinder aktiv an der Zweitschrift mitwirken zu lassen. Als hilfreich für die Kinder hat sich das *Vorlesen der Geschichten und die Besprechung innerhalb der Klasse oder einer Gruppe* erwiesen, wobei Lob und angemessene Kritik vorgebracht werden. Eine solche gemeinsame Untersuchung gibt allen Beteiligten wertvolle Beurteilungskriterien an die Hand, nicht zuletzt dem Lehrer. Folgende Möglichkeiten haben sich für die Überarbeitungsphase als sinnvoll erwiesen:

- Die Schüler lesen ihre Texte selbst oder geben sie anderen Kindern.
- Der Lehrer beschränkt sich bei der Korrektur auf *eine Schwierigkeit*, die bereits mit der Klasse besprochen wurde.
- Bestimmte Zeichen weisen auf ein notwendige Änderung hin: Pfeil vor dem Wort bei der Groß- bzw. Kleinschreibung.
- Farben kennzeichnen Unstimmigkeiten bei der Schreibung (Satzende, Punkt) oder orthographische Merkstellen.
- Nur ein Teil, z.B. ein zentraler Satz, wird neu formuliert.

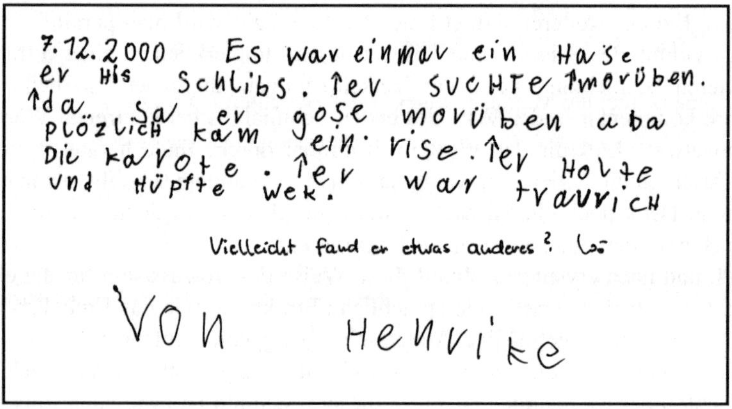

Abb. 57: Schülerbeispiel: Es war einmal ein Hase ...

Eine andere Methode, Diktate in der zweiten Jahrgangsstufe zu korrigieren

Ziel des Rechtschreibens in der ersten Jahrgangsstufe ist es, die Schüler zum vollständigen Verschriften von („lauttreuen“) Wörtern zu befähigen. Auch regelhafte Schreibungen wie <st>, <sp>, <ei> und <eu> sind hier eingeschlossen.

Bereits in der ersten Klasse überprüfen wir durch Wortdiktate, ob die Kinder die diktierten lauttreuen Wörter vollständig und in der richtigen Buchstabenfolge aufschreiben können. Auch das Schreiben eines Wortes zu einem Bild ist sinnvoll und gibt dem Lehrer Hinweise über die Entwicklungsstand der Schüler. Das Aufschreiben von kurzen diktierten Sätzen erfolgt dann, wenn die Mehrzahl der Schüler die Struktur eines Satzes erfasst hat, also gegen Ende der ersten Klasse. Diese Texte können kurze Geschichten von Kindern sein, ein gemeinsam mit den Schülern erarbeiteter Text oder Sätze mit dem Wortschatz aus dem Heimat- und Sachunterricht. Es können auch Sätze mit einem bestimmten sprachlichen Schwerpunkt sein, z.B. mit „ei"-Wörtern.
Der Schwierigkeitsgrad richtet sich nach dem Entwicklungsstand der Kinder. Erfahrungsgemäß haben die Schüler bei dieser Methode des Lesen- und Schreibenlernens keine Probleme, Diktate zu schreiben. Eine Korrektur der Diktate sollte, unserem pädagogischen und methodischen Verständnis entsprechend, die Kinder motivieren und ihnen aufzeigen, was sie schon alles können.

Der logische Schritt ist deshalb, nicht die Fehler, sondern die richtig geschriebenen Wörter zu markieren.

Wir benützen einen Marker in einer hellen, leuchtenden Farbe.

- *Die Wörter, die völlig richtig geschrieben* sind, erhalten eine durchgehende Markierung über das ganze Wort.
- Die *Wörter, bei denen die Groß- oder Kleinschreibung nicht korrekt* ist, kennzeichnen wir nur am Wortanfang mit einem Pfeil.
- *Falsch geschriebene Wörter* erhalten je nach Leistungsvermögen des Kindes entweder gar keine Korrektur, oder es wird der fehlende Buchstabe eingefügt. Bei schwächeren Schülern wird das Wort darüber oder darunter geschrieben. Gezählt werden bei der Auswertung die richtig geschriebenen Wörter und die Wörter, die nur von der Groß- und Kleinschreibung abweichen. Dies wird mit der Gesamtzahl der Wörter in Beziehung gesetzt.

Die Kinder erkennen deutlich, wie viele Wörter sie schon richtig geschrieben haben. Auch die Schwachen haben das Gefühl, nicht versagt zu haben. Denn auch sie haben etliche richtig markierte Wörter (dies sind dann meist die lauttreuen oder häufig geschriebenen kleinen Wörter) vorzuweisen.
Die so korrigierten Diktate müssen überarbeitet werden, das heißt, die *unmarkierten* Wörter sollen richtig darunter geschrieben oder nach bestimmten Kriterien geübt werden (Suchen eines verwandten Wortes, Grundform bei Verben, Hinzufügen des Artikels bei Nomen, Bilden der Mehrzahl usw.).

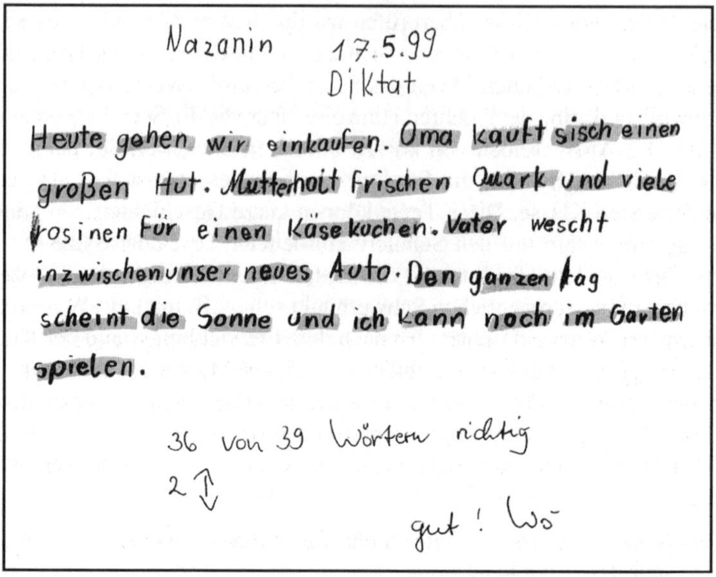
Nazanin 17.5.99
Diktat

Heute gehen wir einkaufen. Oma kauft sisch einen großen Hut. Mutterhoit frischen Quark und viele Rosinen Für einen Käsekuchen. Vater wescht inzwischenunser neues Auto. Den ganzen Tag scheint die Sonne und ich kann noch im Garten spielen.

36 von 39 Wörtern richtig
2 ↕
gut! Wö

Abb. 58: Kopie eines Diktates von Nazanin

Ich halte diese Wege des Umgangs mit Texten und der Korrektur von Diktaten für praktikable Verfahren, mit denen Lehrer, Schüler und Eltern gut umgehen können. Der schwierigen Aufgabe, die Schüler zum freudvollen und richtigen Schreiben zu führen, wird diese Vorgehensweise in meinen Augen voll und ganz gerecht.

4. Baustein:

Lernumgebungen und Freiheitsspielräume schaffen – Werkstattarbeit auch mit dem Computer

Begriffe wie Werkstattunterricht, Freiarbeit, Wochenplanunterricht, Freie Aktivitäten markieren verschiedene Schwerpunktsetzungen und Spielarten eines Unterrichts, der Kindern mehr oder weniger Freiheitsspielräume gewährt. Ob Kinder aus Aufgaben unterschiedlichen Schwierigkeitsgrades auswählen können, ob sie sich für Aufgaben nach ihrem *Interesse* entscheiden können oder frei wählen können, in welcher Sozialform sie arbeiten wollen, immer wird das Kind als *selbstbestimmt handelnd* wahrgenommen. Man traut ihm zu, über seine Lerninhalte und seinen Lernweg bestimmen zu können.
Je mehr Freiheitsspielräume ein Lehrer den Kindern gibt, desto mehr werden soziale Vergleiche unter den Kindern erschwert. Bei unterschiedlichen Aufgabenstellungen, nur losen Paar- und Gruppenbildungen und wenig Frontalunterricht können Kinder ihre Leistungen untereinander kaum vergleichen und sich damit keinem festen Rangplatz in der Leistungsreihenfolge zuordnen. Für schwächere Schüler bedeutet das zwar möglicherweise eine Überforderung, aber mit entsprechender Unterstützung können sie zumindest länger an ihrem Leistungsoptimismus festhalten und mit mehr *Lernfreude* an ihre Aufgaben herangehen.
Ein solches Verständnis von einem autonomen Lerner berücksichtigt außerdem, dass es unterschiedliche Lernvoraussetzungen und unterschiedliche Lerntempi gibt.
So hat sich die Auswahl der Materialien nach den verschiedenen Entwicklungsständen aller Kinder einer Klasse zu richten. Eine grobe Ordnung kann den Kindern durch Symbole bewusst gemacht werden, so dass eine sinnvolle Auswahl durch die Kinder erfolgen kann. Auch die Lernberatung durch die Lehrkraft kann so leichter erfolgen, wenn sie beispielsweise einem Kind, das beginnt, das alphabetische Prinzip zu verstehen und sich noch schwer mit dem Abhören von Lauten tut, den Hinweis geben kann, dass es sich vielleicht in nächster Zeit besonders Materialien aus dem Regal mit dem „Ohr“ („Schreibe, wie du hörst!“) wählen soll.
Ein ausgewogenes Verhältnis von Spiel- und Arbeitsmitteln erlaubt auch, die Chancen des Spielens zu nutzen. Soziale Prozesse und freudvolles Tun treten beim Miteinanderspielen in den Vordergrund.

Insgesamt sollte die Materialauswahl von dem Prinzip „Vielfalt der Lernmittel" getragen werden. Arbeitsmittel mit Selbstkontrolle, Lernspiele, Papier- und Bleistiftangebote, handlungsorientierte Lernmittel sowie Lese- und Schreibanlässe garantieren motivierende Abwechslung und interessenorientiertes Arbeiten im Bereich der Kulturtechniken Lesen und Schreiben.
Von den Kindern selbst mitgebrachte Materialien können hier ebenfalls sehr anregend wirken.
Auch der Computer gehört heute zu einer Lernumgebung, die selber wieder viele unterschiedliche Angebote in sich trägt. Es geht hier nicht darum, den Nutzen des Computers schlechthin zu beurteilen, sondern ihn sinnvoll als Teil einer Lernumgebung zu integrieren.
Vorwiegend genutzt werden die Übungs- und Edutainment-Programme, die aber auch zu „Medien-Fallen" (Reinmann-Rothmeier & Mandl 1999) werden können, insbesondere bei den Edutainment-Programmen, die teils sachliche Kriterien nicht erfüllen oder durch ihre „Häppchenpädagogik" und ihr Frage-Antwort-Prinzip dem pädagogischen Anspruch des selbstständigen, problemorientierten Erwerbs einer komplexen Kulturtechnik nicht genügen. Wenn ein Schüler aber selbst erkannt hat, was er dringend noch üben müsste, oder die Lehrkraft ihm Hinweise gibt, was ihm auf seinem Weg weiterhelfen kann, sind solche Programmpakete eine Fundgrube für entsprechende Übungen. Parallel bietet der Computer die Möglichkeit, als Schreibinstrument mit Hilfe von Textverarbeitungsprogrammen genutzt zu werden. Dabei werden Kinder von der graphomotorischen Aufgabenstellung entlastet, entsprechend programmierte Concept-Keyboards, auf die eine Lauttabelle befestigt wird, helfen Kindern, die bestimmte Phonem-Graphem-Korrespondenzen noch nicht sicher beherrschen. Alles, was man mit dem Computer schreibt, kann immer weiter modifiziert werden, seien es rechtschriftliche, inhaltliche, sprachliche, aber auch besonders ästhetische Überarbeitungen, die das jeweilige Ergebnis vorzeigbar machen und zum Wiederlesen animieren. Der Computer unterstützt dabei kooperative Arbeitsweisen, die den Austausch über rechtschriftliche oder inhaltliche Probleme und Erkenntnisse zulassen und damit Ko-Konstruktionen ermöglichen. E-Mail-Kontakte und die Gestaltung von Homepages können dabei eine der Sache angemessene Motivation noch zusätzlich erhöhen.
Arbeitsphasen im Werkstattunterricht stehen aber nicht alleine für sich, sondern müssen eingebettet sein in lernwegvorbereitende und lernwegnachbereitende Phasen.

So bieten Planungsgespräche über „Was habe ich heute vor?“ oder Reflexionen über „Was und wie habe ich heute gearbeitet?“, „Wo hatte ich Schwierigkeiten und warum?“, „Was ist mir heute besonders gut gelungen und warum?“ die Möglichkeit, sich nach und nach geeignete Lernstrategien anzueignen und sich dem Fernziel „Lernen lernen“ von Schulbeginn an langsam anzunähern.
Reflexionen über den Lernweg können mit der Lehrkraft, aber auch in der ganzen Klasse stattfinden, um im sozialen Austausch unterschiedliche Lerninhalte, Lernmaterialien und Lernwege kennen zu lernen und für sich geeignete Lernpläne aufzustellen.

Elisabeth Knäble und Claudia Hirsch beschreiben in **„Unser erstes Werkstatt-Angebot für den Schriftspracherwerb“** ganz konkret, wie eine Werkstatt in den ersten Schulwochen der ersten Klasse aussehen kann. Über die Materialauswahl hinausgehend geben sie Tipps zur Organisation, die die Basis für das Gelingen offenen Arbeitens legt.
In **Franziska Reichs** Beitrag **„Hat dir der Computer beim Lesen- und Schreibenlernen geholfen?“** wird deutlich, dass Kinder sehr wohl in der Lage sind, mit einem klassischen Übungsprogramm, wie es das „Budenberg“ darstellt, nicht nur zu „spielen“, sondern mit ihm zu „lernen“. Am Beispiel des ausgewählten Programms wird deutlich, dass sinnvolles Arbeiten mit dem Computer vom ersten Schultag an für alle Kinder, unabhängig von ihrem Entwicklungsstand, möglich ist.

Unser erstes Werkstatt-Angebot für den Schriftspracherwerb

(Elisabeth Knäble/ Claudia Hirsch)

Vorbemerkung: Ein Sprung ins Ungewisse

Im Folgenden beschreiben wir – da wir eng im Team miteinander arbeiten, sind viele Ideen gemeinsam entstanden – unsere ganz persönlichen Erfahrungen mit einer Form des offenen Unterrichts, der sich als „Werkstatt-Unterricht" beschreiben lässt. Manches Mal erfordert diese Art von Unterricht noch heute Mut und Gelassenheit, wenn wir auch bei scheinbar untätigen Kindern darauf vertrauen, dass sie von sich aus tätig werden. Wir mussten auch lernen, es auszuhalten, dass einige gelegentlich über einen Zeitraum immer wieder das Gleiche tun, dass sie „nur spielen" oder dass sie tatsächlich auch einmal nichts tun (und durch Zuschauen lernen?). Auch Grenzen der Offenheit haben wir erfahren und erprobt, wie wir damit umgehen wollen. Es war eine Umstellung in der Vorbereitung und Durchführung des Unterrichts, aber wir und unsere Kinder haben so viel profitiert, dass wir mit diesem Bericht alle ermuntern wollen, den Sprung ins Ungewisse zu wagen, wenn sie sich diese Unterrichtsform für sich vorstellen können.

Warum wir den Werkstattunterricht für uns entdeckten

Mit einem eher gleichschrittigen Fibellehrgang hatten wir uns zunehmend unwohl gefühlt. Das beruhte auf verschiedenen Beobachtungen und Überlegungen:
Das Vorwissen unserer Schulkinder ist von Jahr zu Jahr *breiter gestreut.* Während einige beim Eintritt in die 1. Klasse bereits lesen können, gibt es auch einige Schüler, die noch fast gar keine Erfahrung mit dem geschriebenen Wort haben. Deshalb sind wir als LehrerInnen von Anfang an gefordert, individuell auf die einzelnen Kinder einzugehen und jedes genau bei dem Wissensstand abzuholen, auf dem es sich gerade befindet. Eine gute Möglichkeit dazu bietet der Werkstattunterricht, bei dem die Kinder sich selbst ihrem Können entsprechend Material suchen, sind doch in einer Werkstatt zum Schriftspracherwerb sowohl Spiele zur ersten Begegnung mit Buchstaben (z.B. Puzzles zur Lauttabelle) als auch Lesespiele und Arbeitsmittel auf einem höheren Kompetenzniveau (z.B. Zuordnung von Wörtern und Bildern) vorhanden.

Darüber hinaus wird der Werkstattunterricht auch dem unterschiedlichen *Lerntempo* der Schüler gerecht. Jeder kann sich während der Dauer des Werkstattunterrichts genau die Zeit für sein Vorhaben nehmen, die er braucht.
Im Unterschied zum herkömmlichen Klassenunterricht müssen die Schüler zudem *aktiv* entscheiden, womit sie sich beschäftigen wollen. Sie tragen von Anfang an *Verantwortung* für das, was sie lernen. Sie können sich selber aussuchen, ob sie allein oder mit anderen arbeiten möchten. Und sie sind dazu angehalten, ihr Ergebnis – wenn möglich – selbst oder mit Hilfe anderer Kinder zu kontrollieren.
Ein solcher Unterricht entspricht unserem Ziel, die Selbsttätigkeit der Kinder zu fördern und sie zu selbstbestimmtem und selbstverantwortlichem Lernen zu erziehen.
Schließlich schult der Werkstattunterricht von Anfang an die *Kooperationsfähigkeit* der Kinder. Bei jedem Spiel müssen sie aufs Neue entscheiden, ob sie es alleine oder zu zweit durchführen wollen. Und wenn die Wahl auf Partnerarbeit gefallen ist, müssen sie ein anderes Kind für ihr Vorhaben gewinnen.

Abb. 59: Schüler bei der Arbeit

Was ist Werkstattunterricht?

Reichen (1982, S. 17) erklärt den Begriff „Werkstattunterricht“ folgendermaßen:

„Das Wort meint Unterricht wie in einer Werkstatt:

- In einer Werkstatt wird gearbeitet.
- Nicht alle Mitarbeiter machen das gleiche.
- Hier ist ein Handwerker allein, dort sind drei zusammen an einer Arbeit.
- Nicht überall arbeitet der Meister mit.

Analog ist es beim Werkstattunterricht:

- Die Schüler arbeiten.
- Sie arbeiten an Verschiedenem.
- Sie arbeiten allein oder in Gruppen.
- Sie arbeiten z.T. selbstständig, d.h. ohne Lehrerin“.

Tipps für die Planung einer ersten Werkstatt

Im Werkstattunterricht können die Schüler aus bereitgestellten Materialien auswählen, womit sie sich beschäftigen möchten. Diese Lernangebote können aus *allen Fachbereichen* gewählt sein. Aus unserer Erfahrung ist es allerdings ratsam, sich beim Einstieg in den Werkstattunterricht *auf einen Bereich* (z.B. den Schriftspracherwerb) zu beschränken. Als theoretische Struktur für die Auswahl des Angebotes dient uns das Wissen um die verschiedenen Strategien, mit denen sich Kinder die Schriftsprache aneignen. Bei der Auswahl der Lernmaterialien berücksichtigen wir also den Entwicklungsstand eines jeden Kindes im Schriftspracherwerb. Wir achten aber auch darauf, dass in der Werkstatt Angebote zum Lesen *und* Schreiben, zur Schulung der Feinmotorik, und neben Arbeitsmitteln und Lernspielen zudem einige „echte“ Spiele vorhanden sind.
Dabei ist es uns wichtig, dass nicht zu viel Material vorhanden ist, damit die Schüler die Übersicht behalten.
Vom Materialangebot sollten Anreize zu vielfältigen Tätigkeiten ausgehen. Folgende Möglichkeiten seien genannt:

- Arbeitsblätter zum Ausfüllen
- Übungen mit verschiedenen Selbstkontrollgeräten (Logico, Paletti,...)
- Hefte und Bücher zum Lesen und Anschauen
- Bilder, Wortkarten, die zum Verschriften anregen
- Bastelmaterial
- Spiele (z.B. Memory, Mikado, Blinde Kuh,...)

Unsere erste Lernwerkstatt bis ca. zur 7. Schulwoche		
Material	**Anmerkungen**	**Ziel**
Schriftsprachrelevante Voraussetzungen		
Gekaufte Dominos, Memories...	z.B. Ravensburger Verlag Schärfung der Sinneswahrnehmung und Merkfähigkeit, Spielfreude und Förderung des Sozialverhaltens	
Hörmemory, Fühlmemory ...		
Bauklötze, Buchstabenteppich...		
Nagelbretter mit Gummis	Holzplatte mit Nägeln, um die in bestimmten Mustern Gummis gespannt werden	Entwicklung der Feinmotorik, Übertragen von Mustern
Differix, Schau genau	Ravensburger Verlag	Optische Wahrnehmung
Arbeitsblätter zu verschiedenen Aufgabenbereichen	Kopiervorlagen, wie z.B. Marburger graphomotorische Übungen, Verlag modernes Lernen, Dortmund 1983	Übungen zur Feinmotorik
Bilderbücher	Bücherei oder Bücherbus stellen eine Auswahl zusammen	Erster Umgang mit Büchern
Beginnende alphabetische Strategie		
Spiele zur Lauttabelle: Domino, Memory, Puzzle, Bingo, Klammerkarten	Spiele und Arbeitsmittel mit Bildern aus der Lauttabelle	Kennen lernen der Lauttabelle
Entfaltete alphabetische Strategie		
Klammerkarten	Bildkarten, die Wörter darstellen, aus denen Laute herausgehört werden sollen	Erlernen der Laute
Namenspiel	Spiel mit Fotos und Namenskärtchen der Mitschüler	Kennen lernen und Erlesen der Namen der Klassenkameraden
Alphabetische und orthographische Strategie		
Schablonen, Stempel, Bilder, Figuren aus dem Blinde-Kuh-Spiel (Ravensburger), ...	Bilder aus Zeitschriften, Katalogen, Kopien aus Büchern	Verschriften von Wörtern

Abb. 60: Werkstattangebot für die ersten Wochen

Was hat sich in unserem Unterricht verändert?

In früheren Jahren haben wir den Lehrstoff in kleine Stücke geteilt und ihn gleichsam mit dem Löffel gefüttert – zumindest haben wir das versucht. Heute stellen wir den Kindern eine Auswahl an (Lese- und Schreib-)Futter bereit und helfen, den Umgang mit dem „Besteck“ oder Werkzeug (in unserem Fall der Lauttabelle) zu erlernen. Unsere Rolle hat sich verändert. Trotzdem ist diese Art von Unterricht nicht weniger aufwändig in der Vorbereitung, denn die Strukturierung steckt nicht in der direkten Vermittlung, sondern mehr in der *Vorbereitung der Lernumgebung* für die Kinder.

Abb. 61: Schüler mit Setzkasten

Vorausgehen sollte der Materialauswahl eine genaue Diagnose des Leistungsstandes der Schüler. Die Hauptaufgabe der Lehrerin besteht dann darin, geeignete Materialien zu suchen und so bereitzustellen, dass die Schüler problemlos damit umgehen können. Nur so ist gewährleistet, dass für alle Kinder geeignetes Spiel- und Arbeitsmaterial vorhanden ist.
Im Werkstattunterricht selber ist in erster Linie die Tätigkeit der Schüler gefragt. Die Lehrerin sollte sich möglichst zurücknehmen und die Kinder von Anfang an dazu erziehen, sich untereinander Hilfe zu suchen. Auch dadurch wird die Selbstkompetenz der Schüler gestärkt. Das ist am Anfang gar nicht so leicht, weil wir es gewohnt sind, immer als Alleswisser im Mittelpunkt zu stehen.
Im Werkstattunterricht rücken wir nun als Beobachter an die Seite und lassen die Schüler agieren. Eine genaue Beobachtung ist wichtig, um immer auf dem Laufenden zu sein, wo die einzelnen Schüler gerade stehen. Nur so kann die Lehrerin entscheiden, ob das Materialangebot noch motivierend ist und dem Lernstand der Kinder entspricht.

Abb. 62: Schüler, vertieft in ihre „Arbeit“

Wie behalte ich die Übersicht?

Wenn möglich, *notieren* wir uns bereits während des Werkstattunterrichts von einigen Kindern, womit sie sich beschäftigen. Von allen schaffen wir das nie, und das ist unseres Erachtens auch gar nicht nötig, weil uns auffällt, von wem wir schon länger nichts mehr aufgeschrieben haben.
Für die Kinder ist es aus lernpsychologischer Sicht am effektivsten, wenn eine Kontrolle ihrer Ergebnisse sofort erfolgt. Das können wir als Lehrerinnen während der Stunde nicht bei allen leisten.
Folgende Möglichkeiten haben sich bei uns bewährt:

- Spiele und Lernmaterialien mit Selbstkontrolle können die Schüler alleine oder mit Partner durchführen und sofort sehen, ob alles richtig ist. Es wird immer einige Kinder geben, die dabei mogeln, auch wenn man von Anfang an bespricht, dass sie sich damit nur selber schaden. Aber auch dann haben sie sich mit dem Lerninhalt beschäftigt.
- Arbeitsblätter werden – wenn möglich – mit einem Kontrollblatt, das auf dem Regal liegt, verglichen und während der Woche in der Freiarbeitsmappe (einer an zwei Seiten geöffneten Klarsichthülle) gesammelt. Wenn wir diese übers Wochenende anschauen, bekomme ich einen Überblick, was die Schüler gearbeitet haben und ob alles fertiggestellt ist.

Wer gerne genauer Bescheid wissen möchte, was jedes Kind im Werkstattunterricht getan hat, der kann einen Tages- oder Wochenplan erstellen, auf dem die Schüler ankreuzen können, was sie jeweils erledigt haben. Wir geben aber zu bedenken, dass gerade schwache Kinder häufig mehr damit beschäftigt sind, diesen Plan auszufüllen, als mit der eigentlichen Arbeit. Auch könnte das Abarbeiten eines Wochenplans bei einigen Schülern dazu führen, dass sie nur schnell „fertig“ werden wollen und deshalb oberflächlich und

flüchtig arbeiten. Anderen Kindern zu helfen könnte da nur als lästiger Störfaktor angesehen werden, der einen nicht weiterbringt.
Eine sinnvolle Variante des Wochenplans kann im Notieren von gemeinsam mit den Schülern festgelegten Aufgaben für die Woche oder den Tag gesehen werden, weil sich hier das Kind selbst Ziele setzen kann.
Eine weitere Möglichkeit besteht im Führen eines Heftes oder Tagebuchs, in dem die Kinder ihre Ergebnisse aus dem Werkstattunterricht festhalten. Unsere Erfahrungen damit waren nicht zufriedenstellend, weil die aufgewendete Zeit und Energie in keinem Verhältnis zu dem Ergebnis stand.
Wir bevorzugen es daher, die Schüler im Morgenkreis, der im Anschluss an den Werkstattunterricht stattfindet, berichten zu lassen, was sie gearbeitet haben. Dabei können sie auch ihre Arbeitsergebnisse vorstellen.

Wie läuft unser Werkstattunterricht konkret ab?

Neben gelenkten Phasen des Unterrichts, dem von uns sogenannten Lehrerunterricht, führen wir von Anfang an Zeiten freier Arbeit ein. Ideal finden wir dafür die *erste Schulstunde*. Die Kinder kommen während der Vorviertelstunde ins Klassenzimmer, werden begrüßt und können sich in Ruhe Spiel- und Arbeitsmaterial aussuchen, ohne dass ein großes Gedränge vor den Regalen entsteht.
Wenn wir zu einem *späteren Zeitpunkt* am Schulvormittag frei arbeiten, legen wir Material in den Kreis. Die Kinder orientieren sich zunächst mit den Augen und entscheiden sich dann für eines der Angebote.
Mit dieser Form des Arbeitens machen wir die Kinder gleich am zweiten Schultag vertraut. Sie sind es vom Kindergarten gewöhnt, sich selbst eine Beschäftigung zu suchen, und diese Erfahrung nutzen wir für unseren Unterricht. Die ersten Materialien beinhalten daher auch viel Vertrautes wie Memories, Dominos und Bilderbücher. Dazu gibt es einfache Arbeitsblätter zum Ausmalen. Sehr gut bewährt haben sich dafür die Marburger graphomotorischen Übungen von Schilling (1983) und erste Blätter aus verschiedenen Fibelarbeitsheften.
In den nächsten Tagen wird das Angebot erweitert, indem im Morgenkreis neues Material vorgestellt wird, entweder durch uns oder auch durch Schüler, die es vorher erprobt haben. Diese Schüler können dann gleich zum *„Chef“* für dieses Material werden, d.h. wenn ein Kind Probleme damit hat, kann es den „Chef“ um Hilfe bitten.
Natürlich erfordert Werkstattunterricht bestimmte *Regeln.* So muss eine angefangene Arbeit zu Ende geführt werden, und das Material soll nach getaner Arbeit vollständig wieder an den dafür vorgesehenen Platz geräumt werden.

Wenn Kinder gebastelt und geschnitten haben, muss selbstverständlich sauber gemacht werden. Spiele oder Arbeiten mit dem Partner führen dazu, dass es manchmal laut wird. Sobald sich andere Kinder durch die Unruhe in ihrer Arbeit gestört fühlen, gibt es ein bestimmtes Zeichen (Glocke, Rassel,...). Alle werden ganz still, und ein Kind erinnert an die Regel, dass leise gesprochen werden soll.

Am Ende des Werkstattunterrichts gegen 8.30 Uhr erklingt eine bestimmte Musik als Zeichen zum Aufräumen. Anschließend setzen wir uns im *Morgenkreis* zusammen. Die Kinder berichten über ihre Aktivitäten während des Werkstattunterrichts. Das ermuntert oft andere Schüler, es auch einmal mit einer bestimmten Tätigkeit zu versuchen. So erzählte einmal ein Mädchen, dass seine Diddlmaus dem Kuscheltier der Freundin einen Brief geschrieben habe. Andere Kinder griffen die Idee auf, und ein reger Briefwechsel zwischen Kuscheltieren setzte ein.

Natürlich *reflektieren* wir auch Verhalten und Arbeitsweise und überlegen, was schon gut geklappt hat und was noch besser werden kann. Es gibt immer Kinder, denen es schwer fällt, sich eigenständig eine Arbeit zu suchen oder auch solche, die Werkstattunterricht mit Nichtstun verwechseln. Hier muss der Lehrer von Fall zu Fall entscheiden, ob und wie lange er Auszeit gewähren will. Ist ein Kind nur nicht entscheidungsfreudig, ist es oft schon hilfreich, ein anderes Kind zu bitten, diesen Schüler zu einer Arbeit aufzufordern. Wenn Anregung und Ermahnung nichts helfen, geben wir dem Kind für einige Tage einen Plan, nach dem es arbeiten muss. Danach beschäftigt es sich meistens sehr gerne wieder in einer freieren Form.

Abb. 63: Arbeit mit einzelnen Schülern

Entlastend gegenüber der frontalen Unterrichtsform empfinden wir als Lehrerinnen auch, dass während des Werkstattunterrichts viel Zeit ist, um Schülern gezielt zu helfen, mit ihnen zu lesen und zu schreiben oder mit einer kleinen Gruppe ein Lernspiel zu machen. Dabei können wir uns einen sehr guten Überblick über den Leistungsstand unserer Schüler verschaffen.
Wenn der Stundenplan es zulässt, beginnen wir jeden Morgen auf diese Weise. Jedes Kind kommt in die Klasse und beginnt zu arbeiten. So gibt es keine Rangeleien vor Unterrichtsbeginn. Der entspannte Anfang mit dem anschließenden Morgenkreis wirkt sich auf den ganzen Schulvormittag beruhigend aus.

Wie präsentieren wir die Lernmaterialen?

Die aktuellen Lernmaterialien bewahren wir in offenen Regalen auf, die für die Kinder gut zugänglich sind. Was im Moment nicht gebraucht wird, kommt in den Schrank. Jeweils eine Regaleinheit wird für Lesen, Schreiben und für „echte“ Spiele eingerichtet. Eine Kennzeichnung mit farbigen Punkten erleichtert den Kindern die Orientierung. Allerdings erfordert es mindestens eine wöchentliche Kontrolle durch den Lehrer, um die Ordnung beizubehalten. Später können dann zuverlässige Schüler diese Kontrollen durchführen.

Abb. 64: Regal mit Lernmaterialen

Die Arbeitsmittel bewahren wir am liebsten in offenen oder durchsichtigen Schachteln auf. Die billigste Lösung sind durchsichtige Plastikverpackungen von Obst und Gemüse, Tiefkühlbehälter, Frischkäseschachteln oder Schuhschachteln von Kinderschuhen. Nach unserer Erfahrung greifen Kinder am liebsten zu Arbeitsmitteln, die offen präsentiert werden und dadurch gleich ins Auge fallen. Auch hat es sich bewährt, zu Beginn des Unterrichts Material, das im Moment besonders häufig benutzt werden soll, aus den Regalen zu nehmen und in den Kreis zu legen, weil es dann bevorzugt angenommen wird.

Ausblick

Unsere Werkstattangebote wechseln etwa alle sechs Wochen. In Absprache mit den Kolleginnen stellen wir für unsere Klasse passende Angebote zusammen. Manches bleibt aus einem „alten" Werkstattangebot im Regal, weil es noch sinnvoll für einige Schüler ist. Anderes wird ersetzt.
Die individuellere Arbeitsform entwickelte bei uns eine eigene Dynamik. Mit einem Mal waren unsere Schüler auch in anderen Fachbereichen nicht mehr damit zufrieden, zu stark gegängelt zu werden. Deshalb öffneten wir unseren Unterricht nach und nach auch in Mathematik und im Sachunterricht.

Abb. 65: Arbeiten in der Lernwerkstatt

„Hat dir der Computer beim Lesen- und Schreibenlernen geholfen?“

(Franziska Reich)

Diese Frage stellte ich meinen Zweitklässern, die seit dem ersten Schultag einmal in der Woche in die Lernwerkstatt kommen und dort u.a. am Computer arbeiten.

Michaela:	„Ja, weil er immer anzeigt, wenn man etwas falsch hat, und wenn man etwas richtig hat, bekommt man einen Punkt.“
Anna-Luisa:	„Ja, weil er mir beim Lesen die Buchstaben sagt.“
Jan:	„Er hat mir immer Tipps gegeben.“
Paul:	„Nein, er hat mir nicht geholfen. Ich habe es mir selber beigebracht.“
Florian:	„Ja, Lalipur hat mir geholfen, jetzt kann ich die Rechtschreibung.“
Patricia:	„Er hat mir geholfen zu kapieren, dass es verschiedene Wortarten gibt.“

Diese kleine Auswahl an Schülermeinungen zeigt, dass die meisten Kinder den Computer als sinnvolles Instrument ansehen.

Im Folgenden möchte ich gerne vorstellen, wie und mit welchem Erfolg ich den Computer einsetze.

Die Aussagen meiner Kinder beziehen sich meist auf das Budenbergprogramm, mit dem sie am liebsten und häufigsten arbeiten. Deshalb sollen an diesem Beispiel Möglichkeiten und Vorteile des Computereinsatzes im Schriftspracherwerb aufgezeigt werden.

Übersicht über das Budenbergprogramm Deutsch 1

Am Anfang stelle ich den Schülern das entsprechende Programm ein, es zeigt sich jedoch, dass aufgrund der einfachen Navigation die Schüler sich recht schnell selbst zurechtfinden oder sich gegenseitig unterstützen. Später erhalten die Kinder eine Kurzanleitung, die ihnen den Weg zum Programm aufzeigt.

Computer:
Lesen und Schreiben
Budenberg
Deutsch 2
Bildlesen - Rätsel

Abb. 66: Kurzanleitung

Inhalt	Kurzbeschreibung
Form + Farbe	Optische Diskrimination, Bilder und geometrische Formen werden nach Form, Farbe, Größe und Raumlage unterschieden
Bild + Anlaut	Beziehung von Buchstabe und Laut
Erstlesen	Optische und akustische Differenzierung und Lautsynthese, bereits einsetzbar, wenn der Schüler Selbstlaute, fünf Mitlaute und Synthese grundsätzlich beherrscht
Silbenlesen	Lesefertigkeit auf der Basis von zweisilbigen Wörtern
Zweitlesen	Seltene Laute und schwierige Lautverbindungen (Mitlauthäufungen)
Erweiterte Lesefertigkeit	Lesefertigkeit auf der Basis von zweisilbigen Wörtern
Satzmuster	Autorenprogramm, d.h. Erstellen von Programmen ohne Anwendung einer Programmiersprache ist möglich. Schüler erhält eine Textanweisung, auf die er reagiert.
Minitext	Textprogramm mit einfachen Editierfunktionen, Text kann gespeichert, geladen und in fünf verschieden Schriftgrößen ausgegeben werden

Abb. 67: Übersicht über das Budenbergprogramm Deutsch 1

Anlaut suchen mit dem Computer vom ersten Schultag an

Vom ersten Schultag an, beim ersten Besuch in der Lernwerkstatt, stehen den Schülern auch Computer zur Verfügung. Dass sie für die meisten Schüler außerordentlich interessant sind, steht außer Frage. Einige Regeln für die Arbeit – ich spreche nie vom Spielen – am Computer sind den Kindern schnell geläufig: Suche dir einen Partner, mit dem du arbeitest! Das Programm, das du dir aussuchst, sollst du auch beenden!

Nach Aufruf von *„Deutsch1 – Bild und Anlaut"* finden sich die Kinder schnell in der Bedienung zurecht. Sie sollen zum Bild den entsprechenden Anlaut anklicken und können sich dabei auch der Sprachausgabe bedienen (auf den Mund rechts klicken).

So arbeiten sich die Kinder durch die einzelnen Teile des Programmes, wobei die Formen wechseln, z.B. die optische Diskriminierung von Buchstaben, sowie in einem anderen Programmteil die Zuordnung von Anlauten zu Bildern.

Die Budenbergprogramme lassen eine individuelle Einstellung der Übungsteile zu, womit man dem Stand des einzelnen Kindes gut gerecht werden kann.

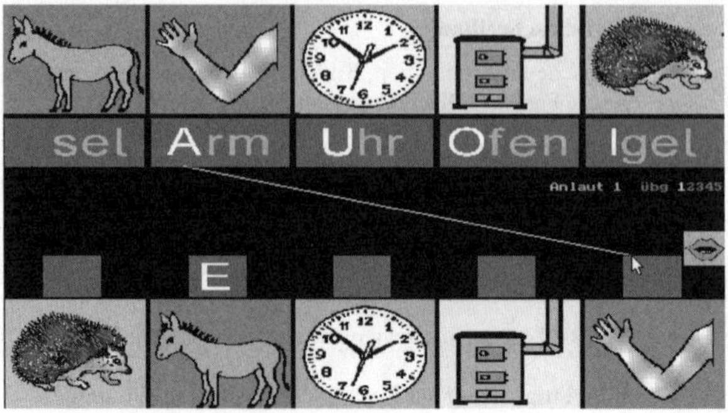

Abb. 68: Budenbergprogramm 1

Das schätzen Kinder und Lehrer am Programm Budenberg

Die Budenberg Software bietet viele Vorteile:

- Die Programme sind nach ca. 20 Minuten beendet.
- Sie verfügen über eine Sprachausgabe bei Erstleseprogrammen.
- Es gibt abrufbare oder automatische Hilfen bei Fehlern.
- Bei Erstleseprogrammen gibt es Bilddarstellungen .
- Es gibt ein schriftliches Ergebnisprotokoll.
- Die Software verfügt über ein einfaches Schreibprogramm (Minitext).
- Für die Kinder ist die Bedienung leicht erlern- und beherrschbar; sie brauchen dazu nur die Pfeiltasten, die Entertaste und die Maus.
- Die *Programmauswahl* ist übersichtlich gestaltet.

Jedes Programm bietet programmtechnische und didaktische *Hilfen.* Ein blinkender Cursorpfeil zeigt z.B. am Anfang, welche Tasten zu bedienen sind. Bei einer fehlerhaften Eingabe wird eine Grafik sichtbar, die den richtigen Lösungsweg anzeigt usw. Diese Hilfe kann in vielen Programmen mit der F1-Taste schon vor der Eingabe aufgerufen werden.
Zu den wesentlichen Unterstützungsmaßnahmen gehören die Veranschaulichungen: In Erstlese- und Rechtschreibprogrammen werden die zu übenden Wörter als Bilder gezeigt. Wenn eine Sprachausgabe vorhanden ist, können diese Wörter zusätzlich abgehört werden.
Die *Leistungsrückmeldung* erfolgt bei jeder Eingabe umgehend. Fehlerhafte Bearbeitungen werden mit einem Flimmern am Bildschirmrand angezeigt, zusätzlich wird meist eine Lösungshilfe eingeblendet. Am Ende jeder Gruppe wird eine Rückmeldung über Aufgabenanzahl, Fehlerzahl und Übungszeit ausgegeben. Abschließend wird ein Endergebnis angezeigt, das auch als Ergebnisprotokoll gedruckt werden kann.

Wir schreiben Texte am Computer

Das Verschriften ist ein zentrales Anliegen im Schriftspracherwerb und in meinem Lernwerkstattunterricht; der Computer kann hierbei als weiteres Schreibwerkzeug mit seinen spezifischen Möglichkeiten unterstützen. Er wird benutzt, um als Brücke zwischen den eigenen Gedanken und der Schrift zu fungieren, die diese Gedanken weiterträgt (Kochan 1998).

Das Schreiben mit der Tastatur ist ein analytisch-synthetischer Prozess, der die Graphem-Phonem-Beziehung in den Vordergrund stellt. Mit jedem Tastendruck wird genau ein Graphem produziert, somit ist die Durchgliederung eines Wortes beim Schreiben auf der Tastatur eine Notwendigkeit. Hierbei können speziell gestaltete „concept-keyboards", die man auch als elektronische Lauttabellen bezeichnen kann, im Anfangsunterricht die Aufgabe der Tastatur übernehmen.

Das Tastaturschreiben zeigt immer ein sauberes Schriftbild. Die Feinmotorik kann gerade zu Beginn der Schulzeit noch nicht vollständig entwickelt sein. Die Entzifferung fällt sowohl dem Lehrer als auch dem Schüler leichter.

Hier stellt sich auch die Frage, ob das zeitraubende Suchen der Buchstaben auf der Tastatur nicht die Motivation zum Schreiben einschränkt. Ich habe die Erfahrung gemacht, dass geübte Schreiber ihre Gedanken handschriftlich zwar schneller produzieren als mit der Tastatur, sie aber das Schreiben mit der Tastatur genauso schätzen.

Voraussetzung für das Schreiben am Computer ist, dass die Schüler einige wichtige Tastaturbefehle erlernen. Es müssen ihnen die Taste zur Groß- und Kleinschreibung, die Leertaste, die Absatztaste und die Cursortasten zur Orientierung auf dem Bildschirm bekannt sein. Die Praxis hat mir gezeigt, dass die Kinder diese Funktionen sehr schnell beherrschen.

Da in meinen Unterricht die Schüler am Computer meist auch im Team arbeiten, erfahren sie das Schreiben hier als kooperativen Prozess. Sie können den geschriebenen Text umgehend lesen und auf ihn reagieren. Hierbei erlebt man häufig, wie die Schüler über die Schreibung eines Wortes diskutieren und so ihr Wissen austauschen.

Ein Merkmal eines Textverarbeitungsprogrammes liegt in der einfach zu handhabenden Korrekturmöglichkeit. Es ist auch ohne weiteres möglich, einzelne Textteile, Sätze oder Wörter einzufügen, zu löschen, zu ändern und somit das Geschriebene zu überarbeiten. Kochan spricht vom „Kneten am Text" (Kochan 1995). Ich konnte schon häufig beobachten, dass die Schüler ein Schreibprojekt beginnen und es über mehrere Stunden hinweg fortsetzen. Das ist am Computer einfach, der Text wird gespeichert, kann in der nächsten Stunde problemlos aufgerufen und verändert bzw. weitergeschrieben werden. Wenn das Produkt dann fertig ist, lässt es sich mit Hilfe eines Druckers sehr leicht vervielfältigen. Die Motivation bei der Veröffentlichung von selbst geschriebenen Texten ist ungeheuer hoch.

Die drei ??? und
der sprechende
toten schedel

es fang da mit an das
die drei ??? einen
kofer kauften in dem
kofer waren nur alte
klamoten aber justus
bemerkte nicht das
ein toten schedel
unter den klamoten war
in der nacht
sprach der toten schedel
zokrati du must morgen
zur kingst wit 310

Abb. 69: Alex wollte unbedingt über eine Hörkassette schreiben, was sich als Projekt über mehrere Stunden und Seiten entwickelte. Hier ist der Beginn zu lesen, zwei weitere Seiten folgten.

Das hier gezeigte Beispiel wurde mit Minitext geschrieben, dem Textverarbeitungsprogramm der Budenberg Software. Für das Schreiben mit dem Computer würde sich auch das Programm WordPad anbieten, das in Windows enthalten ist.

Gibt es Kinder, die überhaupt nicht oder ausschließlich am Computer arbeiten wollen?

Natürlich gibt es sie – wobei die Kinder, die immer am Computer arbeiten möchten, sicher in der Mehrzahl sind. Genauso gibt es Schüler, die kein oder nur sehr wenig Interesse am Computer zeigen. Ein gutes Mittelmaß zu finden ist hier die Aufgabe des Lehrers. Da die Kinder überwiegend mit einem Partner arbeiten, sind weniger Interessierte eher bereit sich als „Beobachter“ zu beteiligen. Die Erfahrung zeigt, dass nach einer gewissen Zeit des „Schauens“ aktive Beteiligung folgt. Wir sprechen im Unterricht über das Arbeiten am Computer und die anderen vielfältigen Materialangebote der Lernwerkstatt. Ich stelle das Computerprogramm vor und arbeite dann auch mit einzelnen Kindern daran, die vielleicht noch etwas ängstlich sind.

Computereinsatz im Grundschulunterricht – Meinungen

Die Bandbreite beim Computereinsatz ist sehr groß. Die persönlichen Vorerfahrungen haben im Laufe der Zeit einen großen Wandel durchlaufen – für die heutigen Schüler ist der Computer bereits ein Teil ihrer Erfahrungswelt. Der Wendepunkt der Auffassungen dürfte im Jahr 1994 zu sehen sein, wo *von Hentig*, einer der fundamentalsten Kritiker des Computereinsatzes in der Grundschule in seinem Buch „Die Schule neu denken“, dazu auffordert, den aus seiner Sicht negativen gesellschaftlichen Folgen des Computereinsatzes entgegenzusteuern und zu dem Schluss kommt: „Alles, was man pädagogisch erreichen will, erreicht man besser ohne den Computer. Alles, was man pädagogisch vermeiden will, vermeidet man besser ohne ihn.“ (S. 62).
Dem gegenüber versucht *Struck* (1998) in seinem Buch „Netzwerk Schule – Wie Kinder mit dem Computer das Lernen lernen“ den Computereinsatz in der Grundschule auf eine möglichst breite Basis zu stellen. Er nennt hier im Wesentlichen fünf Argumente: Der Computer ist ein idealer Lernpartner im Sinne des „trial and error“, er vermag „Leistungsbandbreiten von unten her zu verringern“, er fördert Schlüsselqualifikationen wie Teamfähigkeit oder Handlungskompetenz, eröffnet Zeiträume für soziales Lernen bzw. erzieherische Anliegen und fordert die Einführung eines Schulfaches „Medienerziehung“.

Persönliche Position

Aufgrund der von mir gemachten Erfahrungen mit dem Einsatz des Computers vom ersten Schultag an kann ich feststellen, dass der Computer einen sehr hohen Aufforderungscharakter für die Kinder besitzt und ich seinem Einsatz grundsätzlich positiv gegenüberstehe. Ich vertrete jedoch – wie viele andere – die Auffassung, dass er EIN Werkzeug unter vielen anderen ist – EIN Medium unter anderen – und dass sein Einsatz auf keinen Fall überbewertet werden darf. Eine kritische Haltung gegenüber einer Computerisierung des Unterrichts ist deshalb angebracht.

5. Baustein:

Sozial handeln, systemisch denken – Miteinander und voneinander lernen, Eltern einbinden

Insbesondere für die *Selbstkonzeptentwicklung* sind die sogenannten „bedeutsamen Anderen" von großer Wichtigkeit. Aber wer sind diese „bedeutsamen Anderen"?

In erster Linie, das bestätigt die wegweisende Untersuchung von Petillon (1993), sind die Beziehungen zu Gleichaltrigen in der Schulanfangsphase von überwältigender Bedeutung, zumindest im Vergleich zur Beziehung zur Lehrkraft. Die Mitschüler sind entscheidend für die Gefühlslage und das Wohlbefinden im schulischen Alltag. Auch für den Lernprozess sind die Gleichaltrigen eminent wichtig. Mit ihnen werden Wissensbestände ausgetauscht, kritisch diskutiert und oft ein „common sense" gebildet. Um wie viel leichter Kinder das Gespräch mit Ihresgleichen anstatt mit der Lehrerin aufnehmen, ist oft zu beobachten. Sie sind diejenigen, mit denen *soziale Ko-Konstruktionen* stattfinden können, die beim Lernen helfen.

Der Lehrkraft kommt die Aufgabe zu, einen „sozialen Raum" zu schaffen, in dem Gruppenbildungen zwanglos und diskret ablaufen, Sozialformen ausprobiert, soziale Erfahrungen gemacht und reflektiert werden können. Diese Erfahrungen sind aber nicht alleine Selbstzweck, sondern sinn-volles Tun, da sie an der Sache Schriftspracherwerb festgemacht sind.

Auch die ökosystemische Sichtweise von Schule (vgl. Käser 1993) macht deutlich, dass der Lehrer nur eine Systemkomponente neben vielen anderen ist und monokausale Erklärungen für Misslingen oder Gelingen von Erziehungsaufgaben zu kurz greifen. Das Lerngeschehen im Anfangsunterricht ist so komplex und stark an Vorerfahrungen gebunden, dass das Beobachtungsfeld des Lehrers ausgedehnt werden muss. Die ökosystemische Sichtweise von Entwicklung fordert u.a., dass alle wichtigen Personen des sozialen Gesamtgefüges betrachtet werden müssen, und auch die Familie, speziell die Eltern, mit einbezogen werden sollten.

Barbara Bota berichtet von ihren positiven Erfahrungen im Bereich **„Soziales Lernen: Wir lernen miteinander und voneinander“**. Sie bezeichnet Kooperationsfähigkeit als Schlüsselqualifikation und zeigt, warum und wie sie gerade in der vorliegenden Konzeption von Schulbeginn an gefördert werden kann.
Nicht nur das Miteinander unter den Kindern ist wichtig, sondern auch das Miteinander mit den Eltern. **Jutta Hertlein-Maier** stellt in ihrem Beitrag über die **„Zusammenarbeit mit den Eltern“** vor, wie die Eltern für die „Sache“ gewonnen werden können.

Soziales Lernen: Wir lernen miteinander und voneinander

(Barbara Bota)

Es ist Mittwoch, 8.30 Uhr. Fünf Kinder sitzen auf dem Teppich und spielen Memory. Drei malen. Ein Junge und zwei Mädchen sind mit dem Lernprogramm am Computer beschäftigt. Andere sind ganz in ein Puzzle vertieft. Einige haben auf den Gruppentisch Stofftiere hingesetzt und spielen. Jemand hat die Idee, eine Geschichte vom Bären aufzuschreiben und sie dann vor der Klasse vorzuspielen. Als diese fertig ist, organisieren die Kinder die „Bühne". Ein paar sitzen auf Bänken, andere auf Stühlen, jeder ist gespannt und es ist selbstverständlich, dass so etwas in der Schule spontan geschieht.

Abb. 70: „Vollversammlung"

Eine Kollegin, die nach den Prinzipien des Schriftspracherwerbs im entwicklungsorientierten Unterricht arbeitet, berichtet über ihre Erfahrungen im Schullandheim: Überrascht und erfreut war sie von der Eigenständigkeit, dem Einfallsreichtum, der Zusammenarbeit und der Konfliktfähigkeit der Schüler. Für die Lehrkraft bedeutet es, nicht selber rund um die Uhr im Einsatz zu sein und zu „machen", sondern auch einmal Zeit zu haben, zur Ruhe zu kommen. Dieser Wechsel vom Einhalten nötiger, verbindlicher Planung und der Möglichkeit wieder loszulassen, den Schülern zuzutrauen, dass sie selbst Entscheidungen treffen fördert ein spannungsfreieres Zusammenleben.

Sozialformen spielerisch einüben

In den Lehrplänen wird auf die Bedeutung der Sozialformen (Partner- und Gruppenarbeit, Spiel, Rollenspiel, Kreisgespräch) hingewiesen. Ihre Verwirklichung war schon immer erstrebenswert, setzt jedoch pädagogische Freiräume voraus.
Im entwicklungsorientierten Unterricht steht mir zur Einübung der Sozialformen mehr Zeit zur Verfügung. Auch das Spiel bekommt einen höheren Stellenwert. Es macht Freude festzustellen, wie schnell und spielerisch sich die Kinder in der Schule einleben. Die Eingewöhnungszeit verkürzt sich und der Anschluss an die Klassengemeinschaft wird erheblich erleichtert. Im offenen Unterricht mit Freiräumen und Freiarbeit werden die Kinder schnell daran gewöhnt, selber Initiative zu ergreifen, Verantwortung für ihr Tun zu übernehmen und sich dadurch vom Lehrer unabhängiger zu machen. Sicher ist mehr Flexibilität und Kreativität von mir verlangt und viel Geduld. Nur steht das in keinem Verhältnis zu dem, was ich dafür bekomme: Die eingefahrenen Muster, die täglich abschätzbare Routine, die sich ständig wiederholenden Reaktionsweisen der Kinder sind zu einer völlig anderen Art und Weise des Unterrichtens und Erlebens des Schulalltags geworden. Die Schüler und ich fühlen uns wohl in der Schule und der Umgang miteinander ist vertrauensvoller, angstfreier und somit ein guter Ausgangspunkt für die weitere Schullaufbahn und die Persönlichkeitsentwicklung.

Sich Zeit nehmen

Sich Zeit zu nehmen für den anderen ist eine Grundvoraussetzung für erfolgreiches soziales Lernen. Heutzutage sind eher die rasche Überwindung einer Fragehaltung, das Bescheidwissen, die Fertig- und Schnellinformation gefragt. Sich auf das Prinzip der Gegenseitigkeit einzulassen, braucht Zeit. Dem individuellen Entwicklungs- und Leistungsstand des Einzelnen wird jetzt somit Rechnung getragen. Es erfordert am Anfang Geduld, abzuwarten, bis jeder den Zugang zu den jeweiligen Entfaltungs- und Lernmöglichkeiten gefunden hat. Einigen gelingt es schneller, andere müssen sich erst daran gewöhnen, dass sie selbstbestimmt und gemeinsam lernen sollen und dürfen. Irgendwann kommt jeder zu der Einstellung und Überzeugung: Es macht Spaß, selbstständig und eigenverantwortlich zusammen mit anderen zu spielen und zu arbeiten. Die Kinder genießen es regelrecht, nicht gedrängt und ermahnt zu werden, sowohl freiwillig das anzupacken, was für ihr individuelles Weiterkommen wichtig ist, als auch ihre Unternehmungen gemeinsam zu regeln.

Kooperationsfähigkeit – eine Schlüsselqualifikation

Das zentrale Ziel dieser neuen Art, den Kindern das Lesen und Schreiben beizubringen, liegt nicht in erster Linie darin, technische Fertigkeiten zu vermitteln, sondern in der Förderung der Kooperationsfähigkeit, die eine Schlüsselqualifikation für die Bewältigung der vielfältigen Aufgabenbereiche des Lebens überhaupt ist. Die Kinder sollen die Fähigkeit und Bereitschaft entwickeln, mit anderen zusammenzuarbeiten.

Abb. 71: Gemeinsames Suchen im Setzkasten, um eine Geschichte zu drucken

Im Vordergrund steht die Entwicklung von Verhaltensweisen und Umgangsformen, die zur Gruppenfähigkeit hinführen sollen. Das beginnt mit der Partnerarbeit und mit dem Bewusstsein: Ich bin ein Mitglied der Klassengemeinschaft und unser gemeinsames Ziel ist, lesen, schreiben und rechnen zu lernen.

Das Leben in einer Gemeinschaft muss rechtzeitig geübt werden. Die Kinder lernen einerseits bald, sich nicht nur unterzuordnen, sondern tatsächlich auch eigene Interessen und Wünsche anzumelden und diese durchzusetzen. Andererseits erfahren sie die Notwendigkeit, aufeinander Rücksicht zu nehmen, sich an bestimmte Regeln zu halten, miteinander sachliche und persönliche Probleme zu lösen, Hilfe anzunehmen und zu geben, um dann letztendlich zu erkennen, dass es Freude macht, eine Aufgabe gemeinsam zu lösen. Den

eigenen Impulsen folgend gelangen die Kinder zu verblüffenden Ergebnissen. Ihre Ideen und Lösungsansätze widersprechen oft der üblichen Vorgehensweise.
Zu Beginn des Schuljahres ist es nötig, in ausreichendem Maß Spiele zum gegenseitigen „Kennen lernen“ vorzubereiten und gemeinsam Unterrichtsgänge, Spielplatzbesuche etc. zu unternehmen, um auch mit den Kindern etwas Gemeinsames zu tun, die noch nicht zum Freundes- und Bekanntenkreis gehören. Diese „Kooperationsspiele“ sind gut geeignet, um die Grundlage zu schaffen flexibler und spontaner mit allen zusammenzuarbeiten, für sich selbst und für andere zur Mitteilungsbereitschaft, zur persönlichen Offenheit und zur Akzeptanz der Verschiedenheit und Andersartigkeit sensibilisiert zu werden.
Soziales Lernen ist ein fächerübergreifendes Ziel. So bietet z.B. auch der Sportunterricht die Möglichkeit durch das Zufallsprinzip Gruppen zu bilden. Gerade Kinder, die sonst nie miteinander in Kontakt treten, können auf diese Weise feststellen, dass sie einem Vorurteil aufgesessen sind.

Spontane Gruppenbildungen anregen

Aufgrund der offenen Lernsituation in meinem Unterricht, die zu einer spontanen Gruppenarbeit anregt, sind von Anfang an Möglichkeiten geschaffen, die soziale Beziehungsfähigkeit zu entwickeln und zu fördern. Eine spontane Gruppenbildung wird von Kindern selbst gestiftet und nicht von Erwachsenen organisiert. Die Zusammengehörigkeit ist freiwillig und die Kinder regeln ihre Angelegenheiten weitgehend ohne Aufsicht und Eingriffe Erwachsener. In diesen Gruppen bestehen keine formalisierten Zugangsregeln. Sie teilen sich freiwillig zu einem bestimmten Zeitpunkt eine gemeinsame Aufgabe. Das Augenmerk bzw. der Beweggrund liegt in erster Linie auf dem Lernangebot oder der jeweiligen Zielsetzung, unabhängig von den Gruppenmitgliedern. Obwohl die Kinder nicht bestimmten Anweisungen folgen müssen, sind dennoch Regeln erforderlich, die sich im Umgang miteinander ergeben.

Gemeinsam Konflikte bewältigen und Konflikten vorbeugen

Die Fähigkeit und Bereitschaft Konflikte konstruktiv zu lösen, sind wichtige Ziele sozialen Lernens. Im zusammenwirkenden Unterricht werden Themen zur Konfliktbewältigung miteinander diskutiert und Lösungsansätze herausgearbeitet. Eine zentrale Spielregel ist das Prinzip der Gegenseitigkeit. Kinder verfügen über die Fähigkeit, Vorstellungen von gerechter Verteilung zu

akzeptieren und zu realisieren. Dies zeigt sich u.a. beim Zugang zu knappen und attraktiven Spiel- und Arbeitsmitteln (wie z.B. dem Computer), der nicht immer konfliktfrei geregelt wird. Hier kann zwar durch organisatorische Maßnahmen, wie z.B. durch die Einteilung von Symbolkarten, die abgezählt sind, oder der Anzahl der Computer o.ä. versucht werden vorzubeu-gen. Ziel der Sozialerziehung ist es jedoch, die Kinder zu befähigen, auftretende Probleme weitgehend untereinander zu lösen, ohne durch „Petzen“ dem Lehrer diese Aufgabe zu übertragen.
Eine wichtige Bedingung ist die Bereitschaft des Lehrers, auf diese selbstständige Art der Konfliktlösung einzugehen und sie zu fördern. Dazu gehört, die Kinder als Persönlichkeiten ernst zu nehmen und Sozialereignisse umfassend und sensibel zu betrachten. Der richtige Umgang miteinander wird nur durch ernsthaftes Einlassen auf problembeladene Situationen gelernt. Die Vermeidung von Konflikten, die manche Lehrkräfte zu schnell anstreben, ist nicht immer dienlich. Die Kinder sollen lernen „mit dem Mund“ zu streiten. Das Anbahnen konstruktiven Konfliktlöseverhaltens kann durch vorbeugende Maßnahmen unterstützt werden. So sind z.B. Entspannungsspiele und Lockerungsübungen Hilfen bei körperlichen und seelischen Verspannungen. Auch Rollenspiele und Gespräche mit den Eltern sind förderlich. Außerdem erscheint das „Streitschlichterprogramm“ als eine Möglichkeit zur Konfliktbewältigung. Kinder der dritten und vierten Klasse werden ausgebildet und überlegen sich gemeinsam Problemlösungen.

Experten helfen

Abb. 72: Voneinander und miteinander Lernen

Es gibt Schüler, die mit Lernspielen, den Computerlernprogrammen, der Druckerei usw. schneller zurecht kommen und als Multiplikatoren für die anderen von Bedeutung sind. So können die Kinder technisch-organisatorische Abläufe durch Zuschauen und Nachmachen lernen. Oft wirkt sich die Begeisterung, die die Kinder beim Austüfteln eines Spiels zeigen, auf die anderen aus und regt sie zum Mitmachen an. Neid und Missgunst bekommen hier keine „Nahrung". Jeder wird früher oder später „Experte".

Individuelle Persönlichkeitsentwicklung als Voraussetzung für soziales Lernen

Aufbau von Selbstständigkeit

Im Rahmen einer nach optischen, akustischen und taktilen Gesichtspunkten geordneten Lernumgebung organisieren die Kinder zum größten Teil ihre Arbeit selbst. Sie wählen und entscheiden, in welchem Teilgebiet sie arbeiten möchten. Einschränkungen ergeben sich bei der Wahl der Arbeit an den Computern, bei der jeder die Möglichkeit haben muss, zum Zuge zu kommen. Auch die Benutzung der Druckerei erfordert die Einhaltung einer technischen und zeitlichen Abfolge.

Aufbau des Selbstwertgefühls

Jedes Kind hat seinem individuellen Entwicklungsstand und seiner Begabung entsprechend die freie Entscheidung, in welchem Tempo und in welchem Bereich es lernen und arbeiten möchte. Einer Über- oder Unterforderung wird dadurch entgegengewirkt. Beim „Schreiben" findet zunächst keine Korrektur oder Fehlersuche statt. Erst viel später erfolgt lediglich der Hinweis auf die „Bücherschrift". Die Schüler dürfen Fehler machen. Somit werden das Selbstwertgefühl und eigenverantwortliches Handeln begünstigt und der Aggressionspegel gesenkt. Unterstützend wirkt auch die Erweiterung des Spielraums im System Schule. Dadurch, dass es für alle Schüler ein „eigenes Lernen" gibt, sie vieles können dürfen und nicht alles können müssen, werden Kreativität und eigene Entfaltungsmöglichkeiten gefördert.

Aufbau von Selbstvertrauen

Kinder sind häufig sehr ichbezogen und wenig rücksichtsvoll. Einige Schüler verhalten sich dominant und wollen nicht auf ihre „Macht" verzichten. Schwächere ordnen sich unter und sind verunsichert. Selbstvertrauen aufzubauen ist schwierig, wenn die Kinder gehänselt und ausgeschlossen werden. Persönlichkeitsentwicklung setzt aber Erfolgserlebnisse und Könnenserfahrungen voraus. Gerade sozial ängstliche Kinder brauchen hier die Unterstützung der Lehrkraft. Voraussetzung dafür ist ein pädagogisches Verständnis von Leistungserziehung, das Leistungsfähigkeit nicht voraussetzt, sondern es sich zur Aufgabe macht sie zu entwickeln und dafür auch einen gemeinschaftlichen Rahmen zu schaffen. Spiele und gemeinsame Unternehmungen können die Erfahrung vermitteln, dass gemeinsame Erfolgserlebnisse etwas Schönes und Wichtiges sind. Kinder erzählen von freudigen Ereignissen, wenn gemeinsame Spiele in der Gruppe zustande kommen.

Meine veränderte Lehrerrolle

Ich habe die Erfahrung gemacht, dass diese Art des Unterrichtens sehr viel Rücksicht auf die geistig-seelischen Belange nimmt. Das Miteinander ist erheblich spannungsfreier und entspannter geworden. Da nicht der schulische Leistungsvergleich im Vordergrund steht, sondern das selbsttätige Lernen und Arbeiten um der Sache willen, sind das Gehänselt- und Verpetztwerden von schwachen Schülern erheblich zurückgegangen. Kinder, die in der Schule weniger erfolgreich sind, dienen ansonsten oft als Zielscheibe.
Selbsttätiges Lernen lässt auch weniger Konflikte durch Verstöße gegen Vorgaben und Anweisungen entstehen. Ebenso reduzieren sich Störungen auf Grund von Langeweile oder Hilflosigkeit. Die Erziehungsprobleme nehmen ab. Dadurch bin ich sehr entlastet und kann meine Energie in gewinnbringendere Aktionen einfließen lassen. Ich bin auch nicht zu hartem Durchgreifen gezwungen und kann stattdessen einfühlsam und verständnisvoll handeln. Dadurch bin ich weniger durch Schuldgefühle belastet. Ich kann Vertrauen in die Kinder setzen und die Selbstverantwortlichkeit fördern. Die Arbeit in der Gruppe gelingt besser und die Angst, den schulischen Anforderungen nicht gerecht zu werden, nimmt ab. Die Kinder zum selbstbestimmten Denken und Handeln zu führen, bedeutet für den Lehrer auch, sich in Geduld und Abwartenkönnen zu üben. Es lohnt sich!
Die Klasse, mit der ich zwei Jahre in diesem Sinne gearbeitet habe, unterrichtete ich auch in der dritten Jahrgangsstufe einige Stunden in Mathematik. Was mir besonders auffiel, war die Bereitschaft, sich den Herausforderungen zu stellen. Den Ausspruch: „Das lerne ich nie! Das ist viel zu schwer!" erlebte ich nicht. Die Kinder haben die Erfahrung gemacht: Es geht! Ich brauche Geduld. Es gibt viele Möglichkeiten ein Problem zu lösen. Ich werde nicht ausgelacht, wenn ich einen Fehler mache, oder etwas nicht gleich kann. Es ist in Ordnung, wenn ich mir helfen lasse. Im Gegenteil, es macht Spaß miteinander eine Aufgabe zu lösen. Außerdem bereitete es mir Freude zu sehen, welchen Einfluss diese Erfahrungen auf die Persönlichkeitsentwicklung nahmen und in welchem Maße das spontane Selbstständigkeitsstreben der Kinder gefördert wurde.

Soziales Lernen im entwicklungsorientierten Unterricht wirkt über das Schulleben hinaus

Die sozialen Erfahrungen der Kinder im entwicklungsorientierten Unterricht wirken sich auf das gesamte Schulleben aus. Bei uns treffen sich z.B. regelmäßig Klassen in der Turnhalle, um etwas vorzuspielen u.ä. Dadurch besteht die Möglichkeit, die Klassengemeinschaft gegenüber anderen zu öffnen, etwas weiterzugeben und klassenübergreifende Kontakte zu knüpfen. Die dritten Klassen haben sich bereit erklärt, für Schulanfänger Patenschaften in der Pause zu übernehmen. Beim Erstellen eines gemeinsamen Geburtstagskalenders haben mehrere Klassen mit einer Diagnose- und Förderklasse zusammengearbeitet und sich gegenseitig geholfen.
Auch das Familienleben hat sich geändert. Die Eltern können und dürfen nicht mehr mit dem Kind nach dem Buch zu Hause üben. Dadurch sind sie auf der einen Seite entlastet, auf der anderen Seite verunsichert, weil die übliche Kontrollmöglichkeit fehlt. Am Ende jedoch sind sie sehr überrascht über die Wirkung dieser neuen Methode. Sie erzählen, dass ihr Kind recht selbstständig und selbstbewusst geworden ist. Der Umgang mit den Geschwistern ist kooperativer und friedlicher geworden, da sie andere Konfliktlösungsmöglichkeiten kennen gelernt haben. Am Nachmittag wird freiwillig und gern zusätzlich für die Schule gearbeitet. Die Stapel von Briefen, die an die Stofftiere, an mich etc. geschrieben werden, sprechen für sich. Wenn ein Schüler krank ist, schreiben einige sofort ein paar Zeilen, wodurch sie ein Gefühl der Anteilnahme und Verbundenheit vermitteln. Auch das Verhalten auf dem Pausenhof hat sich geändert. Die Schüler sind immer mehr in der Lage, persönliche Angelegenheiten selbst zu regeln. Die Fähigkeit und Bereitschaft, sich verständlich zu machen und andere zu verstehen, ist erheblich gestiegen.

Entwicklungsorientierter Unterricht kann eine Atmosphäre schaffen, in der es sich „sozial" zusammenleben und lernen lässt. Diese Erfahrungen sind für die Persönlichkeitsentwicklung der Kinder unersetzlich und haben langfristige Folgen für ihr Handeln. Sie lernen spielerisch Verhaltensweisen, die ihnen später als Erwachsene ermöglichen, ihr Leben autonomer und verantwortungsbewusster zu führen.

Zusammenarbeit mit den Eltern

(Jutta Hertlein-Maier)

Schülerwünsche: Die Klasse 1a am Schuljahresanfang

31 Buben und Mädchen sitzen erwartungsvoll auf ihren Stühlen, manche zaghaft, einige sogar ängstlich, der eine oder andere aber auch recht selbstbewusst und voller Zuversicht. Sie alle haben eine ganz persönliche Vorstellung von dem, was in den kommenden Wochen und Monaten auf sie zukommt. Eines haben sie alle gemeinsam, davon bin ich fest überzeugt: Sie wollen zeigen, was sie schon können, aber sie wollen auch etwas lernen, *etwas Neues* lernen.

Da ist Christopher mit der Erwartung, dass er in der Schule etwas über Planeten und das Weltall erfahren wird – und mit der Enttäuschung, dass in keinem der Schulbücher, die er bisher in die Hand bekommen hat, darüber etwas zu finden ist. Da ist Demet, die erst seit zwei Jahren in Deutschland lebt und die meiste Zeit davon mit den Großeltern zusammen ist, die nur türkisch mit ihr sprechen. Da ist Regina, die uns in der ersten Schulwoche bereits aus ihrem Lieblingsbuch eine kurze Geschichte vorliest, und da ist Emilio, der sein Namensschildchen im Federmäppchen versteckt hat, damit er es immer wieder als Vorlage verwenden kann, wenn er seine Hefte und Blätter beschriften soll.

Abb. 73: Ich wünsche mir... (Schülertexte)

Da sind 31 Kinder, mit völlig unterschiedlichen Voraussetzungen, Wünschen und Bedürfnissen.
Was sie sich von der Schule erwarten, haben sie mir auf eine Kassette gesprochen, z.T. aber auch schon aufgeschrieben.

Elternwünsche: Die Klasse 1a am Schuljahresanfang

Natürlich interessieren mich – nicht nur am Schuljahresanfang – auch die Wünsche der Eltern für ihre Kinder und die Erwartungen, die sie an die Schule haben. Nachdem ich sie beim ersten Elternabend, gleich in der ersten Schulwoche mit den Tonbandaufnahmen und den ersten Schreibversuchen ihrer Kinder zu diesem Thema konfrontiert habe, bitte ich sie, mir aufzuschreiben, was sie sich von der Schule erhoffen.
„Ich wünsche mir, dass mein Kind gerne in die Schule geht, ...mit Spaß und Freude lernt, ...positive Erfahrungen macht, ...Wissen erwirbt, ...Gemeinschaft als gewinnbringend erlebt, ...lernt, seine Schwächen und Stärken zu entdecken und angemessen damit umzugehen, ...über Schwierigkeiten und Probleme sprechen kann, ...in seinem Selbstvertrauen gestärkt wird."
Damit sind nur einige Punkte angesprochen, die die Eltern beim Schuleintritt ihrer Kinder bewegen. Es fällt uns leicht, für die Kinder gemeinsame Ziele für die kommenden zwei Schuljahre zu definieren.
Auch ich möchte nicht nur Wissensvermittlerin sein. Die soziale und emotionale Komponente sollen in meinem Unterricht eine große Rolle spielen.

Der Mensch hat verschiedene Stufen, die er durchlaufen muss, und jede Stufe führt ihre besonderen Tugenden und Fehler mit sich, die in der Epoche, wo sie kommen, durchaus zu betrachten und gewissermaßen recht sind.
Johann Wolfgang von Goethe

Dass jedes der Kinder zu Beginn eines ersten Schuljahres einen sehr individuellen Leistungsstand aufweist, muss den Eltern nicht verdeutlicht werden.
Die Mama von Kristina hat das Gefühl, sie müsste sich entschuldigen dafür, dass ihre Tochter ganz von alleine lesen gelernt hat. Natürlich macht sie sich Sorgen, dass Kristina sich jetzt in der Schule langweilt. Aber auch die Eltern von Oguz machen sich Gedanken, ob er nicht durch mangelnde Deutschkenntnisse benachteiligt ist.
Beide Elternpaare wünschen sich ganz selbstverständlich von mir, dass ich die besondere Situation ihrer Kinder berücksichtige.

Mir ist es sehr wichtig, all diese Sorgen und Befürchtungen zu kennen und zu respektieren. Nur wenn ich sie ernst nehme und darauf eingehe, kann ich eine vertrauensvolle Zusammenarbeit erreichen.

Den Eltern ein Verständnis für die Hürden vermitteln, die die Kinder auf dem Weg in die Schriftsprache überwinden

Um den Eltern zu zeigen, dass trotz der scheinbar völlig unterschiedlichen Voraussetzungen doch auch Gemeinsamkeiten in der Entwicklung festgestellt werden können, ist es mir wichtig, in einem kurzen Referat die Phasen der Schriftsprachentwicklung zu beschreiben und mit Verschriftungsbeispielen aus dem Unterricht zu veranschaulichen.

Abb. 74: „Frau Hertlein-Maier; Sonne,...; Blatt, Lutscher; Torte; Ich habe Fernsehen geschaut."

Wir Erwachsene haben oft den falschen Eindruck, dass wir beim Sprechen einzelne Laute aneinanderreihen und beim Zuhören diese einzelnen Laute nacheinander wahrnehmen. Aber die Lautanalyse ist deshalb so schwierig, weil die Laute beim Sprechen miteinander verschmelzen.

Da ich einen Einblick ermöglichen möchte, welche Leistungen ihre Kinder erbringen müssen, um die Schriftsprache zu erwerben, bitte ich die Eltern bei einem kleinen Experiment mitzumachen.
Sie hören ein sehr einfaches, kurzes Musikstück und erhalten den Arbeitsauftrag, die beteiligten Musikinstrumente herauszufinden und in der Reihenfolge ihres „Auftretens“ zu notieren.
Was den Eltern dabei sehr deutlich wird ist, dass sie nur die Instrumente benennen können, die sie kennen und eindeutig in ihrem Klang unterscheiden können. Auch die Reihenfolge der einzelnen Instrumente ist nur sehr schwer zu ermitteln, da auch hier die Töne miteinander verschmelzen.
Ich versuche mit diesem Beispiel, den Eltern zu verdeutlichen, wie schwer es für ihre Kinder ist, alle – noch dazu nicht immer eindeutigen – Phonem-Graphem-Zuordnungen zu beherrschen, ähnlich klingende Laute innerhalb eines gehörten Wortes zu unterscheiden, und eine Lautkette vollständig aufzuschreiben.

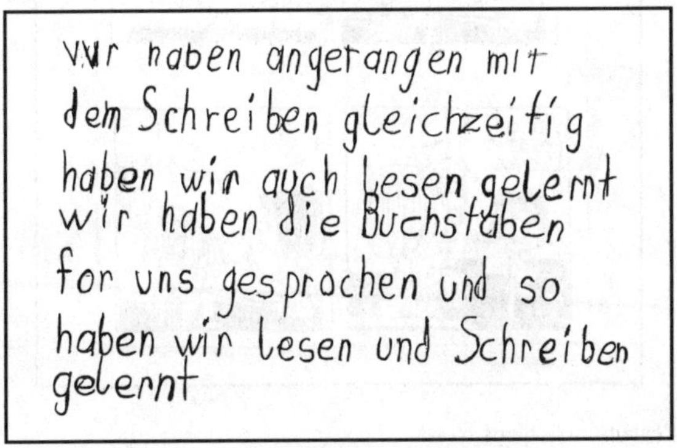

Abb. 75: wir haben angefangen mit dem Schreiben gleichzeitig haben wir auch lesen gelernt wir haben die Buchstaben for uns gesprochen und so haben wir lesen und schreiben gelernt (Text von Conny)

Mit einer für Erwachsene veränderten Lauttabelle (Reichen 1988), in der die Buchstaben durch willkürliche buchstabenähnliche Symbole ersetzt wurden, probieren die Eltern selbst aus, wie Wörter bzw. Sätze verschriftet werden. Sie erkennen, welche Anstrengungen ihre Kinder dafür aufwänden müssen, welches Durchhaltevermögen und welche Konzentration sie dafür brauchen. Sie machen aber auch die Erfahrung, dass eigenaktives Lernen so möglich ist und durchaus mit Freude verbunden sein kann.

Dass Schreiben- und Lesenlernen bei dieser Methode keine isolierten Vorgänge sind, wird den Eltern dabei auch deutlich.

Den Eltern eine neue Sicht auf die Fehler ihrer Kinder vermitteln

Abb. 76: Die Peanuts zu Fehlern...

„Wir haben schon gehört, bei Ihnen dürfen die Kinder immer schreiben, wie sie wollen." Dieses Vorurteil setzt sich leicht in den Köpfen von Eltern fest. Die Sorge, die damit verbunden ist, ist durchaus verständlich. Was sie aus ihrer eigenen Schulzeit und von älteren Geschwisterkindern kennen, ist ein Rechtschreibunterricht, bei dem „Fehler" weitgehend vermieden wurden. Mit dieser neuen Methode erscheint es zunächst so, als würden diese Fehler keine Beachtung mehr finden, nicht korrigiert werden.

Es fällt den Eltern nicht leicht, die ersten spontanen Verschriftungen ihrer Kinder als großartige Leistungen anzuerkennen. Ebenso viel Überzeugungsarbeit kostet es, deutlich zu machen, dass zu früh einsetzende Korrekturen

die Kinder unter Umständen erheblich in ihrer Ausdrucksfreude hemmen würden, dass ich als Lehrerin den Entwicklungsstand der Kinder keinesfalls so deutlich erkennen könnte, um individuelle Hilfen beim Erlernen des Schreibens anbieten zu können, und dass es notwendig ist, den Kindern das Verweilen in den einzelnen Entwicklungsphasen des Schriftsprachwerwerbs zu ermöglichen.
Mir ist deshalb ganz besonders wichtig, bereits beim ersten Elternabend deutlich zu machen, welche Entwicklungsstufen die Kinder beim Erlernen des Lesens und Schreibens durchlaufen, dass ich auch ohne sichtbare Korrekturzeichen, die Entwicklung ihrer Kinder genau beobachte, dass sehr wohl ein Rechtschreibunterricht stattfindet und dass er bereits in den ersten Schulwochen einsetzt.

Rechtschreib-Einsichten von Anfang an

Zu diesem Zweck liegt die stark vergrößerte Lauttabelle auch für den Elternabend in der Mitte unseres Klassenzimmers auf dem Fußboden. Ich erzähle den Eltern, wie ihre Kinder ganz selbstverständlich die Kuscheltiere und Spielsachen, die sie in den ersten Schulwochen noch immer von zu Hause mitbringen, und auch Gegenstände aus dem Klassenzimmer, den Bildern der Lauttabelle zuordnen.
Ich berichte von den ersten Schultagen, in denen wir sowohl mit den Namensschildern der Kinder als auch mit den Bildern der Lauttabelle viel gearbeitet haben. Alle Kinder können längst ihr eigenes Namensschild dem richtigen Anlaut zuordnen. Hierbei ergeben sich bereits die ersten Rechtschreibbesonderheiten.
Wir haben in unserer Klasse eine Corinna und eine Carmen, aber auch eine Karolina und einen Karl. Wir hören genau auf die Anlaute und erkennen keinen Unterschied. Trotzdem haben die Namen unterschiedliche Anfangsbuchstaben. Zunächst einmal staunen wir nur darüber, und ich bitte die Kinder von Zuhause Gegenstände mitzubringen, bei denen sie den /k/-Laut am Anfang hören. Am nächsten Tag werden diese Gegenstände natürlich mit meiner Hilfe geordnet. Wir stellen fest: Nur eine Cola-Dose und eine Clown-Puppe passen zum „Cc"-Bild. Alle anderen mitgebrachten Sachen gehören zum „Kk". An dieser Stelle taucht schon die Vermutung auf. Meistens brauchen wir das <k>, wenn wir diesen Laut hören. <c> brauchen wir vielleicht (?) nur für Kindernamen. Zur Sicherheit schauen wir in unser Grundwortschatzheft und stellen fest: Im Grundwortschatz der ersten und zweiten Klasse gibt es keine „C-Wörter", aber zwei Seiten mit „K-Wörtern". Aber selbst damit geben wir uns noch nicht zufrieden. Auch im Duden der dritten und

vierten Klassen zählen wir die Seiten der „C“- und der „K-Wörter“. Es wird ganz deutlich, dass die „C-Wörter“ sehr viel weniger sind. Ich lese den Kindern einige davon vor. Computer, Cabrio, Comic, Cowboy und ich lese ihnen im Vergleich dazu von den „K-Seiten“ vor Käfer, Kaffee, Käfig. Sie finden die „C-Wörter“ (nicht alle) außerirdisch und die „K-Wörter“ normaler, und sie treffen die Entscheidung: Wenn ich nicht ganz sicher bin, ob ich ein <c> oder ein <k> am Wortanfang verwenden will, dann nehme ich das <k>, weil es einfach häufiger vorkommt und die Wahrscheinlichkeit, dass es „richtig“ ist, größer ist.

Ein Springseil ist unser nächster Rechtschreibfall: Regina bringt es aus der Pause zurück und legt es zum „S“ (weil „Seil“ mit <s> anfängt). Christine denkt gründlich nach, nimmt das Seil, und legt es zum „Sch“. (Schließlich ist es ein „Springseil“.) Hier bleibt das Springseil eine ganze Weile liegen, bis Daniel auffällt, dass auf unserer Lauttabelle auch ein <sp> für „Spinne“ ist und er erkennt: Springseil fängt an wie Spinne. Wieder sammeln die Kinder Gegenstände bei denen sie den /sch/-Laut am Anfang hören. Wir ordnen sie gemeinsam und formulieren schließlich eine Regel: „Wenn wir nach dem „Sch“ auch noch ein „p“ hören, dann schreiben wir dieses Wort mit Sp!“

An dieser Stelle gibt es einen Aufschrei von Stefan, der nun endlich versteht, warum am Anfang seines Namens ein /sch/ zu hören, aber nicht zu sehen ist. Wir übertragen also unsere Regel auch auf Wörter mit <st>.

Diese konkreten Beispiele aus dem Unterricht berühren die Eltern emotional und überzeugen sie auch, dass ihre Kinder bereits in dieser frühen Phase des Schreibenlernens über Schriftsprache reflektieren und Rechtschreibregeln erarbeiten. Ich betone an dieser Stelle auch gerne, dass diese Denk-Arbeit eine viel höhere Anstrengung und damit auch Qualität hat, als das reine Abschreiben bzw. Auswendiglernen der Grundwortschatzwörter, dass all die Schreibversuche ihrer Kinder wertvoll sind und sie durch ihre Fehler oft mehr lernen, als mit vielen anderen – noch so gut gemeinten – Übungen.

Eine Bitte um vertrauensvolle Zusammenarbeit und eine Zusammenstellung von Tipps, wie die Eltern zu Hause ihren Kindern helfen können, beschließt den ersten Elternabend (siehe Abb. 77).

Die Kontakte zu den Eltern pflege ich aber weiterhin sehr intensiv. Immer wieder tauchen neue Sorgen und Bedenken auf. Viele Einzelgespräche sind notwendig, um die Fortschritte der Kinder zu zeigen, zu würdigen und auch zu dokumentieren. Weitere vertiefende Elternabende zum Thema Schriftspracherwerb müssen folgen.

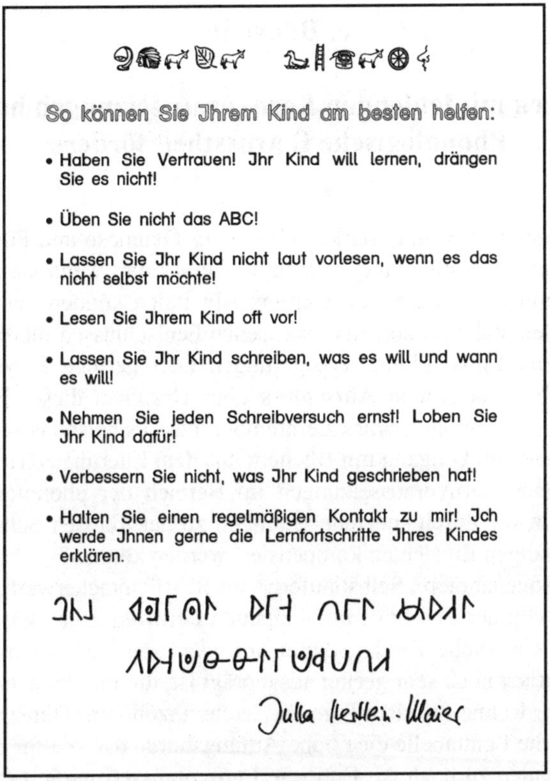

So können Sie Jhrem Kind am besten helfen:

- Haben Sie Vertrauen! Jhr Kind will lernen, drängen Sie es nicht!
- Üben Sie nicht das ABC!
- Lassen Sie Jhr Kind nicht laut vorlesen, wenn es das nicht selbst möchte!
- Lesen Sie Jhrem Kind oft vor!
- Lassen Sie Jhr Kind schreiben, was es will und wann es will!
- Nehmen Sie jeden Schreibversuch ernst! Loben Sie Jhr Kind dafür!
- Verbessern Sie nicht, was Jhr Kind geschrieben hat!
- Halten Sie einen regelmäßigen Kontakt zu mir! Jch werde Jhnen gerne die Lernfortschritte Jhres Kindes erklären.

Abb. 77: „So können Sie Ihrem Kind am besten helfen." – Dieser Gruß an die Eltern ist mit den Zeichen der Lauttabelle für Eltern von Reichen (1988) geschrieben.

Ich versuche in kurzen Abständen Treffen im Klassenzimmer anzubieten zum Thema Lesen, Rechtschreiben und vor allem auch zum Umgang mit Fehlern. Aber ich habe auch schon einige Bastelnachmittage mit Eltern erlebt. Besonders bei diesen Veranstaltungen erkennen die Eltern auch den Wert des Arbeitsmaterials. Die Befürchtung, wir würden im Unterricht immer nur spielen, wird dabei schnell ausgeräumt. Ich freue mich auch deshalb über Besuche der Eltern im Klassenzimmer, weil bei der Arbeit mit den Kindern oft eindrucksvolle „Ausstellungen" entstehen, die natürlich auch Besucher brauchen.

6. Baustein:

Kindern mit fehlenden Lernvoraussetzungen helfen – Phonologische Bewusstheit fördern

Entwicklungsmodelle sind „starke" Hilfen zur Diagnose und Förderung einzelner Kinder. Sie stellen aber auch eine Gefahr dar, wenn sie als alleinige Diagnosemaßnahme verstanden werden. Mit ihnen können keine Ursachen geklärt werden und das kann zu didaktischen Fehlschlüssen führen.
Diagnostizierte Entwicklungsverzögerungen oder geringe Entwicklungsdynamiken geben noch nicht Aufschluss über Ursachen dieser Erscheinung. Hat das Kind nur ein langsames Lerntempo, muss es beispielsweise fehlende Vorerfahrungen im Umgang mit Büchern aus dem Elternhaus nachholen oder liegen fehlende Lernvoraussetzungen im Bereich der phonologischen Bewusstheit vor, die durch spezielle Übungen zu den für den Schriftspracherwerb notwendigen Einsichten kompensiert werden können?
Neben den sogenannten „Selbstläufern" im Schriftspracherwerb, die nahezu unabhängig von der Lehrkraft ihren eigenen Lernweg gehen können, gibt es in jeder Klasse solche Kinder, deren *Sprachwissen* bzw. deren *phonologische Bewusstheit* noch sehr gering ausgeprägt ist, die Probleme haben, Silben zu klatschen, Reime zu identifizieren, Laute abzuhören. Ohne diese Fähigkeiten stellt die Lauttabelle eine hohe Anfangshürde dar, die für diese Kinder unter Umständen zu hoch ist. Da diese Lernvoraussetzung gut trainierbar ist und damit Lese- und Rechtschreibversagen vorgebeugt werden kann, scheint es unabdingbar, diesen „Risikokindern" gezielte und systematische Hilfe anzubieten.
Wenn der Lehrer mit Kindern phonologische Bewusstheit trainieren will, heißt das dann, dass man auf den Gedanken offenen Arbeitens verzichten muss? Die gesamte Diskussion um offenen versus geschlossenen Schriftspracherwerb kann zwar noch nicht als abgeschlossen gelten, unbenommen ist man sich aber inzwischen einig, dass sich mit extremen Ausprägungen einer Methode nicht gleichermaßen alle gewünschten Ziele bei allen Kindern erreichen lassen. Als logische Konsequenz wird eine „Mischung" gefordert. Unbeantwortet bleibt aber die Frage, wie eine solche „Mischung" aussehen soll. Die differenzierten Ergebnisse der Unterrichtsqualitätsforschung lassen aber vermuten, dass gegenseitiger Ergänzungsbedarf – hier entwicklungs-

orientierter Unterricht, dort Training phonologischer Bewusstheit – besteht, dass aber auf bestimmende „Charakterzüge" der Methodenvarianten nicht verzichtet werden sollte.

Julia Eger und **Maria Forster** ist es gelungen, zwei methodische Varianten, die schlechthin als „Gegenspieler" verstanden werden, in sinnvoller Weise zu kombinieren. Der Beitrag **„Die Mischung macht's: Offener Schriftspracherwerb mit Trainingsbausteinen zur phonologischen Bewusstheit"** enthält genaue Informationen über die Trainingsmaßnahme, zeigt aber auch die Kombinationsmöglichkeiten mit entwicklungsorientiertem Vorgehen auf. Der gemeinsame Gestaltungsgedanke für beide methodischen Varianten ermöglicht ein eng verzahntes Vorgehen. Bestätigt wird dieser kombinierte Ansatz durch ein kleines, aber überzeugendes empirisches Ergebnis.

Die Mischung macht's: Offener Schriftspracherwerb mit Trainingsbausteinen zur phonologischen Bewusstheit

(Julia Eger/ Maria Forster)

1 Wie kamen wir auf die Idee, offenen Schriftspracherwerb mit einem Training zur phonologischen Bewusstheit zu kombinieren?

Wir arbeiteten beide als wissenschaftliche Mitarbeiterinnen am Projekt „Phonologische Bewusstheit" der Universität Erlangen-Nürnberg mit. Die Untersuchungsergebnisse des Forschungsprojektes haben einerseits gezeigt, dass entwicklungsorientiertes Arbeiten allein die phonologischen Fähigkeiten der Kinder, deren Bedeutung unumstritten und wissenschaftlich belegt ist, nicht optimal fördern kann.
Andererseits konnten in der Gruppe, die ein Training zur phonologischen Bewusstheit erhielt, besonders die schwachen Schüler vom diesem Training profitieren und Rückstände in ihren phonologischen Fähigkeiten aufholen. Auch auf die Schreib- und insbesondere auf die Lesefähigkeiten der Schüler wirkte sich das Training positiv aus (vgl. Kirschhock, Martschinke, Treinies & Einsiedler 2002).
In diesem Zusammenhang beschlossen wir, als wir selbst in den darauffolgenden Schuljahren erste Klassen übernahmen, eine Verbindung von offenem Schriftspracherwerb, der Arbeit mit einer Lauttabelle und dem Training zur phonologischen Bewusstheit herzustellen und zu erproben.

2 Wie kann phonologische Bewusstheit in der Schule gefördert werden?

Im Rahmen des Forschungsprojektes zur phonologischen Bewusstheit wurde an den Lehrstühlen für Grundschulpädagogik und -didaktik der Universität Erlangen-Nürnberg ein Training zur phonologischen Bewusstheit in der Schule entwickelt (Forster & Martschinke 2001). Dieses Training setzt bereits zu Schulbeginn in der ersten Jahrgangsstufe ein und beinhaltet vielfältige Übungen sowohl aus dem Bereich der phonologischen Bewusstheit im engeren, als auch im weiteren Sinn. Das Training wurde zudem in einen tragfähigen und motivierenden Gestaltungsgedanken eingebunden, um die Motivation der Kinder auch über einen längeren Zeitraum und über schwierige Abschnitte des Trainings hinweg zu erhalten. Die Hexe Susi ist die Identifikationsfigur für die Schüler. Susi ist ein Hexenmädchen, das genauso wie die

Kinder unbedingt das Lesen lernen möchte. Sie kann sonst nämlich die Zaubersprüche im Hexenbuch nicht lesen, also nicht hexen. Auf ihrem Weg, das Lesen zu lernen, wird Susi von verschiedenen Figuren begleitet, die ihr helfen.
Im Anschluss an eine Trainings-Übersicht werden die einzelnen Bereiche des Trainings kurz beschrieben und exemplarisch einzelne Spiel- und Übungsformen dazu vorgestellt.

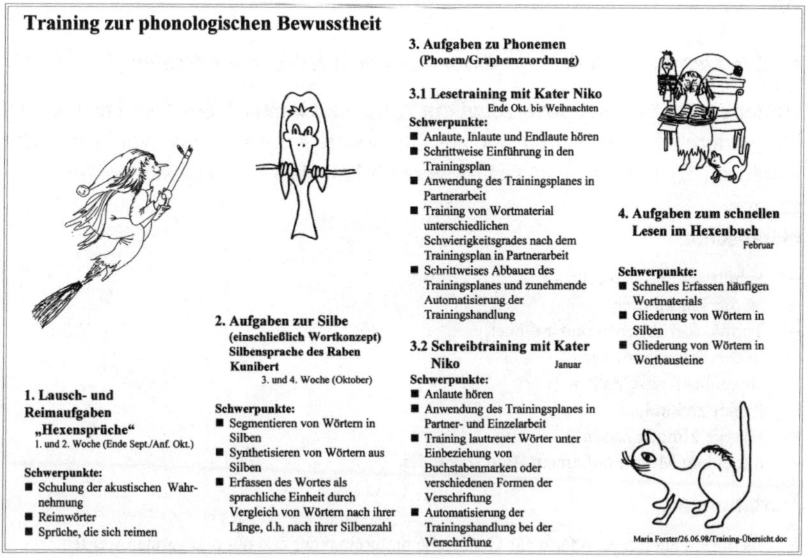

Abb. 78: Übersicht über das Training

Zu 1: Lausch- und Reimaufgaben

Das Hexenmädchen Susi ist traurig, weil sie nicht hexen kann. Sie kann es deshalb nicht, weil sie noch nicht lesen kann und damit auch die Hexensprüche im Hexenbuch nicht zu entschlüsseln vermag. Die Hexenoma gibt Susi den ersten Tipp. Susi soll zuerst das Reimen üben, denn alle Hexensprüche reimen sich schließlich.

Die Lausch- und Reimaufgaben lenken die Aufmerksamkeit der Kinder in spielerischer Form auf den Lautaspekt der Sprache. Sie fördern die phonologische Bewusstheit im weiteren Sinn.
Bei den Lauschaufgaben geht es darum, die Kinder für das Hören von Lauten und Geräuschen zu sensibilisieren. Mit den Reimaufgaben wird an Bekanntes angeknüpft. Viele Vorschulkinder können bereits reimen. Das Erkennen und Finden von Reimen macht ihnen in der Regel viel Spaß. Beim Reimen achten die Kinder zum ersten Mal auf die Form und nicht auf den Inhalt von Sprache.

- *Ein Geräusche-Spiel: Geräusche aus dem Hexenhaus erraten*

Hinter einem Sichtschutz erzeugt ein Kind ein Geräusch aus dem Hexenhaus. Die anderen Kinder hören mit geschlossenen Augen zu und versuchen das Geräusch zu erraten. Wer richtig geraten hat, darf das nächste Geräusch erzeugen.
Geräusche:

– Schlüsselbund bewegen
– an die Tür klopfen
– Topfdeckel abheben und auflegen
– in der Tasse umrühren
– Hexenbuch zuschlagen
– Papier zerknüllen
– Glocke klingen lassen
– mit einem Messer auf einem Brett schneiden

Variationen:

– Es dürfen auch zwei oder mehr Geräusche hintereinander erzeugt und geraten werden.
– Es wird zuerst eine Geräuschfolge erzeugt und geraten. Anschließend wird die Reihenfolge in der Geräuschfolge verändert. Die Kinder sollen benennen wie sie sich verändert hat.

- *Reimspiele mit Bildkarten*

Auf quadratischen, großen Bildern sind Abbildungen dargestellt, von denen immer zwei zusammen ein Reimpaar ergeben (Forster & Martschinke 2001, S. 28):

Haus	–	Maus	Hose	–	Dose	Turm	–	Wurm
Fluss	–	Nuss	Fisch	–	Tisch	Nase	–	Hase
Kuh	–	Schuh	Tasche	–	Flasche	Klee	–	See
Pferd	–	Herd	Mund	–	Hund	Dieb	–	Sieb
Puppe	–	Suppe	Knopf	–	Topf	Traube	–	Schraube
Tuch	–	Buch	Wecker	–	Stecker	Schlüssel	–	Schüssel
Berg	–	Zwerg	Bein	–	Stein			

- Seinen Partner finden
  Jedes Kind erhält eine Bildkarte und bewegt sich frei im Raum. Aufgabe ist es, das Kind zu finden, dessen Bildkarte zur eigenen Karte passt, d.h. dessen Bild das Reimwort zum eigenen Bild darstellt.
- Mein rechter Platz ist leer
  Die Kinder sitzen im Kreis. Ein Stuhl ist unbesetzt. Das Kind, das links neben dem freien Stuhl sitzt, spricht: „Mein rechter, rechter Platz ist leer, ich wünsch' mir das Reimwort zu ... (Bild, das das Kind hat) her." Das Kind, das das Bild des dazugehörigen Reimwortes in der Hand hält, setzt sich nun auf den freien Platz und spricht z.B. „Ene mene Haus, jetzt kommt die Maus." Nun ist das Kind an der Reihe, dessen rechter Stuhl frei geworden ist.

Zu 2: Aufgaben zur Silbe

Als Susi reimen kann, schickt sie die Hexenoma zum Raben Kunibert. Der soll ihr die Rabensprache, die Silbensprache beibringen. Kunibert spricht alle Wörter in Silben gegliedert, z.B. Ku-ni-bert.
Die Aufgaben zur Silbe fördern die phonologische Bewusstheit im weiteren Sinn. Die Segmentierung in Silben bereitet die Kinder auf die Phonemanalyse vor. Da sie dem natürlichen Sprechrhythmus entspricht, fällt sie den Kindern leicht und bereitet ihnen viel Freude. Große Probleme haben Kinder dagegen mit dem Wortbegriff. Der Wortlängenvergleich über die Silbenanzahl soll den Kindern helfen, einen Wortbegriff zu erlangen, der nicht mehr inhaltlich geprägt ist. Die folgenden zwei Spiele stammen aus dem Buch von Forster und Martschinke (2001, S. 41 und 43).

- *Ein Silbenspiel: Was ist gemeint?*

Dieses Spiel kann mit dem Partner, in der Gruppe oder mit der ganzen Klasse im Kreis gespielt werden. Eine Auswahl an Dingen (Kuscheltiere, Spielsachen, Utensilien aus der Büchertasche, ...) oder Bildern liegt zwischen den Mitspielern (bzw. im Kreis). Ein Kind beginnt und gibt die Silbenzahl eines Gegenstandes mit einem Instrument (z.B. Klanghölzer oder Handtrommel) vor, die anderen raten, was gemeint war. Beim Raten sprechen sie das Wort in Silbensprache und spielen dazu die Silben auf dem Instrument. Wer richtig geraten hat, bekommt das Instrument und darf die anderen raten lassen.

Variation: Als Rätsel wird die Silbenanzahl genannt, z.B. „Mein Ding hat zwei Silben".

- *Ein Spiel zum Wortkonzept: Welcher Name ist länger?*

Die Kinder gehen im Klassenzimmer umher. Treffen sie einen Mitschüler/ eine Mitschülerin, so sagen beide ihren Namen in Silbensprache und hüpfen dabei die Silben. Das Kind, das den kürzeren Namen hat, krabbelt beim anderen durch die gegrätschten Beine. Haben beide Wörter die gleiche Silbenzahl, klatschen die Schüler beide Handflächen gegeneinander.

Zu 3: Aufgaben zu Phonemen

Als Susi auch die Rabensprache kann, schickt sie die Hexenoma zum Kater Niko. Niko soll Susis Trainer werden, denn das Training, das nun folgt, wird anstrengend. Wie ein Sporttrainer gibt Niko Susi einen Trainingsplan, nach dem sie üben soll. Zu Beginn jeder Einheit findet immer eine Aufwärmphase statt.
Das Lesetraining stellt den Schwerpunkt des Trainings dar. Hier geht es um phonologische Bewusstheit im engeren Sinn. Im Zentrum steht die Phonem-Graphem-Zuordnung, d.h. die Kinder sollen lernen, den Lauten entsprechende Buchstaben oder Buchstabengruppen zuzuordnen. Diese Fähigkeit ist ein entscheidendes Fundament für den Schriftspracherwerb. Deshalb stellt das Lesetraining den Schwerpunkt des gesamten Trainings dar.

Zu 3.1: Lesetraining

Parallel zum Training mit dem Trainingsplan finden Übungen zur Identifikation von An-, End- und Inlaut statt (Aufwärmtraining). Mit ihnen können Teilprozesse der Phonemanalyse geübt werden. Die vielfältigen Spielmöglichkeiten hierzu helfen, die Motivation der Kinder in dieser schwierigen Phase aufrecht zu erhalten.

- *Ein Aufwärmspiel: Lausch – Feuer-Wasser-Blitz*

Die Kinder bewegen sich frei im Raum. Der Lehrer/ die Lehrerin schlägt dazu eine Trommel oder spielt Musik von einer Musikkassette. Hört die Trommel bzw. die Musik auf, so nennt der Lehrer/ die Lehrerin einen Laut. Die Kinder laufen zu dem Ort, der vorher diesem Laut zugeordnet wurde. So bedeutet „**M**“ Mauer, „**F**“ Fenster, „**E**“ Ecke, „**B**“ Boden (hinsetzen), „**T**“ Tisch (auf den Tisch setzen) (Forster & Martschinke 2001, S. 56).

Variation: *Anlaut – Feuer-Wasser-Blitz mit Tieren*
Unterbricht der Lehrer/ die Lehrerin die Musik und nennt einen Anlaut, so müssen sich die Kinder so bewegen wie das Tier, das vorher dem Anlaut zugeordnet wurde.

E – Elefant (Rüssel mit den Armen bilden)
B – Bär (tolpatschige, schwere Schritte)
K – Krokodil (Schnauze mit den Armen bilden)
F – Frosch (in der Hocke hüpfen)
T – Tiger (schleichen, dazu Armbewegungen)

- *Der Trainingsplan*

Mit dem Trainingsplan soll den Kindern eine Strategie an die Hand gegeben werden, um das Handlungsverfahren der Lautstrukturanalyse bewusst und vollständig zu beherrschen. Dabei ist es wichtig, dass den Kindern Handlungsformen ermöglicht werden, bei denen sie mit Materialisierungen von Begriffen umgehen können, bevor sie zu verbalen und verinnerlichten Handlungen übergehen. Der Trainingsplan soll den Kindern als Orientierungshilfe bei der Ausführung ihrer Handlung dienen. Er beinhaltet fünf Anweisungen, die schrittweise zur vollständigen Analyse eines Wortes führen. Die einzelnen Laute, die das Kind im Wort hört, werden in der dritten Handlungsanweisung mit einzelnen Steinen gelegt.

Bild 1: Deutlich sprechen– genau hinhören!	Spricht das Wort deutlich: „Oma“
Bild 2: Ganz langsam sprechen (gedehnt sprechen)!	Spricht das Wort ganz gedehnt: „O::m::a::“
Bild 3: Immer wieder sprechen, für jeden Laut einen Stein legen!	Spricht immer wieder von Anfang an und legt für jeden Laut einen Stein: „O:“ → legt den ersten Stein „O:m:“ → legt den zweiten Stein „O:m:a:“ → legt den dritten Stein
Bild 4: Tippe und sprich dazu!	Spricht die Laute des Wortes deutlich hintereinander aus und tippt für jeden Laut auf den dafür gelegten Stein: „O:m:a“
Bild 5: (Sprich noch einmal!) Stimmt es?	Spricht das Wort noch einmal deutlich, schaut dabei mit den Augen auf die gelegten Steine und kontrolliert so noch einmal, ob die Anzahl der Steine den gehörten Lauten entspricht: „Oma“

Abb. 79: Trainingsplan für das Lesetraining

Deutlich sprechen –
genau hinhören!

Ganz langsam sprechen
(gedehnt sprechen)!

Immer wieder sprechen,
für jeden Laut einen Stein
legen!

Tippe und sprich dazu!

(Sprich noch einmal!)
Stimmt es?

Abb. 80: Der Trainingsplan eines Kindes und zugehörige Handlungsanweisungen

Die Kinder arbeiten meist in Partnerarbeit. Sie sollen für die einzelnen Laute, die sie in einem Wort hören können, Steine legen. Das Wort liegt ihnen dabei als Bild vor. Ein Kind ist der Trainierende. Er analysiert ein Wort nach den Stationen des Trainingsplanes. Das andere Kind ist der Trainer, der die richtige Ausführung der Analysehandlung mit Hilfe des Trainingsplanes kontrolliert.
In der Praxis sieht das so aus:
Vor den beiden Kindern, die als Partner zusammenarbeiten, liegt ein Bild des zu untersuchenden Wortes. Jedes Kind hat ein Identifikationsschild umhängen, das es daran erinnert, ob es in der Rolle des Trainers oder in der Rolle des Trainierenden übt. (Im Rahmen der Hexengeschichte schlüpft der Trainierende in die Rolle der Hexe Susi, der Trainer in die Rolle des Kater Niko. Deshalb hat das eine Kind ein Umhängeschild mit einem Bild der Hexe Susi, der andere eines, auf dem der Kater Niko abgebildet ist.) Nun deutet der Trainer auf das entsprechende Bild des Trainingsplanes und der Trainierende führt die dazugehörige Trainingshandlung aus.
Angestrebt wird langfristig eine Verinnerlichung der Handlungsstrategie. Hierzu sollte die Orientierung am Trainingsplan nach und nach abgebaut werden. Die Kinder, die auch schwierige Wörter problemlos mit dem Trainingsplan bearbeiten können, sollten in einem ersten Schritt die Vorlage des Trainingsplanes bei Seite legen und die einzelnen Schritte „auswendig" durchführen. Dies wird mehr und mehr zur Automatisierung und Verinnerlichung der Strategie führen. Diese Stufe werden natürlich nicht alle Kinder gleichzeitig erreichen. Hier ist Differenzierung angesagt. Einige gute Schüler werden schon nach wenigen Stunden so weit sein. Die schwachen Schüler werden sich noch lange am Trainingsplan „festhalten", der für sie später auch bei der Verschriftung von Wörtern eine große Hilfe darstellt.

Grundsätze für die Wortauswahl:

- Kurze Wörter sind leichter zu analysieren als lange (*Oma* ist leichter als *Ananas*).
- Wörter, in denen sich Vokale und Konsonanten abwechseln, sind leichter zu analysieren als Wörter mit Konsonantenhäufungen (*Lama* ist leichter als *Lampe*).
- Lange Vokale sind leichter zu analysieren als kurze (*R<u>a</u>be* ist leichter als *D<u>a</u>ch*).
- Dauerkonsonanten (z.B. l,m,s) sind leichter zu analysieren als Plosive (z.B. b,p,t) (*Mama* ist leichter als *Papa*).
- Lauttreues Wortmaterial ermöglicht eine Selbstkontrolle der Schüler.
  Bei der Arbeit mit dem Trainingsplan legen die Kinder für jeden gehörten Laut einen Stein. Nur bei den Wörtern, die lautgetreu verschriftet werden, stimmt die Anzahl der gelegten Steine mit der Anzahl der Grapheme überein. (*Lama* ist annähernd lauttreu;*„Esel* dagegen wird phonetisch korrekt *„Esl" verschriftet, es sind also nicht alle Buchstaben des orthographisch korrekten Wortes zu hören.)*

Zu 3.2: Schreibtraining

Kater Niko übt weiter mit Susi und dem Trainingsplan, jedoch werden nun für die gehörten Laute eines Wortes nicht einfach nur Steine, sondern Buchstabenmarken gelegt, oder das Wort wird aufgeschrieben.
Um die phonologischen Fähigkeiten der Kinder weiter zu entwickeln, ist die Umsetzung der Wörter in ihre Grapheme nötig. Wird das Training mit konkreten Symbolen (Buchstabenmarken bzw. Aufschreiben der Buchstaben) durchgeführt, werden bereits Teilprozesse des Lesens und Schreibens geübt und ein Transfer ist für die Kinder besser möglich. Hinzu kommt der hohe Motivationswert des Schreibtrainings, das sich als natürliche Folge aus dem Lesetraining ergibt.
Zum Üben eignen sich die verschiedensten Formen des Verschriftens. Sollen die Kinder sich selbst kontrollieren, ist wieder auf die Verwendung lauttreuen Wortmaterials zu achten.

- *Schreibtraining mit Buchstabenmarken: Wörterdosen*

Kleine Dosen werden außen mit dem Bild eines Wortes beklebt. Im Inneren der Dose befinden sich die Buchstabenmarken, mit denen sich das Wort zusammensetzen lässt. Die Kinder analysieren das Wort entsprechend der fünf Stationen des Trainingsplanes. Statt der Steine werden die Buchstabenmarken gelegt.
Tipp: Als Dosen eignen sich hervorragend Filmdosen, die kostenlos in Fotogeschäften zu erhalten sind.

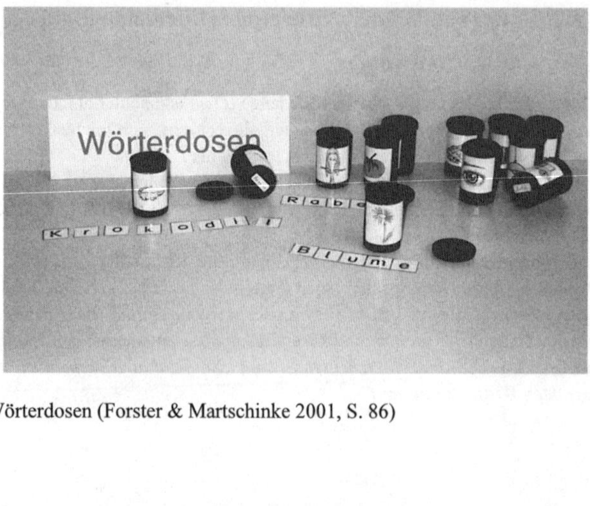

Abb. 81: Wörterdosen (Forster & Martschinke 2001, S. 86)

- *Schreibtraining mit dem Verschriften von Wörtern: Gestalten eines kleinen Buches mit dem Titel „Mein Tierbuch"*

Die Kinder kleben immer auf eine Seite ihres kleinen Büchleins ein Tierbild auf. Entsprechend ihren Fähigkeiten analysieren sie entweder nur das Wort und schreiben es auf die Seite zu dem Bild oder sie schreiben zu jedem Bild einen Satz oder kurzen Text.
Mögliches Bildmaterial:
Ameise, Elefant, Ente, Fisch, Frosch, Gans, Hase, Kamel, Krokodil, Lama, Löwe, Maus, Möwe, Papagei, Pinguin, Rabe, Raupe, Schaf, Schwan, Schwein, Uhu, Wal, Zebra
Tipp: Gut für die Gestaltung kleiner Bücher eignen sich auch DIN A5 Schulhefte, die in der Mitte durchgeschnitten werden.

Zu 4: Aufgaben zum schnellen Lesen im Hexenbuch

Nachdem Susi gelernt hat, alle gehörten Laute eines Wortes aufzuschreiben, darf sie in die Hexenschule gehen. Dort ist die Oberhexe die Lehrerin. Sie bringt den angehenden Hexen und Zauberern Hexentricks bei, mit deren Hilfe sie schneller im Hexenbuch lesen können.
Das weiterführende Lesetraining soll die Lesegeschwindigkeit der Kinder erhöhen und ihnen so eine Konzentration auf die Satz- und Textebene ermöglichen. Das buchstabenweise Erlesen von Wörtern überfordert unseren „Arbeitsspeicher". Den Kindern müssen Hilfen zur Gliederung der Wörter in kleinere Einheiten gegeben werden.

- Schnelles Erfassen häufigen Wortmaterials
  Die Fähigkeit, Wörter als „Blitzwörter" lesen zu können, steigert die Leseflüssigkeit und erleichtert sinnentnehmendes Lesen.
- Gliederung von Wörtern in Silben
  Gerade für leseschwache Kinder ist die optische Gliederung von Wörtern in Sprechsilben eine wesentliche Erleichterung beim Lesen.
- Gliederung von Wörtern in Wortbausteine
  Eine Gliederung in Wortbausteine stellt sowohl eine Hilfe für das Lesen als auch für das Rechtschreiben dar.

- *Blitzlesen mit dem Lesezylinder*

Der eine Partner zieht mit einem Streifen Wort für Wort aus einem Zylinder. Es erscheint jedes Wort kurz in einem Sichtfenster und wird vom anderen Partner gelesen und benannt.

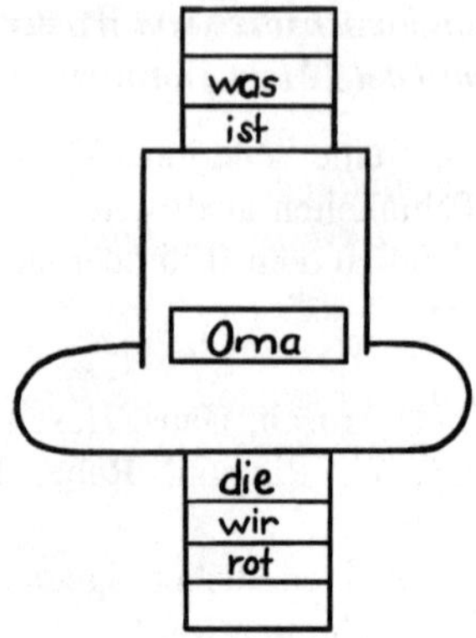

Abb. 82: Lesezylinder (Forster & Martschinke 2001, S. 109)

- *Spiel zur Silbengliederung: Silbensalat*

Wörter werden auf große Wortkarten geschrieben. Gemeinsam mit den Kindern werden die Wörter in Silben gegliedert und die Wortkarten entsprechend zerschnitten, z.B. To-ma-te.
Jedes Kind der Klasse erhält einen Silbenabschnitt und schreibt auf die Rückseite das ganze Wort, zu dem diese Silbe gehört. Die Kinder setzen sich mit ihrem Silbenabschnitt in der Hand in einen Kreis. Der Spielleiter ruft nun immer ein Wort (z.B. Tomate) und die Kinder, die die Silbenkarten zu diesem Wort haben, treffen sich im Kreis und legen möglichst schnell ihre Silbenkarten zu einem Wort zusammen.
Ruft der Spielleiter „Silbensalat", so müssen alle Kinder in der Kreismitte ihre Wörter zusammenlegen.

- *Der Wortbaustein „-el": Wortbausteine aus Holz*

Auf kleine Holzbausteine wird jeweils ein Wortbaustein und verschiedene Wortteile, die mit diesem Wortbaustein zusammengesetzt ein Wort ergeben, geschrieben. Die Kinder setzen mit den Holzbausteinen Wörter zusammen. Auf zwei Würfel geschrieben können die Wörter auch erwürfelt werden.

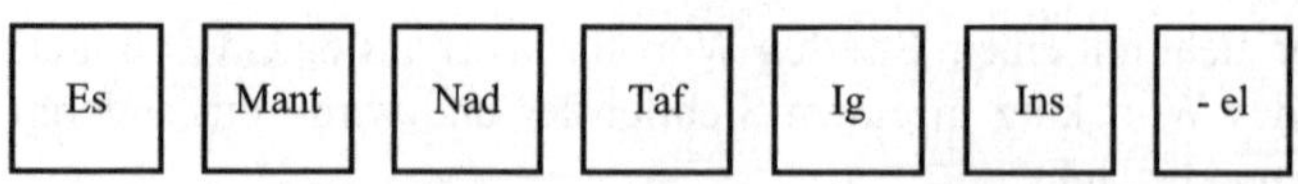

Abb. 83: Wortbausteine (Forster & Martschinke 2001, S. 109)

3 Unser Weg, offenen Schriftspracherwerb mit einem Training zur phonologischen Bewusstheit zu kombinieren

Unsere wichtigste Arbeitsgrundlage:
Eine Lauttabelle, passend zum Gestaltungsgedanken des Trainings

Die Entscheidung, einen „offeneren" Weg über das Schreiben mit einer Lauttabelle zu gehen und diesen mit Elementen des Trainings zur phonologischen Bewusstheit zu verbinden, führte zunächst zu der Frage nach einer geeigneten Lauttabelle.
Da wir uns im Arbeitskreis zu dieser Zeit mit verschiedenen Lauttabellen und Kriterien zu deren Beurteilung beschäftigten, kam Frau Dr. Martschinke und mir der Gedanke, eine eigene Tabelle zu entwickeln, die vom Gestaltungsgedanken auf den des Trainings abgestimmt werden konnte – auf die Hexe Susi, die mit den Kindern schreiben lernt.
Im Folgenden möchte ich einige Kriterien vorstellen, die uns bei der Erstellung unseres „Hexenhauses" wichtig waren:
Wir suchten nach einer sinnvollen und übersichtlichen Anordnung, die den Kindern eine leichte Orientierung ermöglichen sollte. Über die Idee des Hauses sind relativ leichte „Ortsbezeichnungen" möglich: Das Haus besitzt ein Dachfenster, ein großes Fenster, ein Tor, eine Treppe, einen Schornstein, Rauch und ein Schild. Die „Buchstabenbereiche", die von den Kindern für das lauttreue Verschriften zuerst noch nicht benötigt werden, wie z.B. das Dachfenster mit den selteneren Konsonanten, der Kamin usw., sind bei den Tabellen der Kinder zunächst noch verdeckt, die Teile können aber jederzeit umgeklappt und, sobald die Kinder sie häufiger verwenden, entfernt werden.
Bei der Bildauswahl achteten wir im Besonderen auf die Länge und Einfachheit der dargestellten Wörter, womöglich auch auf Lauttreue, die Wörter sollten keine Konsonantenhäufungen am Anfang enthalten, aus dem Erfahrungsbereich der Kinder stammen und Verbindungen zum Hexengedanken des Trainings herstellen lassen. Dies zeigt sich bei einigen Wörtern sehr deutlich, die direkt aus dem Training entnommen wurden: „Oma"-O, Kater „Niko"-N, „Rabe"-R, auch der Sonderfall „Abrakadabra"-A, der natürlich gesondert behandelt und eingeführt werden muss. Schwierigkeiten ergaben sich bei der Suche nach sinnvollen Wörtern aus dem Erfahrungsbereich der Kinder, die kurz und ohne Konsonantenhäufungen sein und sich mit dem Hexengedanken verbinden lassen sollten, insbesondere bei den Umlauten und selteneren Konsonanten. Hier trafen wir die Entscheidung, auch Inlaute einzubeziehen („Hexe"-X, „Zylinder"-Y, und den von der Hexe verzauberten „grünen Lö-

wen im Käfig“-Ü,Ö,Ä), daher die Bezeichnung „Lauttabelle“ statt „Anlauttabelle“, was sich aber als unproblematisch erwiesen hat, da es sich hier um Buchstaben handelt, die ich zu einem relativ späten Zeitpunkt auch einmal für die gesamte Klasse herausgegriffen und thematisiert habe.
Bei der Gestaltung des „Hexenhauses“ für das Klassenzimmer versuchten wir, einige der ausgewählten Wörter mit einzubeziehen, hinter dem Haus der Himmel mit „Mond“ und „Sternen“, auf dem „Baum“ sitzt der „Uhu“, das Haus hat einen „Zaun“, einen „Postkasten“, ist mit „Efeu“ umrankt, um nur einige Beispiele herauszugreifen.

Abb. 84: Die Lauttabelle, das Hexenhaus der Kinder

Nachdem ich unser entscheidendes Arbeitsmittel für das freie Schreiben kurz vorgestellt habe, möchte ich im Folgenden genauer auf die unterrichtspraktische Umsetzung der Kombination von offenem Arbeiten mit Trainingselementen eingehen.

Unser unterrichtspraktisches Vorgehen

Die beigefügte Übersicht (siehe S. 217) soll die unterrichtspraktische Durchführung verdeutlichen, die Zuordnung der verschiedenen Unterrichtsphasen und -elemente erklären und die Kombination veranschaulichen: Sie zeigt in der ersten Spalte die Elemente „offeneren" Arbeitens mit der Lauttabelle, in der zweiten Spalte die Elemente, die dem Training zur phonologischen Bewusstheit zuzuordnen sind und gibt einen ungefähren zeitlichen Rahmen wieder.

- *Die ersten vier Schulwochen*

Während der ersten vier Wochen haben wir „parallel" zwei Schwerpunkte verfolgt:
Zum einen war es natürlich entscheidend, dass die Kinder intensiv an und mit den Bildern/ Begriffen der Lauttabelle gearbeitet haben. Es erfolgten immer wieder Spiele und Übungen zum Kennen lernen der Bilder/ Begriffe, Orientierungsübungen und auch Spiele und Übungen zur Zuordnung Bild/ Wort – Buchstabe. Für den späteren eigenen und sicheren Umgang mit der Tabelle ist diese Kenntnis der Begriffe, deren Anlaute, die Fähigkeit, diese zu finden und auch die Einsicht in die Funktion der Tabelle die entscheidende Voraussetzung. Einige Beispiele solcher Übungen und Spiele sind in der Übersicht aufgeführt.
Unabhängig von diesem ersten Schwerpunkt erfolgte parallel die Arbeit aus dem Bereich „Phonologische Bewusstheit im weiteren Sinne". Hier ging es um die Schulung der akustischen Wahrnehmung, Übungen und Spiele zum differenzierten Hören, Geräusche raten und identifizieren, Reimspiele und -aufgaben und um die Raben-/ Silbensprache (vgl. Trainingsübersicht).

- *Noch eine wichtige Arbeitsgrundlage: Der Trainingsplan – und los geht's mit dem Schreiben!*

Ab der fünften Woche erfolgte der Versuch, die beiden „Schienen" miteinander zu kombinieren, das eigene Verschriften von Wörtern über die Einführung des Trainingsplans zu beginnen.

Zeitlicher Rahmen	Elemente „offeneren“ Arbeitens mit der Lauttabelle	Elemente des Trainings zur phonologischen Bewusstheit
1./ 2. Woche	Übungen zum Kennen lernen des Hexenhauses und zum Festigen der Kenntnisse daüber Übungen zum Kennen lernen der Bilder/ Begriffe Übungen u. Spiele zur Orientierung auf dem Hexenhaus Übungen u. Spiele zur Zuordnung Bild/ Wort – Buchstabe Beispiele: Buchstaben finden, Ratespiele, Bilder/ Buchstaben zuordnen, Ich sehe was, was du nicht siehst, Steckkasten/ Stöpselspiel, Namenstafel, Bingo, Drehscheibenspiel, Geschichten erzählen, Platzsuche, Partnersuche, Mein rechter Platz ist leer „Sonderfall“ A (Abrakadabra)	Schulung der akustischen Wahrnehmung, Übungen und Spiele zum differenzierten Hören, Geräusche hören/ raten, Rhythmen nachklatschen Reimaufgaben und -spiele
3./ 4. Woche	Siehe oben	Raben-/ Silbensprache
5./ 6. Woche	Erstes Verschriften lauttreuer Wörter (Klärung des Vorgehens in Verbindung mit dem Trainingsplan), erste freie Schreibversuche	Einführung des Trainingsplanes und Übungen mit dem Trainingsplan
Ab der 7. Woche	Stärkere Öffnung und Differenzierung: Zwei bis vier Schreibanlässe zum freien Schreiben pro Woche, zuerst Angebote schwerpunktmäßig auf Wortebene Beispiele: Erstes Bilderbuch, Ich packe meinen Koffer, Frederik sammelt Farben und Wörter für den Winter, Mein Leibgericht, Gestaltung eines Obstbüchleins, Im Pelzmärtelsack, Winter- und Adventsbuch, Meine Familie, auch Schreibanlässe des Trainings Dabei Differenzierungen: - Gemeinsames Verschriften mit schwächeren Schülern, Vorgehen nach dem Trainingsplan - Möglichkeit des Text-/ Geschichtenschreibens für gute Schüler	Arbeit mit dem Trainingsplan v.a. für schwächere Schüler beim Verschriften bedeutsam, Training in den Förderkursen, Einsatz von Schreibanlässen des Trainings in differenzierter Form
Nach Weihnachten	Fortführen des entwicklungsorientierten Vorgehens (je nach Leistungsstand entsprechende Fördermaßnahmen, Blick auf Rechtschreibelemente, Wortbausteine etc. bei den starken Schülern) in bekannter Form	Elemente des Lesetrainings (z.B. Arbeit mit Wortbausteinen, Buchstabenmarken, Silbenspielen etc.) werden nach und nach, wo möglich in differenzierter Form, einbezogen.

Tab. 85: Versuch einer Verbindung von Elementen „offeneren“ Arbeitens mit einer Lauttabelle („Hexenhaus“) mit Elementen des Trainings zur phonologischen Bewusstheit

Bei der Einführung des Trainingsplans und Arbeit mit ihm klärten wir zunächst gemeinsam das Vorgehen des Verschriftens: „Ich spreche das Wort, das ich schreiben will, deutlich, höre genau hin, spreche das Wort noch einmal langsam/ gedehnt, spreche es immer wieder und lege für jeden gehörten Laut einen Zauberstein, spreche, tippe und kontrolliere noch einmal und muss dann natürlich für jeden Laut, den ich gehört habe, den entsprechenden Buchstaben im Hexenhaus suchen und aufschreiben. Somit kann dieses kombinierte Vorgehen als Lese- und Schreibtraining angesehen werden.

Zusätzlich zu diesen gemeinsamen Übungen starteten die Kinder zu dieser Zeit auch erste freie Schreibversuche, bei denen sich bald die Notwendigkeit der stärkeren Öffnung und Differenzierung durch große individuelle Unterschiede herausstellte. So öffnete ich ab der siebten Woche das freie Schreiben vor allem über differenzierte Schreibangebote stärker. Pro Woche bot ich ca. zwei bis vier Schreibanlässe an, die zunächst natürlich schwerpunktmäßig auf Wortebene lagen. Für gute Schüler war aber immer die Möglichkeit des Text-/ Geschichtenschreibens enthalten. Mit den schwächeren Schülern arbeitete ich noch viel gemeinsam. Wir verschrifteten ihre „gewünschten" Wörter nach dem Trainingsplan-Vorgehen. Auch in den Förderkursen spielte der Trainingsplan noch lange Zeit die entscheidende Rolle und war uns eine bedeutsame Hilfe.

Beispiele für differenzierte Schreibanlässe sind ebenfalls in der Übersicht aufgeführt. Zudem möchte ich exemplarisch einige *Schülerbeispiele* zur Verdeutlichung herausgreifen:

Abb. 86: „Meine Familie"

Abb. 87: „Erstes Bilderbuch", „Im Pelzmärtelsack", „Winter- und Weihnachtsbuch", „Obstbüchlein"

- *Nach einigen Wochen: Gezielte Übungen zur Weiterentwicklung im Schreiben und Lesen*

Auch Elemente des Schreibtrainings (Schreibanlässe nach Weihnachten) setzte ich, wenn auch schon zu einem früheren Zeitpunkt und in stärker differenzierter Form, ein.

Weil wir im Arbeitskreis „Entwicklungsorientierter Schriftspracherwerb" gezielte Übungen zum Lesenlernen in differenzierter Form für sinnvoll und wichtig erachtet hatten, begannen wir nach Weihnachten auch Elemente des „schnellen Lesens" (Silbenlesen, Blitzlesen usw., Bereich 4 der Trainingsübersicht) einzubeziehen. Natürlich wurde im Sinne des entwicklungsorientierten Vorgehens versucht, je nach Leistungsstand des Kindes entsprechende Fördermaßnahmen, Spiel- und Übungsformen individuell auszuwählen und zuzuordnen.

4 Beurteilung unseres Konzeptes

Möglichkeiten und Grenzen der Integration des Trainings

Die Bereiche 1 und 2 des Trainings (Lausch- und Reimaufgaben, Aufgaben zur Silbe) ließen sich gut und für die Kinder sehr motivierend in den Unterricht einbauen, zumal hier wesentliche, tragende Elemente des Gestaltungsgedankens beinhaltet waren und diese Einheiten „unabhängig“ von der Arbeit mit der Lauttabelle liefen.
Die Einführung des Trainingsplanes (Bereich 3.1, 3.2 des Trainings) war aufwändig, v.a. zeitintensiv, aber unserer Meinung nach sehr lohnenswert. Der Trainingsplan hat am Anfang des eigenen Verschriftens und Aufschreibens für alle Schüler eine große Bedeutung, da hier die zugrundeliegende Strategie des Schreibens, das Vorgehen „Wie verschrifte ich ein gehörtes Wort?“ gut verständlich und nachvollziehbar wird. Es zeigte sich aber, dass gute Schreiber diese Strategie beim Schreiben schnell verinnerlichten und sie schon früh umsetzen und übertragen konnten. Für sie war ein offeneres Arbeiten über eine deutliche Differenzierung schon bald möglich und auch notwendig. Für schwächere Schüler bietet das Training u.a. für das genaue Hin- und Abhören eines Wortes, das den Kindern häufig große Probleme bereitet, eine entscheidende Hilfestellung. Bei langer und intensiver Übungsarbeit zeigten sich deutliche Erfolge. Gerade für diese Kinder ist unserer Meinung nach auch in einem offenen Unterricht im Schriftspracherwerb, bei dem jedes Kind nach seinem eigenen Tempo vorankommen kann und darf, eine solche Hilfe wichtig und auch sinnvoll.
Die Elemente des Bereiches 4 (Aufgaben zum schnellen Lesen im Hexenbuch) konnten gut in den Unterricht integriert werden, zumindest „Denkanstöße“ liefern (z.B. Arbeit mit den Wortbausteinen). Sie eigneten sich in besonderer Weise auch für die individuelle Förderung im Lesen (z.B. Silbenlesen) je nach Leistungs- und Entwicklungsstand des Kindes im Sinne des entwicklungsorientierten Vorgehens und Förderns.
Wie „erfolgreich“ das kombinierte Vorgehen im Vergleich zu anderen „Formen“ abschneiden konnte, wird Frau Forster im folgenden Kapitel am Beispiel der Lese- und Schreibenwicklung ihrer Klasse aufzeigen.

Lese- und Schreibentwicklung einer Klasse mit kombiniertem Konzept

- *Wie wurde der Leistungsstand der Kinder im Lesen und Schreiben festgestellt?*

Die Feststellung des Entwicklungsstands aller geschah für das Schreiben zunächst anhand aktueller Verschriftungen der Kinder. Die einzelnen Wörter, die die Kinder schrieben, ordnete ich jeweils einer Entwicklungsstufe zu. Ein Durchschnitt dieser Werte ergab dann die Entwicklungsstufe, auf der sich das Kind befand. Hierzu verwendete ich die von Kirschhock und Martschinke am Lehrstuhl für Grundschulpädagogik und -didaktik der Universität Erlangen-Nürnberg entwickelten Stufenbezeichnungen. Die Entwicklung des Lesens und Schreibens ist jeweils in zehn Stufen vom bloßen Nachahmen des Lesens/ Schreibens bis hin zum perfekten Leser/ Schreiber beschrieben (siehe Kapitel 2).
Die Einschätzung des Lesens erfolgte erst ab Dezember, da in unserem Konzept ja zunächst vorwiegend geschrieben wird. Zur Erfassung des Entwicklungsstandes im Lesen legte ich den Kindern Silben, Wörter, leichte und schwierigere Sätze und schließlich kleine Texte zum Lesen vor und ordnete ihr Können einer der zehn Entwicklungsstufen zu. Die Ergebnisse dokumentierte ich und konnte so erkennen, welche Kinder sich auf eine höhere Entwicklungsstufe weiter entwickelt haben und welche Kinder in ihrer Entwicklung stagnierten und deshalb einen erhöhten Förderbedarf hatten.
Nachdem ich die Jahre vorher im Forschungsprojekt daran mitgearbeitet hatte, die Lese- und Schreibentwicklung der unterschiedlich unterrichteten Schüler festzustellen, war ich neugierig darauf, wie meine Klasse im Vergleich zu den Gruppen im Projekt abschneiden würde. Im Forschungsprojekt gab es drei unterschiedlich unterrichtete Gruppen (Treats). Treat 1 lernte Lesen und Schreiben mit einer Fibel und erhielt zusätzlich ein Training zur phonologischen Bewusstheit. Treat 2 wurde entwicklungsorientiert unterrichtet und lernte Lesen durch Schreiben mit einer Lauttabelle. Treat 3 erhielt traditionellen Erstlese- und Erstschreibunterricht mit einer Fibel. Jedes Treat bestand aus fünf Schulklassen. Ein Treat, in dem der entwicklungsorientierte Unterricht mit dem Training zur phonologischen Bewusstheit kombiniert wurde, gab es im Forschungsprojekt nicht. Im Nachhinein fanden wir das sehr schade, da es uns als die ideale Kombination erschien. So kam ich darauf, möglichst vergleichbare Daten zu erwerben, um die Entwicklungen im Lesen und Schreiben meiner Klasse mit denen der Treats aus dem Projekt vergleichen zu können. Im Forschungsprojekt bearbeiteten die Kinder einzeln in regelmäßigen Abständen Lese- und Schreibaufgaben. Diese waren

sehr ansprechend und motivierend gestaltet. Nach einer entsprechenden Auswertung wurden auch hier die Leistungen der Kinder entsprechenden Entwicklungsstufen zugeordnet (siehe Kapitel 2). Im Schreiben griff ich ab Januar und im Lesen ab Februar auf die statistischen Auswertungen der schriftsprachlichen Entwicklungsverläufe zurück (vgl. Kirschhock 2003). Die Schreibaufgabe ließ ich die Kinder im Klassenverband bearbeiten. Die Leseaufgabe stellte ich den Kindern einzeln, nahm sie mit dem Kassettenrecorder auf und wertete sie anschließend in Ruhe aus.
Beispiel für die vierte Erhebung im Januar: „Im Zoo“:

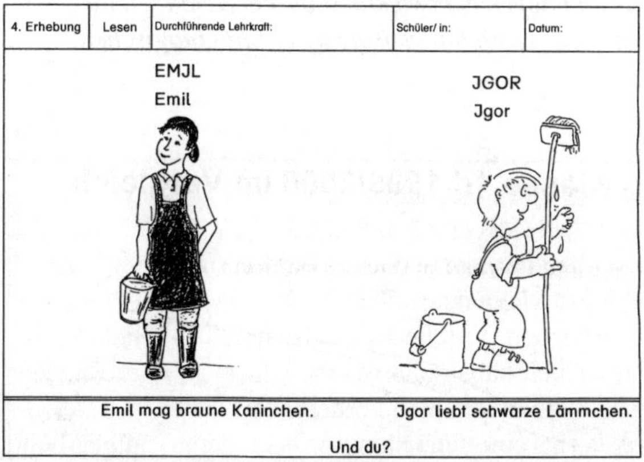

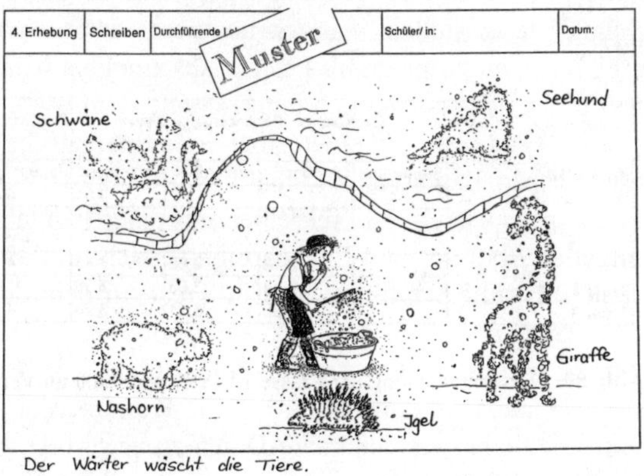

Abb. 88: Lese- und Schreibaufgabe

- *Zu meiner Klasse (Klasse 1d)*

Unsere Schule ist eine Grundschule mit sehr heterogener Schülerschaft und liegt in der Nürnberger Innenstadt. Ein Drittel der Klasse sind ausländische Kinder unterschiedlicher Nationalität. Sechs von 27 Kindern hatten am Schuljahresanfang mangelnde deutsche Sprachkenntnisse. Die deutschen Kinder stammen aus unterschiedlichen sozialen Schichten. Zwei Kinder konnten bei Schuleintritt bereits lesen. Die Klasse ist für Nürnberger Verhältnisse eine ganz durchschnittliche Klasse.

- *Darstellung der Lese- und Schreibentwicklung im Vergleich mit den Treats aus dem Nürnberger Forschungsprojekt zur phonologischen Bewusstheit*

Leseentwicklung Klasse 1d 1999/2000 im Vergleich

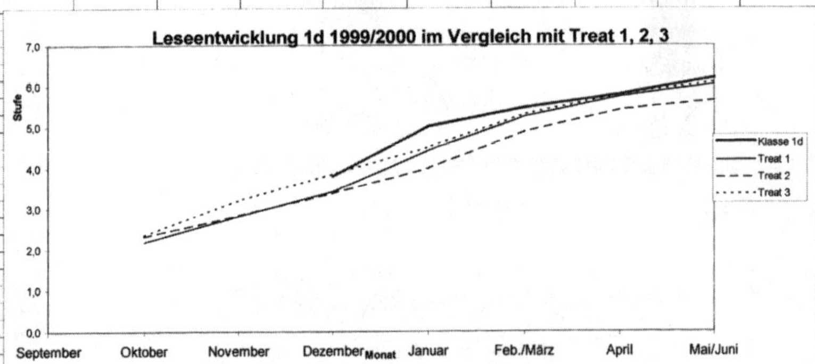

Klasse 1d		September	Oktober	November	Dezember	Januar	Feb./März	April	Mai/Juni
Durchschnitt					3,81	5,02	5,46	5,79	6,2
Treat 1			2,18	2,82	3,43	4,43	5,25	5,73	6,04
Treat 2			2,32	2,83	3,39	4	4,89	5,41	5,64
Treat 3			2,35	3,21	3,86	4,51	5,31	5,78	6,09

Abb. 89: Leseentwicklung der Klasse 1d 1999 und 2000 im Vergleich

5 Individuelle Lernwege beobachten und begleiten: Ein Fallbeispiel

Die Heterogenität der Lernausgangsbedingungen ist deutlich belegt. Martschinke und Kammermeyer (2003) konnten zeigen, dass sich die Unterschiede von Schulanfängern nicht nur auf die viel beachteten leistungsbezogenen Lernvoraussetzungen beziehen, sondern auch auf Merkmale der Schülerpersönlichkeit, wie z.B. Selbstkonzept, Selbstwertgefühl, aber auch Lernfreude sowie leistungsbezogene Angst. Dieses Wissen um die Unterschiede zu Schulbeginn lässt erwarten, dass auch Lernprozesse unterschiedlich ablaufen. Die entwicklungspsychologische Diagnostik macht darauf aufmerksam, dass Entwicklungsverläufe im Schriftspracherwerb zwar als bestimmte Abfolge dominanter Entwicklungsstrategien typisiert werden können, dass aber die Aneignungsweise, das Aneignungstempo usw. individuell sehr verschieden sind.

Das heißt, dass die Diagnose der Ausgangsbedingungen zwar unbedingt notwendig ist, um für jedes Kind optimale Lernbedingungen zu schaffen, dass darüber hinaus aber auch Lernprozesse beobachtet werden müssen, um Impulse für positive Individualentwicklungen zu setzen. Im Sinne der gesetzten Ziele der vorliegenden Konzeption sollte dabei der Blick gleichermaßen auf die *Persönlichkeits-* *und* *Leistungsentwicklung* der Kinder gerichtet sein.

Dazu reichen zufällige Beobachtungen im Unterricht nicht aus, sie müssen ergänzt werden. Um ein möglichst umfassendes Bild eines Kindes zu bekommen, ist detailgenaues Beobachten wichtig. Möglichst genaue Aufzeichnungen wörtlicher Äußerungen oder Verhaltensweisen, manchmal auch nur aus der Erinnerung nach einem Unterrichtstag, geben langfristig Aufschluss über Denken, Lernen und Fühlen der Kinder. Geeignete Situationen sind beispielsweise Interaktionen mit anderen Mitschülern und Situationen des freies Arbeitens. Natürlich sind auch der direkte Dialog mit dem Kind oder Gemaltes und Geschriebenes höchst aufschlussreich. Vieles im Unterrichtsgeschehen kann erst nach dem Unterricht nachvollzogen, im idealen Fall protokolliert werden. Gerade über einen längeren Zeitraum werden Veränderungen sichtbar, die uns signalisieren können, ob wir eingreifen müssen oder das Kind „alleine“ seinen Weg gehen kann, und wie wir bei Bedarf „am Kind“ ansetzen können.

Ein solcher Anspruch an Lehrkräfte ist sehr hoch. Der nachfolgende Beitrag zeigt die Hochform einer solchen professionellen Beobachtung und Beschreibung des Lernwegs eines Kindes. Jeder Lehrer sei aufgerufen, „kleine“ Lösungen, z.B. zeitliche Strukturen zu finden („Heute achte ich besonders auf ...“) o.ä., um sich eine Vorstellung von Lernweg, Denken, Lernproblemen, Ängsten usw. der Kinder zu „machen“ und insbesondere von Veränderungen.

Beobachtungen dieser Art sind zwar sehr informativ und lassen tiefe Einblicke in das Denken, Lernen und Fühlen von Kindern zu, führen aber per se nicht zu einem erfolgreichen Schriftspracherwerb, sondern erst die „richtigen“ Schlussfolgerungen, die man daraus zieht.

Im Gegensatz zu Lehrgängen, die sich an sachlichen Gegebenheiten der Sprache und der Schrift orientieren, verfolgt der vorliegende Ansatz den Anspruch, das Kind auf seinem Lernweg zu *begleiten*. Fehler werden akzeptiert, Umwege geschätzt und Lernfortschritte immer am Kind festgemacht. Diese Form der individuellen Bezugsnorm fragt immer, was das Kind heute bzw. in letzter Zeit dazugelernt hat, d.h. das Kind ist der Maßstab und nicht der soziale Vergleich mit den anderen Klassenkameraden oder mit Zielen der Jahrgangsstufe.

Die Art der Begleitung reicht in einem Kontinuum von einer sehr indirekten Form bis hin zur einer sehr direkten Form, natürlich mit allen Nuancen und Zwischentönen. Auf der einen Seite des Kontinuums bestimmt das Kind nahezu völlig selbstständig über seinen Lernweg und wählt aus den Angeboten der von der Lehrkraft vorstrukturierten Lernumgebung selbstständig aus. Auf der anderen Seite des Kontinuums begleitet die Lehrkraft das Kind sehr direkt, sie sucht bewusst den Dialog mit dem Kind über das weitere Vorgehen und führt das Kind in Ko-Konstruktion zu kurzfristigen und langfristigen Plänen.

Es gibt kein grundsätzliches „Besser“ oder „Schlechter“ für die Frage nach eher indirekter oder direkter Lernbegleitung, sondern nur die Frage, was für ein bestimmtes Kind besser oder schlechter ist. Das heißt, dass der Lehrer das Repertoire verschiedenster Handlungsmöglichkeiten kennen und aus ihnen auswählen muss.

Fündig für das „Wie“ einer eher direkten Lernbegleitung kann man werden bei der Sichtung moderat-konstruktivistischer Ansätze. Geeignete Anleihen bietet beispielsweise der cognitive apprenticeship-Ansatz (Kohler 2000), also die Idee, dass ein „Meister" seinen Schülern Wissen und Fertigkeiten weitergibt. Dies kennt man auch vom Lernen der Kinder von ihren Eltern bzw. vom Lernen der Erwachsenen von Experten. So kann der Lehrer durch lautes Denken beim Schreiben eines Wortes das Abhören von Lauten, ihr Aneinanderreihen sowie das Suchen auf der Lauttabelle Kindern vormachen und zum Nachmachen anregen („modeling"). Natürlich können auch andere Kinder als Modell dienen. Der Lehrer kann Tipps oder Feedback geben („coaching"). Welche kleinen Ziele sind erreicht, was sind nächste mögliche Schritte? Welche Spiel- und Arbeitsmittel sind geeignet? Welche Aufgaben sind nicht zu leicht und nicht zu schwierig? Ein gemeinsames Reflektieren über den Lernprozess („articulation", „reflection") regt metakognitive Prozesse an und fördert die Entwicklung von Lernstrategien. Nach solchen Lernberatungen sollte sich der Lehrer – so schnell wie möglich – wieder „ausblenden" („fading") und zu einer eher indirekten Lernbegleitung übergehen. So werden Chancen für das Kind, selbstbestimmt seinen Lernweg zu gehen, eröffnet und erweitert.

Der Beitrag von **Ursula Kummer** spannt den Bogen über das gesamte Buch und löst den pädagogischen Anspruch der entwickelten Konzeption ein. Es ist Absicht, dass der Titel mit dem Namen eines Kindes anfängt. Gerade der geschulte Blick auf das einzelne Kind und seinen Lernweg macht nicht nur deutlich, was Entwicklungsorientierung meint, sondern auch wie ein Kind auf seinem Lernweg beobachtet und wie es begleitet werden kann. **„Stefanie" ist „ein Fallbeispiel für eine gelungene Leistungs- und Persönlichkeitsentwicklung"**, das exemplarisch die Erfolge eines solchen Vorgehens zeigt. Generalisierungen sind zwar nicht möglich, aber die gemachten Erfahrungen mit dem Einzelfall erklären mögliche Erfolge eines solchen Vorgehens. Dem Leser kann die Einzelfallstudie Anregungen für das eigene Beobachten im Unterricht mit entsprechenden Konsequenzen für Lernanregungen und Dialoge mit dem Kind geben.

Stefanie, ein Fallbeispiel für eine gelungene Leistungs- und Persönlichkeitsentwicklung – eine Mikroanalyse

(Ursula Kummer)

Der Schulstart von Stefanie stand unter einem ungünstigen Stern, erfüllte sie doch als einzige von nahezu hundert Schulanfängern nicht einmal die geringste Leistungserwartung, die ein Kind dieses Alters in der Regel erfüllt, nämlich den eigenen Namen schreiben zu können. Dass sie aus dieser Erfahrung die Konsequenz zog, sich fortan nicht mehr zu beteiligen, weil sie ihre Blätter nicht kennzeichnen konnte, zeigt, wie unmittelbar und beobachtbar negative Rückschlüsse der Schüler auf ihre Fähigkeiten sein können. Aufgrund dieser Beobachtung drängte sich die Frage auf, ob dieses Mädchen mit der beschriebenen Leistungsausgangslage und dem sichtlichen Ausweichen vor Anstrengung innerhalb ihrer Bezugsgruppe eine positive Schüleridentität entwickeln kann und Anschluss findet an ein altersgemäßes Leistungsniveau.
Wie im Folgenden noch gezeigt wird, hat Stefanie eine positive Lernentwicklung durchlaufen, hat am Ende der zweiten Klasse an den Leistungsstand der Klasse aufgeschlossen und geht selbstsicher und lernfreudig Aufgaben an.
Wie ist diese Positiventwicklung gelungen und auf welche pädagogischen und didaktisch-methodischen Einflussfaktoren ist sie zurückzuführen? Die Antwort darauf liefert eine Einzelfallstudie im Längsschnitt (Mikroanalyse), die sich über den Zeitraum des Schuleintritts bis zum zweiten Halbjahr der zweiten Klasse erstreckte. Sie entstand im Rahmen einer unveröffentlichten Magisterarbeit, in der noch umfänglicher über Stefanie berichtet wird, aber auch noch ein weiteres Fallbeispiel dokumentiert ist. Ort für diese Einzelfallstudien ist die Lernwerkstatt an einer staatlichen Grundschule, die von den Schülern der ersten und zweiten Klassen regelmäßig im Rahmen des Deutschunterrichts aufgesucht und genutzt wird. Diese Lernwerkstatt ist ein sogenanntes „ideales" Klassenzimmer, wie es in der einschlägigen Literatur für Werkstattunterricht vorgeschlagen wird. Der Raum ist in unterschiedliche Arbeitsparzellen aufgeteilt (Schreibstation, Druckerei, Computerarbeitsplätze, Leseecke usw.) und er ist mit vielfältigem Unterrichtsmaterial zum Schriftspracherwerb ausgestattet.

Dadurch ist Stefanie aufgefallen

Im Rahmen einer ersten Lernstandsdiagnose und Einzelbeobachtung ist die hier vorgestellte Schülerin dadurch aufgefallen, dass sie über keinerlei Einsicht in die Graphem-Phonem-Verknüpfung verfügte, ihren Namen nicht „malen“, geschweige denn schreiben konnte und sich explizit auf ihr Unwissen zurückzog.

So wurden erste aussagekräftige Leistungs- und Persönlichkeitsprofile der Schüler erstellt

Für die Schüler ist eine Fühlkiste vorbereitet, in der sich ein Würfel befindet. Daneben stehen eine Lauttabelle, Stifte und Blätter zur Verfügung. Die Schüler werden einzeln aufgerufen und gebeten ihren Namen auf ein Blatt zu schreiben, um dieses als das ihre zu kennzeichnen. Dann werden sie aufgefordert, in die Kiste zu greifen und durch Tasten festzustellen, was sich darin befindet. Haben sie den Gegenstand erkannt und benannt, werden sie ermuntert zu versuchen, etwas von dem Gesprochenen und Gehörten aufzuschreiben. Während der ganzen Zeit, d.h. vom Moment des Rufens bis zum „Entlassen“ des Schülers wird akribisch genau beobachtet, wie der Schüler mit Anforderungen umgeht und wie er darauf reagiert. Da kann manch ein Kind es kaum erwarten, auch gerufen zu werden. Ein anderes folgt der Aufforderung eher zögerlich. Das Spektrum der beobachtbaren Verhaltensweisen reicht von überschätzender Euphorie und draufgängerischem „Zupacken“ über ruhiges, selbstsicheres Erledigen bis zu scheuem, ängstlichem Herantasten an die Aufgabe. Beides zusammen, die entstandene Verschriftung und die notierten Eindrücke, ergeben ein erstes Bild von dem Schüler, das sich als sehr aussagekräftig erweist, wie vielfältige Überprüfungen in der Rückschau zeigen. Verhalten und vorhandenes Vorwissen geben erste Hinweise auf den jeweiligen, individuellen Förderbedarf (vgl. den Beitrag „Können Kinder die Rechtschreibung entdecken?“ von U. Kummer in diesem Buch).
Im Folgenden ein Auszug aus der Beobachtungssequenz der ausgewählten Testperson:

Als ich Stefanie zu mir bitte, wirkt sie unsicher und ablehnend.
Ich erkläre ihr freundlich mein Anliegen.
Sie greift in die Fühlkiste und erkennt sofort den Würfel an seiner Form.
Ich bitte sie, zuerst schnell ihren Namen auf das vorbereitete Blatt zu schreiben, damit ich später noch weiß, von wem es ist.
Ohne zu zögern entgegnet sie mir: „Ich kann noch nicht schreiben. Stefanie fängt glaub ich mit einer Schlange an. Ich hoffe, ich kenne auch den zweiten.“

Nachdem sie die „Schlange“ gemalt hat, schaut sie mich fragend und Hilfe suchend an.
Ich zeige ihr das <T> auf der Lauttabelle und spreche es ihr vor.
Mit finsterer Miene bemüht sie sich, die Form des angesprochenen Buchstabens auf ihr Blatt zu übertragen.
Nichts deutet auf einen Wiedererkennungseffekt hin.
Sie wendet sich ab, als warte sie nur auf die „Erlösung“ aus dieser Situation.
Ich verzichte auf weitere Fragen und entlasse sie mit einigen freundlichen Worten.
Sie geht anschließend langsam an den Regalen vorbei und scheint dabei über das Erlebte nachzudenken.

Abb. 91: Verschriftung ST

Wie entsteht eine dichte Fallbeschreibung?

- *Die teilnehmende Beobachtung*

Die klassische Erhebungstechnik bei der Einzelfallstudie ist die teilnehmende Beobachtung (vgl. von Aleman & Ortlieb 1975, S. 170). In der Literatur werden in Bezug auf die teilnehmende Beobachtung zwei Faktoren kritisch beleuchtet. Das ist zum einen das Problem, dass der Beobachter die Erlaubnis braucht, das Feld betreten zu dürfen und zum anderen, dass der Forscher in seiner Forscherrolle erkannt wird und seine Anwesenheit Einfluss auf das Verhalten der agierenden Personen hat (vgl. Beck & Scholz 2000, S. 154). Aus diesem Grund wird gegen Beobachtungsverfahren häufig der Einwand erhoben, dass das beobachtete Verhalten nicht als typisches Verhalten angesehen werden kann, da der Einfluss des Beobachters z.B. auf die unterrichtende Lehrperson in der Regel sogar noch größer sein kann als auf die beobachteten Schüler (vgl. Völkl 1980, S. 51).
Da im vorliegenden Fall in meiner Person die Rolle der Lehrkraft und die der Beobachterin vereint sind, bedarf es keiner gesonderten Erlaubnis, dem Unterrichtsgeschehen beiwohnen zu dürfen, auch ist die Gefahr nicht groß, dass die Schüler sich durch meinen beobachtenden Blick allzu sehr irritieren lassen. Somit entfallen hier zwei wesentliche mögliche Problem- und Fehlerquellen.

- *Das Protokollieren*

Im vorliegenden Fall diente als theoretische Grundlage für die Erstellung der Unterrichtsprotokolle die Empfehlung von Barker und Wright (entnommen einer Überarbeitung und Übersetzung von Faßnacht 1995), d.h. es wurde so genau wie möglich mit Hilfe der Umgangssprache das gesamte Verhalten einer Person aufgezeichnet, ihre verbalen Äußerungen möglichst wörtlich notiert und alle schriftlich vorliegenden „Selbstzeugnisse", wie Briefe, Bilder, Computerprotokolle und Fragebögen zur späteren Auswertung aufbewahrt.

- *Das methodische Vorgehen bei der Strukturierung, Analyse und Interpretation*

Die Ergebnisaufbereitung orientiert sich am methodischen Vorgehen, das Mayring (1993) vorschlägt. Dabei wird das vorliegende Material gemäß acht vorgeschriebener Schritte bearbeitet. Hier die gekürzte Darstellung der vorgenommenen Schrittsequenzen:

1. Die *Analyseeinheiten* sind die erstellten Rohberichte, d.h. die Unterrichtsprotokolle.
2. Die *Einschätzungsdimensionen,* die zugrunde liegen, sind Leistung und Persönlichkeit.
3. Da sowohl im Bereich der Leistung als auch der Persönlichkeit nicht nur der jeweilige status quo, sondern auch die Entwicklung erkennbar sein soll, werden für die Interpretation der Ausprägungen nicht nur die *Kategorien* „hoch, mittel, niedrig", sondern auch „steigend, gleichbleibend, sinkend" verwendet. Die Schreibungen werden zum Zweck der Leistungserhebung den Stufenbezeichnungen des Entwicklungsstufenmodells von Kirschhock und Martschinke zugeordnet. Die vorliegenden Computerprotokolle werden dahingehend hinterfragt, wie schwierig die Aufgabe für die Kinder war. Dabei wird neben dem Ergebnis auch der Entstehungsprozess berücksichtigt.

4. und 5. *Ankerbeispiele* und *Fundstellen* werden verknüpft, indem unter Berücksichtigung der Variablen Selbstkonzept, Selbstwertgefühl, Lernfreude, Attribution und Leistung das Material auf Textstellen durchforstet wird, welche als typische Stellen oder Ankerbeispiele für die untersuchten Dimensionen gelten können. Als Ankerbeispiele werden hier nicht nur wörtliche Reden, sondern auch Verhaltensweisen berücksichtigt, welche signifikant für den jeweiligen Entwicklungsstand des Probanden sind.

6. und 7. *Einschätzung* und *Überarbeitung* finden ihren Niederschlag in Form von Episoden, d.h. in verdichtenden Interpretationen jeder einzelnen Unterrichtseinheit.

8. Bei der *Ergebnisaufbereitung* werden alle vorliegenden Daten miteinander verknüpft, ergänzende Informationen aus Eltern- und Lehrergesprächen usw. einbezogen und die Zusammenhänge der Persönlichkeitsvariablen mit der Leistungsvariablen untersucht. Dabei sollen vor allem auch Entwicklungstendenzen sichtbar gemacht werden.

Die Mischform der von Barker und Wright und von Mayring vorgeschlagenen Vorgehensweisen schien sinnvoll und wurde bewusst gewählt, um eine höhere Validität der Ergebnisse zu erzielen.

- *Erhebungen mittels Fragebögen*

In Einzelinterviews wurden zu verschiedenen Zeitpunkten neben der zentralen Identitätsvariablen des Selbstkonzepts auch das Selbstwertgefühl, die Kontrollüberzeugung und die Lernfreude erhoben. Dafür standen noch unveröffentlichte Fragebögen aus dem KILIA-Projekt (Kammermeyer & Martschinke 2003) zur Verfügung. Da das Selbstkonzept die zentrale Identitätskomponente ist, beschränkt sich die vorliegende Veröffentlichung der erhobenen Daten auf die Darstellung des Selbstkonzeptaspekts.

Stundenbilder geben Aufschluss über Entwicklungsstand und -verlauf

Exemplarisch werden drei Mal je zwei Stundenprotokolle wiedergegeben, die zu Beginn, in der Mitte und am Ende der empirischen Phase entstanden sind. Diese sollen im „Zeitraffer" Stefanies Entwicklung verdeutlichen und stehen quasi als Meilensteine im vorliegenden Lernverlauf.

- *21. Oktober 1999 (ca. 6. Schulwoche)*

Schreibanlass ist die Geschichte „Manchmal wär' ich gern ein Tiger". Der Satzanfang „Ich wäre gerne ein/ e ..." wurde den Kindern vorgegeben.

Abb. 92: Verschriftung: Maus

Sie weigert sich, ohne Angabe eines Grundes, den Schreibanlass aufzugreifen. Dann erklärt sie, nicht malen zu können.
Es gelingt mir, sie zu überreden.
Sie schreibt ein *„M"* und malt eine Maus. Ihren Namen auswendig zu schreiben, gelingt ihr noch nicht vollständig.

Episode: Geringes Zutrauen in ihre Leistungsfähigkeit Geringe Anstrengungsbereitschaft

- *28. Oktober 1999 (ca. 7. Schulwoche)*

Ich stelle den Kindern einzeln im Laufe der Stunde die Frage, warum sie das angegebene Tier sein wollten. Damit zeige ich zum einen, dass ich die schriftliche Mitteilung verstanden habe und erfahre darüber hinaus Näheres über die Beweggründe der Wahl.

Verschiedene Beispiele von Antworten:

- „Warum wärst du gerne ein Pferd?" „Weil es schön groß ist. Es wird schön gestreichelt. Ich wäre gern ein Mischpferd – ein wildes und ein normales."
- „Warum wärst du gern ein Delfin?" „Weil ich dann lange unter Wasser bleiben kann. Dann kann ich die Meerjungfrau besuchen."
- „Warum wärst du gern ein Hase?" „Ich würde Karotten essen. Mir würde es im Stall gefallen."
- „Warum wärst du gern ein Affe?" „Dann wäre ich im Urwald und würde Bananen essen und das Kreischen von den Vögeln hören. In einem Stall würde es mir nicht gefallen wie beim Hasen. Ich bin viel lieber draußen und wild."
- Frage an Stefanie: „Warum wärst du gerne eine Maus?"
  Stefanie: „Eigentlich wollte ich lieber eine Katze sein. Die konnte ich nicht malen. Ich wäre lieber eine Katze."

In dieser Stunde schließt sich Stefanie noch einer Gruppe von Kindern an, die ihre Tiernamen in der Druckerei setzen und drucken.

Sie stellt den Setzrahmen mit ihrem Namen zu dem Katzenwunsch von Jürgen.
Sie erklärt mir, dass sie sich immer an dem ersten Buchstaben orientiert. „Wenn aber ein anderes Kind auch einen Namen hat, der so anfängt, dann schaue ich mir den nächsten an." Sie reflektiert Möglichkeiten, wie sie ihre Lesestrategie verbessern kann.

Episode: Bedauern über ihr „Nicht-Können" Findet Lösung für ihr Problem, sich noch nicht schriftlich mitteilen zu können Erste, individuelle Lesestrategie

MANCHMAL
WÄR ICH GERN EIN

NASHORN*
FABRICE

PFERD—CHIARA

AFFE—Miriam

HAI—HARRIETT

KATZE—JÜRGEN
UND STEFANIE

ENTE—CAROLIN

Abb. 93: Druckergebnis

- *27. Januar 2000 (4. Schulmonat)*

Sie möchte wieder auf den vorderen Sitzplatz in der Anfangsphase der Stunde. Leise flüstert sie mir Verständnis heischend zu: „Du weißt es schon." Dadurch will sie sicher stellen, dass sie wie in den vorhergehenden Stunden an einem der Computer einen Platz findet.

Vom Computer aus ruft sie laut nach Carolin, die in der Leseecke sitzt und sich ein Buch geholt hat: „Carolin, willst du lesen?"
Mir fällt auf, dass sie den bisher gebrauchten Begriff des Spielens durch das Wort „Lesen" ersetzt hat.
Sie wünscht sich Carolin her und erklärt mir, dass sie beide Freundinnen geworden sind und dass sie beabsichtigen, sich gegenseitig zu besuchen. Am Wochenende ginge es aber nicht, weil sie zu ihrem Vater gehe. Sie strahlt.

Heute möchte sie „Lalipur" versuchen, ein Programm, bei dem schnelles und ökonomisches Lesen trainiert wird. Dieses Vorhaben kann ihr nur mit Unterstützung gelingen. Carolin kann schon lesen. Sie kommt und setzt sich dazu.

Stefanie betont, dass sie selbst versuchen will, sich das kurz gezeigte Wort zu merken und zwar Buchstabe für Buchstabe, so wie sie es am 9. Dezember in der Gruppe gesehen hat. Sie fordert Carolin auf, Blatt und Stift zu holen und mitzuschreiben.

Nachdem sie und im Wesentlichen Carolin das erschienene Wort gelesen haben, schreibt Carolin es auf. „Diktier mir!“, lautet die Arbeitsanweisung Stefanies an ihre Partnerin.
Carolin akzeptiert die von Stefanie aufgestellten „Spielregeln“.
Stefanie findet auf der Tastatur alle Buchstaben ohne Zuhilfenahme der Lauttabelle. Sie strahlt, als auf dem Computer das grüne Licht für die richtige Antwort erscheint.
Meine Anregung, selbst zu schreiben greift Stefanie nicht auf. „Ich warte. – Wir arbeiten zusammen.“
Bei dem Wort „Wiese“ haben die Mädchen ein Problem (siehe Abb. 94). Stefanie schlägt vor, mit einer Lampe[3] an der entsprechenden Stelle des Wortes nachzusehen, warum der Computer das <s> nicht akzeptiert.

Abb. 94: Zusammenarbeit am Computer

Ihr gelingt es, das <e> nach dem <i> in Wiese zu erkennen und tippt dasselbe zügig und sicher ein.
Sie bedauert, dass sie trotz gemeinsamer Anstrengungen nicht bis zum Ende des Programms gekommen sind, weil ihnen die Lampen nicht reichen. Sie kündigt an, es wieder versuchen zu wollen. „Vielleicht klappt's nächstes Mal.“
Sie hüpft Hand in Hand mit Carolin zur Tür. „Schön war's! Schick uns 'ne Post!“ Sie ist sich meines Lobes sicher und wünscht es sich schriftlich.

---

3 Die Lampen entsprechen zusätzlichen Zeiteinheiten, die beim Blitzlesen schwieriger Wörter zur Hilfe genommen werden können.

Episode:
Steigert selbst ihr Leistungs-Anspruchsniveau und geht nächste Hürde an
Holt sich selbst Hilfe, indem sie Zusammenarbeit organisiert
Steigende Zuversicht in ihre Leistungsfähigkeit
Freut sich auf positive Rückmeldung

- *24. Februar 2000 (5. Schulmonat)*

Stefanie wählt in dieser Stunde wieder das Programm Lalipur/ Häufige Wörter. Sie übernimmt mittlerweile alle Aufgaben, d.h. sie bedient den Computer, sie notiert die Wörter auf einem Papierstreifen und sie tippt ein. Carolin unterstützt sie lediglich noch beim Lesen.

Episode:
Zunehmend unabhängig von Unterstützung
Zieht beim Schreiben Striche zwischen den Wörtern
Schreibt korrekt ab
Mischt Groß- und Kleinschreibung

Abb. 95: Notizen am Computer

- *16. Februar 2001 (2. Klasse)*

Heute ist unser Duftlämpchen mit einem kleinen Plakat zugehängt, auf dem ein großer Mund und eine durchgestrichene Nase abgebildet sind. An Stelle eines zu erratenden Geruchs gibt es heute etwas zu Erschmecken. Das verursacht eine gewisse Unruhe, denn die gewohnte Ordnung ist durchbrochen. Die Kinder tauschen sofort ihre Vermutungen aus und sie haben großen Spaß daran, zu überlegen, was diesmal anders ist als beim Riechen. Wir halten den Begriff des Schmeckens fest und gehen in Gedanken den Weg des Geschmacks bis zum Gehirn, wo die Entscheidung getroffen wird, um welches Lebensmittel es sich handelt. Danach aber gilt es zu verhindern, dass das

Wissen nicht als Wort durch den Mund hinausschlüpft, denn es soll vorerst ein Geheimnis bleiben. Gut, dass es noch eine andere Möglichkeit gibt, sich mitzuteilen. Jeder schreibt auf, was er geschmeckt hat, um den später Probierenden nicht die Freude zu nehmen.
Was sonst ein ganz normaler, alltäglicher Vorgang ist, wird jetzt zum spannenden Erlebnis. Und während ich mich hinter einen kleinen Vorhang zurückziehe, bildet sich eine Reihe, in der Stefanie an vierter Stelle steht. Sie schaut mir fest und mutig in die Augen und probiert.

An Stelle der großen Druckerei sind vorrübergehend Ricto-Set-Stempeldrucker bereit gestellt, um auch den Erstklässlern den Einstieg in die Arbeit des Druckens zu ermöglichen.

Diese Veränderung im Werkstattangebot bemerkt Stefanie. Sie fragt nach und will sowohl den Grund für den Austausch erfahren als auch die Handhabung der neuen Druckerei kennen lernen. Es genügen ihr einige wenige Hinweise und schon weiß sie, was zu tun ist.
Sie legt Wert darauf, dass ich mich entferne. Weder braucht sie mich, noch soll ich vorab lesen, was sie schreibt. Sie kündigt mir eine Überraschung an.
Ohne weitere Rückfragen beendet sie ihre Arbeit und mit sichtlichem Stolz und großer Vorfreude. Sie macht mich am Ende der Stunde darauf aufmerksam, dass ich unbedingt in den Briefkasten schauen muss.

Episode: Steigende Aufgeschlossenheit, Neuem gegenüber Verwendet Schrift als Chance, sich mitzuteilen Wunsch, anderen eine Freude zu bereiten Selbsttätigkeit und Eigenaktivität

HalloFrau kummer ich bin

es steffi willst du mal zu

mir kommen schreib mir

Abb. 96: Gedruckter Brief

- *9. März 2001 (2. Klasse)*

Abb. 97: Cartoon als Schreibanlass

Ein Cartoon, das ich als Folie auf den Overheadprojektor lege, dient mir als Einstieg in ein Gespräch darüber, dass Lesen Sinnentnahme bedeutet, dass es Gefühle weckt und sich durch Lesen können das Leben verändert. Jeder hat etwas dazu zu sagen, wie es bei ihm war und wie er es empfindet. Sehr angeregt, ja richtig aufgeregt reagieren die Kinder, weil sich immer wieder neue kleine Aha-Gedanken einstellen. Stefanie beteiligt sich rege an dem Austausch. Meine abschließende Frage lautet: Wie hat das Lesen dein Leben verändert? Für die Antwort habe ich Blätter vorbereitet. Ich bitte darum, dass heute jedes Kind etwas dazu schreibt (siehe Abb. 98).

Episode: Ermöglichte und erbrachte Leistung erzeugt Glücksgefühle

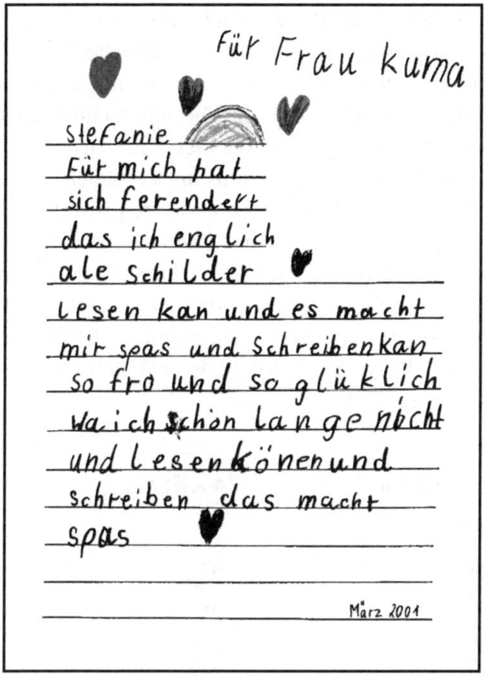
Für Frau kuma

Stefanie
Für mich hat
sich ferendert
das ich englich
ale schilder
lesen kan und es macht
mir spas und Schreibenkan
so fro und so glüklich
wa ich schon lange nicht
und lesen könenund
schreiben das macht
spas

März 2001

Abb. 98: „So hat sich die Welt für mich durch Lesen verändert ...“

So hat sich Stefanies Leistung entwickelt – Verschriftungen als Diagnosegrundlage

Es können für die Leistungsdiagnostik nur die Verschriftungen verwendet werden,

- die ohne Hilfe entstanden sind,
- bei denen ein Abschreiben von anderen Kindern ausgeschlossen werden kann,
- bei denen keine Instruktionsphase voran ging und
- die nicht überarbeitet wurden.

Bei Stefanie genügen sieben der ausgewählten Verschriftungen diesen Anforderungen.
Die Zuordnung zu den Entwicklungsstufen erfolgt zunächst auf Wortebene, bei Texten wird die erkennbare dominante Strategie herausgefiltert. Falls ein Wechsel zwischen zwei dominanten Strategien erkennbar ist, wird der Mittelwert zwischen den beiden Stufen verwendet. Das Liniendiagramm erlaubt

zusätzlich eine Visualisierung des Entwicklungsverlaufs (vgl. Abb 100). Damit werden allerdings durch die Liniengrafik gleiche Zeitabstände zwischen den Zeitpunkten suggeriert, die realiter aber nicht vorliegen und deswegen vorsichtig interpretiert werden müssen. Die unterschiedlichen Symbole signalisieren dabei die Zuordnung zu den beiden Klassenstufen eins und zwei.

Stefanies schulische Entwicklung beginnt im Vergleich zu den anderen Kindern der Klasse auf einem sehr niedrigen Ausgangsniveau. Sie hat noch keinen Zugang zur Buchstabenschrift und kann nur einzelne Buchstaben aus ihrem Namen visuell reproduzieren („*ST*“ für Stefanie). Diese nicht weiterführende logographemische Strategie (Stufe 1) überwindet sie erst im Laufe des Oktobers und Novembers, indem sie erstmals die Anlaute von Wörtern identifiziert und mit Hilfe der Lauttabelle in Buchstaben „übersetzt“ (z.B „*M*“ für Maus – Stufe 2).

Zeitpunkt		Schreibabsicht	Verschriftung	Dominante Strategie
1. Klasse	30.09.99	Stefanie	*ST*	1
	21.10.99	Maus	*M*	2
	18.11.99	Mein Zahn ...	*M*	2
	20.01.00	Sonne Apfel	*SONÄ* *AFL*	4 – 5
	20.07.00	Sommer Apfel Würfel Bauch ...	*Somer* *APfEL* *WÜRFEL* *bAUch* ...	6
2. Klasse	12.01.01	Hallo Frau Kummer, ich freu ich aufs nächste Mal, dann gehe ich an den Computer. Liebe Frau Kummer, ich habe mich gefreut, dass ich zu meiner Oma konnte und meiner Kusine und meinem Cousin und zu Kiki, einem Vogel.	*Hallo Frau Kuma ich Freu mich auf neste mal dan ge ich an KomptJuter* *Libe Frau Kumer ich Habe mich Gefreut das ich zu meiner Oma konnte und meiner Kosine und zu meinen Kosen und zu Kiki ein Vogel*	6
	16.02.01	Hallo Frau Kummer, ich bin es, Steffi, willst du mal zu mir kommen, schreib mir!	*HalloFrau kummer ich bin es steffi* *willst du mal zu mir kommen schreib mir*	7

Abb. 99: Dominante Schreibstrategien anhand ausgewählter Schreibergebnisse

Zu Beginn des neuen Jahres hat sie den entscheidenden „Sprung“ zum Verständnis des alphabetischen Prinzips geleistet. Ihr gelingen vollständige oder fast vollständige phonetische Verschriftungen (z.B. *„SONÄ“* für „Sonne“ oder *„AFL“* für „Apfel“ – Stufe 4-5). Am Ende des ersten Schuljahres entwickelt sie in Konfrontation mit der „Erwachsenenschrift“ erste orthographische Einsichten (Stufe 6): Sie verwendet erstmals Endmorpheme als Wortbausteine (<-el> in Apfel und Würfel, bzw. <-er> in Sommer) und setzt sich – wenn auch noch nicht regelgerecht – mit Groß- und Kleinschreibung auseinander, erkennbar an den verschiedenen Versuchen, Groß- und Kleinbuchstaben zu verwenden. Eine weitere Entwicklungsstufe erklimmt sie relativ mühelos und aus eigenem Antrieb im zweiten Halbjahr des zweiten Schuljahres: Ihr unterlaufen keinerlei Fehler mehr gegen das alphabetische Prinzip, über die Verwendung erster orthographischer Elemente hinaus fällt auf, dass sie die Regelung der Schärfung sehr systematisch anwendet (z.B. *Hallo, kummer, steffi, willst, kommen* – Stufe 7). Andere orthographische Regelmäßigkeiten geraten auch in ihr Blickfeld, ohne dass es ihr gelingt, diese bereits durchgängig anzuwenden.

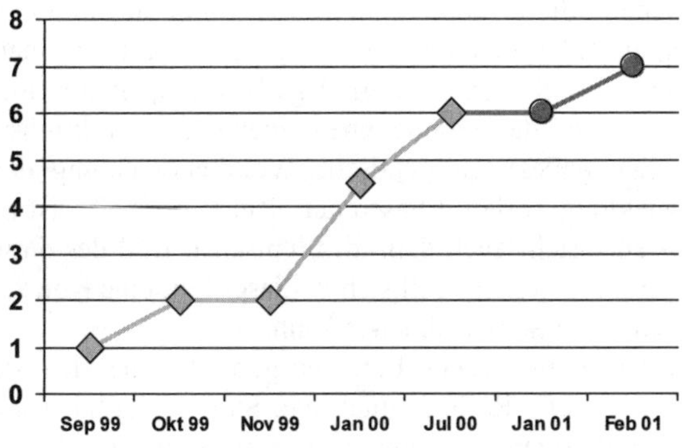

Abb. 100: Entwicklungsverlauf – Stefanie

Stefanie startet mit einem sehr geringen Vorwissen und gewinnt zum Schuljahresbeginn erste Einsichten in die Schriftsprache. Danach verharrt sie auf einem Leistungsplateau, auf dem sie Gelerntes übend und anwendend festigt. Ab November vollzieht sich ein steiler Anstieg ihrer Leistungen, der zu Beginn des zweiten Schuljahres wieder stagniert, um dann weiter anzusteigen.

- *Wie ist die Leistungsentwicklung der Schülerin in Abhängigkeit von ihrem Ausgangsniveau in ihrer Dynamik zu beurteilen?*
- *Inwieweit ist die Schülerin ihren eigenen Lernweg gegangen und hat sich Schriftsprache selbstständig angeeignet?*

Die Zusammenschau der Ergebnisse basiert auf wesentlich mehr Daten und Beobachtungen, als sie hier dargestellt werden können. Besonders hilfreich für das Verständnis der abschließenden Interpretation von Stefanies Lernweg sind die aus den Unterrichtsprotokollen herausgefilterten *„Ankerbeispiele"* (siehe Seite 231, Schritt 4. und 5.). Dabei handelt es sich um Stellen in der Fülle der notierten Aufzeichnungen, an denen nach eingehender Hermeneutik signifikante Entwicklungstendenzen festgemacht oder „verankert" werden können. Es lassen sich an diesen Beispielen, seien es einzelne Bemerkungen oder Kommentare der Schülerin oder bestimmte Gesten und Verhaltensweisen, Leistungsentwicklungsstände, aber auch Einstellungen zum Lernen und zur Schülerpersönlichkeit erkennen. Diese „Anker" sprechen auch ohne den jeweiligen unterrichtlichen Zusammenhang für sich und gestatten deshalb eine Bezugnahme, auch wenn das entsprechende Stundenbild hier nicht abgedruckt ist.

Insgesamt erscheint die Dynamik von Stefanies Entwicklung überaus erfreulich, besonders in Anbetracht ihrer Ausgangsbasis. Darüber hinaus lassen das erreichte Niveau und die Art des Lernwegs Hoffnungen auf eine weitere positive Entwicklung zu, da Stefanie einen eigenen Konstruktionsprozess initiiert hat, der eine nahezu automatische Weiterentwicklung erwarten lässt. Dass ihr Entwicklungsverlauf Phasen der „Ruhe" aufweist, ist positiv zu bewerten und es entspricht auch dem idealtypischen Bild des entwicklungsgemäßen Schriftspracherwerbs, weil sich in dieser Zeit eine Konsolidierung des bisher erworbenen Wissens vollziehen kann.

Die Schülerin hat ihren eigenen Lernweg gefunden, bei dem der Computer als Lernhilfe eine große Rolle gespielt hat. Stefanie hat aber auch das Drucken in seiner vielfältigen Erscheinungsform für sich entdeckt. Auffällig war, dass sie möglichst selbst aktiv (Abb. 101, Ankerbeispiel Nr. 1) sein wollte und es ihr nicht behagte, sich nur als Zuschauerin einer Arbeitsgruppe anzuschließen.

Nicht für jedes Kind in der Lernwerkstatt besitzt der Computer einen vergleichbaren Aufforderungscharakter. Es soll deshalb nicht unerwähnt bleiben, dass für manche Kinder dieses Arbeitsgerät keinen großen oder gar zentralen Stellenwert besitzt und dass andere Schüler zur selben Zeit ihren Lernweg z.B. im „Vielschreiben", oder mehr über szenische Gestaltung und die Beschäftigung mit Geschichten gefunden haben.

Auch wenn der Aneignungsweg von Stefanie nicht annähernd das ganze Spektrum der Möglichkeiten offenen Arbeitens zeigen, so gibt er doch interessante Einblicke in die Lernchancen, die der Einsatz des Computers bereits ab dem ersten Schultag bietet. Stefanie hat sukzessive den Schwierigkeitsgrad beim Bearbeiten der Programme erhöht, wenn sie ein erreichtes „Level" sicher beherrschte. Sie hat ihr Lerntempo bestimmt, aber auch bewusst gesteigert, um an ihr selbst gestecktes Lernziel zu gelangen. Sie hat am Computer gelesen und geschrieben, sie hat sich Notizen (Ankerbeispiel Nr. 2) als Merkhilfe gemacht und sich dabei die Schriftsprache weitgehend selbst angeeignet. Sie konnte beachtliche selbstständige Lernerfolge erzielen. Die steigende Motivation, Schrift zum Schreiben von Geschichten oder Briefen zu nutzen, lässt vermuten, dass sie sich weiterhin aktiv um ihr Lernen bemühen wird.

Nr.	Name	Datum	Ankerbeispiel
1	Stefanie	25.11.99	Sie rennt zum Computer: „Ich will Memory. Ich will allein!"
2	Stefanie	24.02.00	Sie übernimmt mittlerweile alle Aufgaben, d.h. sie bedient den Computer, sie notiert die Wörter auf Pappstreifen und sie tippt ein.

Abb. 101: Ankerbeispiele zur Leistungsentwicklung

So hat sich Stefanies Persönlichkeit entwickelt – Selbstkonzepterhebung und Beobachtung als Diagnosegrundlagen

In der folgenden Abbildung (Abb. 102) sind die Antworten für die Einzelitems angetragen. Der Wert 4 steht für „sehr hohes Selbstkonzept", der Wert 1 für „sehr niedriges Selbstkonzept".

Zum Zeitpunkt 1 hat Stefanie keine Frage mit dem Wert 4 beantwortet, d.h. in keinem Bereich schätzt sie sich sehr hoch ein. Insgesamt liegen nur zehn Antworten im positiven Bereich, von den 18 „negativ" beantworteten Fragen findet man sogar fünfmal den Wert 1. Stefanie glaubt z.B. beim sinnerfassenden Lesen, Buchlesen, lauten Vorlesen, bei der Groß- und Kleinschreibung von Wörtern und beim Meldeverhalten, dass sie sehr schlechte Leistungen erzielt. Die Antworten streuen aber über alle Bereiche, es gibt keinen spezifischen Bereich, der entweder nur positiv oder nur negativ besetzt ist.

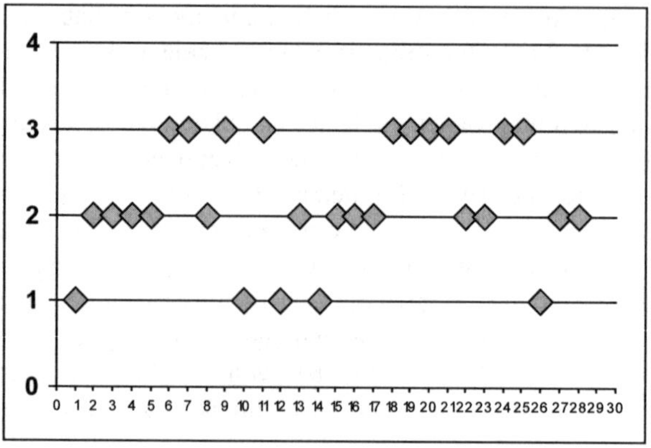

Abb. 102: Selbstkonzept Stefanie auf der Basis von Einzelitems April 2000 (Erhebungszeitpunkt 1)

Bis zum zweiten Zeitpunkt ist eine deutliche Veränderung eingetreten (siehe Abb. 103): Stefanie schätzt sich nunmehr sehr hoch ein, wenn es darum geht, schwere Aufgaben selbst zu lösen, sich eine Geschichte selber auszudenken oder etwas aufzuschreiben. Sie gibt an, dass sie fast nie Hilfe braucht, wenn sie etwas aufschreiben will, dass sie fast immer weiß, welche Wörter man groß oder klein schreibt und dass sie ihre Geschichten fast immer gut findet.

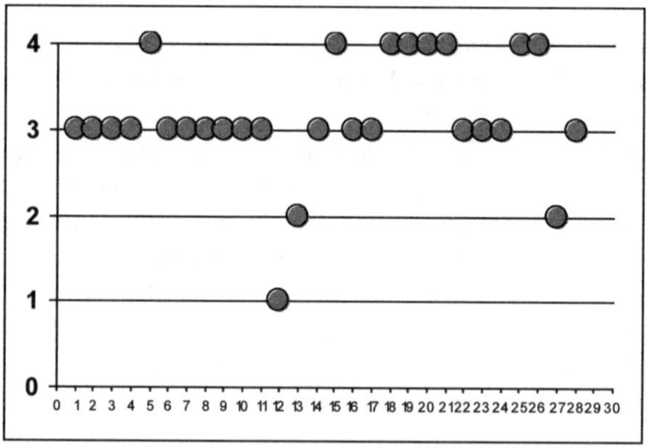

Abb.103: Selbstkonzept Stefanie auf der Basis von Einzelitems März 2001 (Erhebungszeitpunkt 2)

Der einzige Wert auf der niedrigsten Skala bezieht sich darauf, dass sie fast nie von selber ein Buch liest. Von 28 Antworten liegen 25 im positiven Bereich. Abbildung 104 zeigt zusammenfassend, wie Stefanies Selbstkonzept sich insgesamt und über die vier einzelnen Teilbereiche entwickelt hat – von eher niedrigen Ausgangswerten unter dem Durchschnitt, kennzeichnend für ein negatives Selbstkonzept, hin zu Werten über dem Mittelwert bzw. fast bis zum Maximalwert von 4 – also hin zu einem positiven Selbstkonzept.

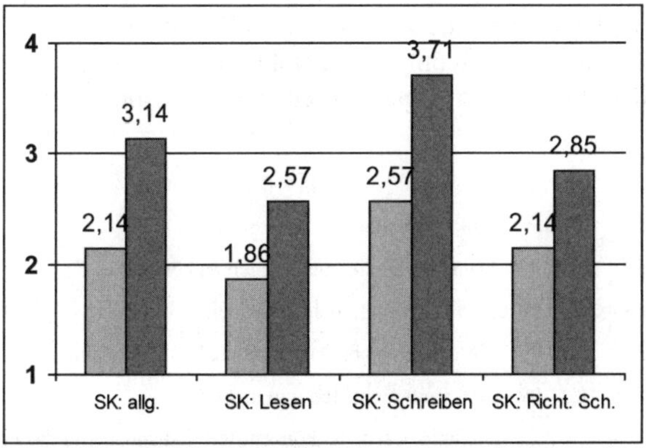

Abb. 104: Stefanie Selbstkonzept – Vergleich 1./ 2.Klasse
(hellgrau = erste Klasse; dunkelgrau = zweite Klasse)

Stefanies Selbstkonzeptentwicklung vollzieht sich in einem fulminant positiven Prozess. So lässt sie bei der ersten Befragung in allen Bereichen ein sehr niedriges Selbstkonzept erkennen. Gegen den Einwand, dass die Erhebung erst nach einem halben Schuljahr erfolgt ist und somit die Eingangssituation nicht exakt erfasst ist, sprechen die Beobachtungen während des Unterrichts. Ihr Verhalten deutet darauf hin, dass ihre Selbsteinschätzung bei Schuleintritt nicht höher war. So gibt sie z.B. an, nicht malen (Ankerbeispiel Nr. 3) und nicht schreiben (Ankerbeispiel Nr. 4) zu können, vermeidet Anstrengung (Ankerbeispiel Nr. 5) und geht Leistungsanforderungen möglichst aus dem Weg (Ankerbeispiel Nr. 6). Erste positive Lernerfahrungen am Computer geben den Impuls für steigende Anstrengungsbereitschaft. Dies zeigt sich auch an ihren Attributionen, aus denen zwar einerseits eine gewisse Unsicherheit den eigenen Fähigkeiten gegenüber spricht, die aber andererseits steigende

Einsicht vermuten lassen, dass Anstrengung zum Erfolg verhilft. Sie toleriert, dass ihr Wissen nicht zufliegt; sie hat aber gleichzeitig erfahren, dass konsequentes Bemühen (Ankerbeispiel Nr. 7) Freude am Lernen, Lernerfolge und Wohlbefinden bringt (Ankerbeispiel Nr. 8). Solch eine zunehmend optimistische Selbsteinschätzung wirkt wie „ein Zusatzmotor“, wie Helmke (1998) sagt. Stefanie hat anfangs nur kleine Erfolge, aber nach ihrem subjektiven Empfinden ist ihr viel gelungen und sie freut sich über ihren Erfolg.
Zusammenfassend kann festgestellt werden, dass Stefanie eine positive Entwicklung genommen hat. Sie hat von der individuellen Bezugsnorm profitiert. Das Ergebnis der Studie von Helmke (1991, 1998), dass das Selbstkonzept im Laufe der ersten Schuljahre absinkt, konnte in diesem Fall nicht bestätigt werden. Stefanie ist sogar von einer Pessimistin zu einer Optimistin geworden.

Nr.	Name	Datum	Ankerbeispiel
3	Stefanie	21.10.99	Dann erklärt sie, nicht malen zu können.
4	Stefanie	30.09.99	„Ich kann noch nicht schreiben.“
5	Stefanie	21.10.99	Sie weigert sich, den Schreibanlass aufzunehmen.
6	Stefanie	18.11.99	„Ich weiß nicht! Ich will nicht!“
7	Stefanie	25.11.99	Stefanie bearbeitet konzentriert und andauernd das Programm der letzten Stunden.
8	Stefanie	09.03.01	„So froh und so glücklich war ich schon lange nicht!“

Abb. 105: Ankerbeispiele zur Persönlichkeitsentwicklung

Die Verknüpfung der Persönlichkeits- und Leistungsentwicklung: Zusammenfassung und Interpretation

- *Inwieweit ist eine gegenseitige Beeinflussung der Persönlichkeits- und der Leistungsentwicklung zu beobachten?*
- *Gibt es kausale Verknüpfungen in der einen bzw. anderen Richtung („skill-development-“ versus „self-enhancement“-Ansatz?*

Festzustellen ist, dass bei Stefanie sowohl das Selbstkonzept als auch die Leistungen steigen. Die Befragungen, die den jeweiligen Ist-Zustand zu zwei Erhebungszeitpunkten widerspiegeln, können kaum eine Antwort auf die kausale Prädominanz geben. Möglicherweise lassen Verhaltensbeobachtungen Rückschlüsse auf den Ursache-Wirkungskreis zu. Hier soll deshalb der

Versuch unternommen werden, die Momente der Einflussnahme aufgrund der Beobachtungen zu beschreiben. In diesem Zusammenhang weist Helmke (1991) ausdrücklich darauf hin, dass dabei Umwelt-Person-Effekte, also die Rolle der familiären Umwelt und damit sicher auch die Rolle des Lehrers mit berücksichtigt werden muss.

In der Anfangsphase erfuhr Stefanies Selbstvertrauen aufgrund gewonnener Einsichten in die Schriftsprache beim Schreibenlernen ihres Namens (Ankerbeispiel Nr. 9) einen enormen Schub. Auch Reich und Roth (2000, S. 63) betonen die Bedeutsamkeit dieses Erlebnisses:

> „Was lernen Kinder zuerst schreiben? Zumeist ihren Namen, die Bezeichnung für ihr persönliches Ich. Mit den Buchstaben ihres Namens entziffern sie sich die Welt der Schrift. Sie zerlegen den Namen in seine einzelnen Buchstaben und finden diese im sie umgebenden Schriftwald wieder. Auf diese Weise entdecken und erobern sie einen neuen Raum mit welch einer Freude: „Mein Anfangsbuchstabe!" Die Initialen öffnen die *Initiation in die Schriftkultur*."

Nach der Lektüre dieses Textes, in Verbindung mit Aussagen der Mutter in einer Sprechstunde, erscheint das Wort „Initiation" besonders treffend für Stefanies Erlebnis mit dem Schreiben ihres Namens. Beständig wiederholt sie diesen Vorgang, markiert mit den Zeichen, die sie als Stellvertreter ihrer Person erkannt hat, Blätter und Bücher. Sie hat von den Zeichen Besitz ergriffen und benutzt sie, um Besitz zu ergreifen. Sie entwickelt dadurch sichtbare Ich-Stärke. Hier liegt ein „skill-development"-Effekt vor, d.h. das Selbstkonzept ist die Folge vorangegangener Leistungen. Durch ihr solchermaßen gestärktes Selbstkonzept erhöht sich Stefanies Bereitschaft, schwierigere Aufgaben in Angriff zu nehmen.

Diesem Wirkungsmoment folgen „self-enhancement"-Prozesse, also Einflüsse von Selbstkonzept auf Leistung. Diese werden bei Stefanie gut sichtbar, wenn sie zum ersten Mal am Computer arbeitet (Ankerbeispiel Nr. 10) und besonders, als sie sich vornimmt, allein zu drucken (Ankerbeispiel Nr. 11). Hier überwindet sie Selbstzweifel und lässt sich durch auftretende Schwierigkeiten nicht so schnell entmutigen. Sie wird zunehmend unabhängig von Hilfe und Unterstützung und es gelingt ihr, begonnene Arbeiten erfolgreich zu beenden. Das erkennbar gute Endprodukt des Druckens, also die erbrachte Leistung, kann sie auf ihre Fähigkeiten zurückführen. Stefanies Selbstbewusstsein steigt, sie geht nun davon aus, dass es ihr wieder gelingt, und stellt sich einer ähnlichen Herausforderung (Ankerbeispiel Nr. 12). Ein positiver Aufschaukelungsprozess ist in Gang gesetzt. Bei all ihrem Tun ist ihr allerdings die Aufmerksamkeit und Zuwendung durch den Lehrer wichtig. Der Akzeptanz durch ihre Mutter kann sie sich sicher sein.

Die fruchtbaren Entwicklungsmomente gehen im Gegensatz zum Forschungsstand auch in bedeutsamem Umfang in der Kausalrichtung von Selbstkonzept zu Leistung. Diese Prozesse sind auch erwünscht und können in besonderer Weise in dem praktizierten offenen Unterricht initiiert und gefördert werden.

Nr.	Name	Datum	Ankerbeispiel
9	Stefanie	14.10.99	Sie nimmt das Blatt, auf das sie ihren Namen geschrieben hat, als Vorlage mit zur Sandkiste und sucht die entsprechenden Buchstaben aus Holz.
10	Stefanie	11.11.99	Ohne dazu aufgefordert worden zu sein, hatte sie offensichtlich beschlossen, sich selbst eine solche Aufgabe vorzunehmen.
11	Stefanie	20.10.00	Ich soll es ihr nur zeigen. Ideen habe sie schon.
12	Stefanie	16.02.01	Sie will die Handhabung der neuen Druckerei kennen lernen.

Abb. 106: Ankerbeispiele zur Verknüpfung von Leistungs- und Persönlichkeitsentwicklung

Der Einfluss des praktizierten entwicklungsorientierten Unterrichts im Schriftspracherwerb: Zusammenfassung und Interpretation

- *Bietet der entwicklungsorientierte Unterricht eine geeignete Lern umgebung für eine positive Leistungs- und Persönlichkeitsentwicklung?*
- *Welche Faktoren des Offenen Unterrichts scheinen die entscheidenden zu sein?*

Betrachtet man die kognitiven Lernergebnisse der Schülerin, so ist, zumindest im vorliegenden Fall, der Vorwurf entkräftet, offener Unterricht sei nicht effektiv genug. Stefanie hat am Ende des ersten Schuljahres den Leistungsstand erreicht, der im aktuellen Grundschullehrplan von Bayern (2000) wie folgt formuliert ist: „Am Ende der Jahrgangsstufe 1 sollen die Schüler lautgetreu schreiben können. Auch andere Schreibweisen sind ihnen bereits bekannt; sie brauchen sie aber noch nicht eigenständig zu beherrschen“ (ebd. S. 83). Mitte des zweiten Schuljahres beherrscht Stefanie das lauttreue Schreiben als Grundstrategie und hat bereits wesentliche Rechtschreibstrategien aufgebaut, wie z.B. Großschreibung von Namenwörtern, Anwenden von Wortbausteinen oder Erkennen von orthographischen Merkstellen. Somit ist davon auszugehen, dass sie mit dem eingeschlagenen Lernweg und der gezeigten Lernaktivität auch das geforderte Lernziel am Ende der zweiten Jahrgangsstufe erreicht.

Die affektiven Lernergebnisse entsprechen den Ergebnissen einschlägiger Studien. So hat die Schülerin z.B. an Selbstständigkeit und Lernfreude gewonnen, „was allein kaum im geschlossenen Unterricht verwirklicht werden kann“ (Schöll 1996, S. 216).
Wesentliche Faktoren für die positiven Leistungsentwicklungen des Kindes sind neben der *freien Wahl der Unterrichtsmaterialien* als eine der bestimmenden Dimensionen offenen Unterrichts vor allem die *Zeit*, die ihm zur Verfügung stand und die *Berücksichtigung der individuellen Bezugsnorm*. Erst die dauerhafte und intensive Auseinandersetzung mit dem frei gewählten Arbeitsmittel und den frei gewählten Aufgaben hat das konstruktive Wechselspiel von individuellem Lernweg und individuellen Lernerfolgen möglich gemacht. Stefanie konnte die vielen Facetten der Probleme und Anforderungen, die sich ihr stellten, probierend und experimentierend ohne Zeitdruck angehen und lösen. Dabei ist sie zunehmend leistungsfähiger geworden. Dass „der pädagogische Leistungsbegriff im Dienste der Leistungserziehung aller“ steht (Bartnitzky 1993, S. 119), hat in dieser Studie und für diese Schülerin Bestätigung gefunden, denn es darf bezweifelt werden, dass Stefanie ihre ablehnende Haltung dem Lernen gegenüber ohne die Möglichkeit verloren hätte, langsam an das allgemeine Leistungsniveau der Klasse Anschluss zu finden. Es liegt die Vermutung nah, dass sie bei Anwendung der sozialen Bezugsnorm den anfänglichen Lern- und Leistungsdruck nicht in dem Maße hätte abbauen können, wie es ihr in einer Atmosphäre der Ermutigung und Anerkennung der kleinen Lernschritte möglich war.

Schluss

Individuelle Lernbegleitung braucht ein hohes Maß an pädagogischer Präsenz, d.h. der Schüler soll nicht nur in Phasen des gemeinsamen Arbeitens sondern auch während Zeiten der Selbsttätigkeit spüren, dass sein Tun nicht unbeachtet bleibt. Stefanie legte besonders großen Wert darauf, immer wieder bestätigende und unterstützende Signale zu empfangen, ja sie hat diese explizit eingefordert. Sie bat darum, dass ich mich neben sie setze. Sie wünschte sich anerkennende Blicke im Vorübergehen. Jedwede Form der indirekten Lernbegleitung gab ihr Sicherheit und war ihr Ansporn. Auf der dadurch wachsenden Vertrauensbasis gelang es ihr zunehmend, ihre ablehnende Haltung der direkten Lernbegleitung gegenüber abzulegen. Sie wurde zusehends offener für Anregungen, Tipps und Anforderungen, d.h. für Interventionen im Bereich der direkten Lernbegleitung. Dass sie mich nach einiger Zeit dazu aufforderte, ihr Neues zu erklären (siehe Stundenbild vom 16. Februar 2001), zeigt, dass eigenverantwortliches Lernen das Ergebnis von positiven Erfahrungen und somit das Ergebnis eines individuellen Lernprozesses ist.

Literaturverzeichnis

Aleman v.H. & Ortlieb, P. (1975). Die Einzelfallstudie. In J.v. Koolwijk, E. Helten, H.J. Hummel, A. Günter, F.U. Pappi, C. Besozzi & P. Höhmann (Hrsg.), Techniken der empirischen Sozialforschung. Untersuchungsformen (Bd. 2) (S. 157-177). München u.a.: Oldenbourg.

Altenburg, E. (1996): Offene Schreibanlässe. Jedes Kind findet sein Thema. Donauwörth: Auer.

Andresen, H. (1983). Was Menschen hören können, was sie lernen können zu 'hören' und was sie glauben, zu hören. In H. Andresen & H.W. Giese (Hrsg.), Osnabrücker Beiträge zur Sprachtheorie, Beiheft 7, 210-236. Osnabrück: Univ.

Augst, G. (1978). metakommunikation als element des spracherwerbs. Wirkendes Wort, 28, 328-339.

Augst, G. (1984). Der Buchstabe. In G. Drodowski (Hrsg.), Duden: Grammatik der deutschen Gegenwartssprache (4., völlig neu bearb. und erw. Aufl.) (S. 59-87). Mannheim: Duden.

Balhorn, H., Bartnitzky, H., Büchner, J. & Speck-Hamdan, A. (Hrsg.) (1998). Schatzkiste Sprache 1: Von den Wegen der Kinder in die Schrift. Frankfurt/M: Arbeitskreis Grundschule.

Balhorn, H. (1993). Grundwortschatz das Wörterbuch für die Grundschule. Hamburg: Verlag für pädagogische Medien.

Balhorn, H. (1998). Überall und nirgends. Vom lustvollen Umgang mit Sprache. In H. Balhorn, H. Bartnitzky, J. Büchner & A. Speck-Hamdan (Hrsg.), Schatzkiste Sprache 1: Von den Wegen der Kinder in die Schrift (S. 94-115). Frankfurt/M: Arbeitskreis Grundschule.

Bartnitzky, H. (1993). Leistung und Leistungsbeurteilung. Leistung der Kinder? Leistung der Schule?. In D. Haarmann (Hrsg.), Handbuch Grundschule (Bd. 2) (S. 114-128). Weinheim: Beltz.

Bartnitzki, H. (1998). „Die rechte weis aufs kürztzist lesen zu lernen“ Oder: Was man aus der Didaktik-Geschichte lernen kann. In H. Balhorn, H. Bartnitzy, I. Büchner & A. Speck-Hamdan (Hrsg.), Schatzkiste Sprache 1: Von den Wegen der Kinder in die Schrift (S. 14-46). Frankfurt/M: Arbeitskreis Grundschule.

Beck, G. & Scholz, G. (2000). Teilnehmende Beobachtung von Grundschulkindern. In F. Heinzel (Hrsg.), Methoden der Kinheitsforschung. Ein Überblick über Forschungszugänge zur kindlichen Perspektive (S. 147-167). Weinheim, München: Juventa.

Beck, U. (1986). Risikogesellschaft auf dem Weg in eine andere Moderne. Frankfurt/M: Suhrkamp.

Behörde für Schule, Jugend und Berufsbildung Hamburg (Hrsg.) (1996). Elementare Schriftkultur als Prävention von Lese-/ Rechtschreibschwierigkeiten und Analphabetismus bei Grundschulkindern. BLK – Modellversuch des Landes Hamburg. Abschlussbericht. Hamburg.

Benkmann, R. (1997). Förderung kooperativen Lernens unter Schulkindern mit und ohne Lernschwierigkeiten. In U. Heimlich & R. Benkmann (Hrsg.), Zwischen Aussonderung und Integration (S. 87-101). Neuwied: Luchterhand.

Benner, D. & Ramseger, J. (1983). Erziehender Unterricht und Projekte. Grundschule, 8, 9-12.

Benner, D. (1985). Was heißt: Durch Unterricht erziehen? Zeitschrift für Pädagogik, 31, 441-450.

Buchner, Ch. (1990). Schreibvergnügen. München: Oldenbourg.

Brenner, G. (1990). Kreatives Schreiben. Ein Leitfaden für die Praxis. Frankfurt/M: Scriptor.

Brinkmann, E. & Brügelmann, H. (o.J.). Ideen-Kiste. Hamburg: Verlag für pädagogische Medien.

Brügelmann, H. & Brinkmann, E. (1998). Die Schrift erfinden. Faude: Konstanz
Brügelmann, H. (1984). Lesen- und Schreibenlernen als Denkentwicklung. Voraussetzungen eines erfolgreichen Schriftspracherwerbs. Zeitschrift für Pädagogik, 30, 69-91.
Brügelmann, H. (1992). Kinder auf dem Weg zur Schrift. Eine Fibel für Lehrer und Laien. Bottighofen: Libelle.
Brügelmann, H. (1994a). „Schreibvergleich BRDDR" 1990/91. In H. Brügelmann & S. Richter (Hrsg.), Wie wir recht schreiben lernen (S. 129-148). Lengwil: Libelle.
Brügelmann, H. (1994b). Von der Teilchen- zur Wellen-Theorie. In H. Brügelmann & S. Richter (Hrsg.), Wie wir recht schreiben lernen (S. 102-108). Lengwil: Libelle.
Brügelmann, H. (1997a). „Öffnung des Unterrichts" – aus der Sicht der LehrerInnen. 2. Zwischenbericht. Bericht Nr. 3 a, Projekt OASE im FB 2 der Universität-Gesamthochschule Siegen.
Brügelmann, H. (1997b). Wie viele Lehrerinnen und Lehrer öffnen ihren Unterricht wirklich? Die Grundschulzeitschrift, 105, 62-63.
Brügelmann, H. (1998). Öffnung des Unterrichts. Befunde und Probleme der empirischen Forschung. In H. Brügelmann, M. Fölling-Albers & S. Richter (Hrsg.), Jahrbuch Grundschule. Fragen der Praxis – Befunde der Forschung (S. 8-42). Frankfurt/M: Arbeitskreis Grundschule.
Burk, K. (Hrsg.) (1996). Jahrgangsübergreifendes Lernen in der Grundschule. Frankfurt/M: Arbeitskreis Grundschule.

Camus, A. (1998). Der erste Mensch. Reinbek bei Hamburg: Rowohlt.
Coltheart, M., Curtis, B., Atkins, P. & Haller, M. (1993). Models of reading aloud: Dual-route and parallel distributed-processing approaches. Psychological Review, 100, 589-608.
Coltheart, M. (1978). Lexical access in a simple reading task. In G. Underwood (Ed.), Strategies in information processing (pp.151-216). New York: Adademic Press.
Covington, M. & Teel, K.M. (1996). Overcoming student failure. Changing motives and incentives for learning. Washington: American Psychological Association.
Covington, M. (1992). Making the grade. Cambridge: University Press.
Crämer, C., Füssenich, C. & Schumann, G. (1996). Lese- und Schreibschwierigkeiten im Zusammenhang mit Problemen der gesprochenen Sprache. Die Sprachheilarbeit 41,1, 5-21.

Dann, H.-D., Diegritz, T. & Rosenbusch, H.S. (Hrsg.) (1999). Gruppenunterricht im Schulalltag. Realität und Chancen. Erlangen: Univ.-Bund Erlangen-Nürnberg.
Deci, E.L. & Ryan, R.M. (1993). Die Selbstbestimmungstheorie der Motivation und ihre Bedeutung für die Pädagogik. Zeitschrift für Pädagogik, 39, 223-238.
Dehn, M. (1990). Die Zugriffsweisen „fortgeschrittener" und „langsamer" Lese- und Rechtschreibanfänger: Kritik am Konzept der Entwicklungsstufen? Muttersprache, 100, 305-316
Dehn, M. (1994a). Schlüsselszenen zum Schrifterwerb. Arbeitsbuch zum Lese- und Schreibunterricht in der Grundschule. Weinheim, Basel: Beltz.
Dehn, M. (1994b). Zeit für die Schrift. Lesenlernen und Schreibenkönnen (4., überarb. Aufl.). Bochum: Kamp
Downing, J. (1984). Task awareness in the development of reading skill. In J. Downing, & R. Valtin (Eds.), Language awareness and learning to read (pp 27-55). New York: Springer.
Duncker, L. (1996). Zeigen und Handeln. Studien zur Anthropologie der Schule. Langenau-Ulm: Vaas.

Ehri, L.C. (1992). Reconceptualizing the development of sight word reading and its relationship to recording. In P.B. Gough, L.C. Ehri & R. Treiman (Eds.), Reading acquisition (pp. 107-143). Hillsdale, N.Y.: Erlbaum.

Einsiedler, W. (1988). Schulanfang und Persönlichkeitsentwicklung. Grundschule, 20, (11), 20-23.

Einsiedler, W. (1990). Neue Lehr- und Lernformen in der Grundschule aus empirischer Sicht. In R. Olechowski & W. Wolf (Hrsg.), Die kindgemäße Grundschule (S. 224-236). Wien: Jugend und Volk.

Einsiedler, W. (1997). Unterrichtsqualität in der Grundschule. Empirische Grundlagen und Programmatik. In E. Glumpler & S. Luchtenberg (Hrsg.), Jahrbuch Grundschulforschung 1 (S. 11-33). Weinheim: Deutscher Studienverlag.

Eisenberg, P. (1989). Die Schreibsilbe im Deutschen. In P. Eisenberg & H. Günther (Hrsg.), Schriftsystem und Orthographie (S. 58-84). Tübingen: Niemeyer.

Faust-Siehl, G. (1996). Die Zukunft beginnt in der Grundschule. Empfehlungen zur Neugestaltung der Primarstufe. Frankfurt/M: Arbeitskreis Grundschule.

Faßnacht, G. (1995). Systematische Verhaltensbeobachtung. München: Reinhardt.

Fend, H. & Stöckli, G. (1996). Der Einfluß des Bildungssystems auf die Humanentwicklung: Entwicklungspsychologie der Schulzeit. In F.E. Weinert (Hrsg.), Psychologie des Unterrichts und der Schule (S. 2-35). Göttingen: Hogrefe.

Forster, M. & Martschinke, S. (2001). Leichter lesen und schreiben lernen mit der Hexe Susi. Übungen und Spiele zur Förderung der phonologischen Bewusstheit. Donauwörth: Auer

Frith, U. (1985). Beneath the Surface of Developmental Dyslexia. In K.E. Patterson, J.C. Marshall & M. Coltheart (Eds.), Surface dyslexia (pp.301-330). Hillsdale: Erlbaum.

Giaconia, R.N. & Hedges, L.V. (1982). Identifying Features of Effective Open Education. Revue of Educational Research, 52, 579-602.

Goswami, U. (1993). Toward an interactive model of reading development: Decoding vowel graphemes in beginning reading. Journal of Experimental Child Psychology, 56, 443–475.

Graves, D.H. (1995). Kinder als Autoren: Die Schreibkonferenz. In H. Brügelmann & H. Balhorn (Hrsg.), Schriftwelten im Klassenzimmer. Ideen und Erfahrungen aus der Praxis (S. 124-148). Lengwil: Libelle.

Gümbel, R. (1980). Erstleseunterricht. Entwicklungen – Tendenzen – Erfahrungen. Königstein/Ts.: Scriptor

Günther, K.B. (1986). Ein Stufenmodell der Entwicklung kindlicher Lese- und Rechtschreibstrategien. In H. Brügelmann (Hrsg.), ABC und Schriftsprache: Rätsel für Kinder, Lehrer und Forscher (S. 32-54). Konstanz: Faude.

Guilford, J.P. (1970). Kreativität. In G. Mühle & E. Schell (Hrsg.), Kreativität und Schule (S. 13-36). München: Piper.

Hanke, P. (1998). Offener Anfangsunterricht im Spiegel von Theorie und Praxis – Ansprüche und Realitäten. In H. Brügelmann, M. Fölling-Albers & S. Richter (Hrsg.), Jahrbuch Grundschule. Fragen der Praxis – Befunde der Forschung (S. 72-78). Frankfurt/M: Arbeitskreis Grundschule.

Hanke, P. (2001). Forschungen zur inneren Reform der Grundschule am Beispiel der Öffnung des Unterrichts. In H.-G. Roßbach, K. Nölle & K. Czerwenka (Hrsg.), Forschungen zu Lehr- und Lernkonzepten für die Grundschule (S. 46-62). Opladen: Leske & Budrich.

Hannig, C. & Hannig, J. (1974). Der Einfluss des Erstleseunterrichts auf die Sprache von Schulanfängern. In C. Hannig (Hrsg.), Zur Sprache des Kindes im Grundschulalter (S. 98-124). Kronberg/Ts: Scriptor.

Hartinger, A. (1997). Interessenförderung. Eine Studie zum Sachunterricht. Bad Heilbrunn: Klinkhardt.

Helmke, A. & Schrader, F.-W. (1990). Zur Kompatibilität kognitiver, affektiver und motivationaler Zielkriterien des Schulunterrichts – Clusteranalytische Studien. In M. Knopf & W. Schneider (Hrsg.), Entwicklung (S. 180-200). Göttingen u.a.: Verlag für Psychologie.

Helmke, A. (1991). Entwicklung des Fähigkeitsselbstbildes vom Kindergarten bis zur dritten Klasse. In R. Pekrun & H. Fend (Hrsg.), Schule und Persönlichkeitsentwicklung (S. 83-99). Stuttgart: Enke.

Helmke, A. (1992a). Die Entwicklung der Lernfreude vom Kindergarten bis zur 5. Klassenstufe. Zeitschrift für Pädagogische Psychologie, 7, 77-86.

Helmke, A. (1992b). Selbstvertrauen und schulische Leistung. Göttingen: Hogrefe.

Helmke, A. (1998). Vom Optimisten zum Realisten? Zur Entwicklung des Fähigkeitsselbstkonzeptes vom Kindergarten bis zur 6. Klassenstufe. In F.E. Weinert (Hrsg.), Entwicklung im Kindesalter (S. 115-132). Weinheim: Beltz.

Hentig, H.v (1994). Die Schule neu denken. München: Hanser Verlag.

Herff, I. (1993). Die Gestaltung des Leselernprozesses als elementare Aufgabe der Grundschule – neuere Entwicklungen und gegenwärtige Situation an den Grundschulen des Regierungsbezirks Köln – ein Beitrag zur grundschulpädagogischen Tatsachenforschung. Dissertation: Köln.

Hinney, G. & Menzel, W. (1998). Didaktik des Rechtschreibens. In G. Lange, K. Neumann & W. Ziesenis, Taschenbuch des Deutschunterrichts. Grundlagen – Sprachdidaktik – Mediendidaktik, (1) (S. 258-304). Hohengehren: Schneider.

Hinney, G. (1997). Neubestimmung von Lerninhalten für den Rechtschreibunterricht. Ein fachdidaktischer Beitrag zur Schriftaneignung als Problemlöseprozess). Frankfurt/M: Lang.

Holt, J. (1997). Wie kleine Kinder schlau werden. Selbständiges Lernen im Alltag. Weinheim, Basel: Beltz.

Jansen, H., Mannhaupt, G., Marx, H. & Skowronek, H. (1999). Bielefelder Screening zur Früherkennung von Lese- und Rechtschreibschwierigkeiten (BISC). Göttingen: Hogrefe.

Januschek, F. & Rohde, W. (1979). Probleme der Erforschung metasprachlicher Begrifflichkeit bei Erstkläßlern. Osnabrücker Beiträge zur Sprachtheorie, 13, 79-97.

Jaumann-Graumann, O. (2000). Offener Unterricht – ja, aber strukturiert. Grundschule, 9, 36-38.

Jerusalem, M. & Mittag, W. (1999). Selbstwirksamkeit, Bezugsnormen, Leistung und Wohlbefinden in der Schule. In M. Jerusalem & R. Pekrun (Hrsg.), Emotion, Motivation und Leistung (S. 223-245). Göttingen: Hogrefe.

Jerusalem, M. (1985). Selbstkonzeptentwicklung von Kindern und Jugendlichen und der Einfluß perzipierten Lehrerverhaltens. In D. Liepmann & H.A. Stiksrud (Hrsg.), Entwicklungsaufgaben und Bewältigungsprobleme in der Adoleszenz (S. 98-109). Göttingen: Verlag für Psychologie

Jürgens, E. (1995). Offener Unterricht im Spiegel empirischer Forschung. Oldenbourger Vor-Drucke, Bd. 265. Oldenburg: Carl-von-Ossietzky-Universität.

Jürgens, E. (1999). Freiarbeit im Spiegel der Praxis. Grundschule, 7-8, 46-48.

Käser, R. (1993). Neue Perspektiven in der Schulpsychologie. Handbuch der Schulpsychologie auf ökosystemischer Grundlage (Kap. 6, S. 315-386). Bern: Haupt

Kammermeyer, G. und Martschinke, S. (2003): Schulleistung und Fähigkeitsselbstbild im Anfangsunterricht – Universelle Beziehungen oder kontextspezifische Zusammenhänge. Ergebnisse aus dem KILIA-Projekt. Empirische Pädagogoik, 17 (4), 486-503

Kirschhock, E.-M., Martschinke, S., Treinies, G. & Einsiedler, W. (2002). Vergleich von Unterrichtsmethoden zum Schriftspracherwerb mit Ergebnissen zum Lesen und Rechtschreiben im 1. und 2. Schuljahr. Empirische Pädagogik, 16, 433-452.

Kirschhock, E.-M. (2003). Die Entwicklung schriftsprachlicher Kompetenzen im ersten Schuljahr. Untersuchung im Rahmen eines Vergleichs verschiedener Unterrichtskonzeptionen. Dissertation: Universität Erlangen-Nürnberg.

Klafki, W. (1993). Allgemeinbildung heute. Grundlinien einer gegenwarts- und zukunftsbezogenen Konzeption. Pädagogische Welt, 3, 98-103

Klicpera, C. & Gasteiger-Klicpera, B. (1993). Lesen und Schreiben. Entwicklung und Schwierigkeiten. Die Wiener Längsschnittuntersuchung über die Entwicklung, den Verlauf und die Ursachen von Lese- und Schreibschwierigkeiten in der Pflichtschulzeit. Bern: Huber.

Kochan, B. & Schröter E. (1995). Der Computer als Schreibwerkzeug beim Schriftspracherwerb. Beobachtungen im Anfangsunterricht. Grundschule, 10, 24-28

Kochan, B. (1989). Impulse für die Software-Entwicklung zur Vermeidung und Überwindung von Rechtschreibschwäche. In Balhorn, H. & Brügelmann, H. (Hrsg.), Jeder spricht anders: Normen und Vielfalt in Sprache und Schrift (S. 242-244). Konstanz: Faude Verlag.

Kochan, B. (1998) Mit Buchstaben kann man Gedanken aus dem Kopf holen. Wie Erstklässler beim Schreiben mit dem Computer lernen können. In H. Balhorn, H. Bartnitzky, J. Büchner & A. Speck-Hamdan (Hrsg.), Schatzkiste Sprache 1: Von den Wegen der Kinder in die Schrift (S. 224-232). Frankfurt/M: Arbeitskreis Grundschule.

Kohler, B. (2000). Konstruktivistische Ansätze für den Sachunterricht. In G. Löffler, V. Möhle, D.v. Reeken, V. Schwier (Hrsg.), Sachunterricht – zwischen Fachbezug und Integration (S. 108-133). Bad Heilbrunn: Klinkhardt.

Krapp, A. (1992). Interesse, Lernen und Leistung. Neue Forschungsansätze in der Pädagogischen Psychologie. Zeitschrift für Pädagogik, 38, 745-770.

Krappmann, L. & Oswald, H. (1995). Alltag der Schulkinder. Beobachtungen und Analysen von Interaktionen und Sozialbeziehungen. Weinheim, München: Juventa.

Laging, R. (1993). Altersgemischte Gruppen als Beitrag zur Schulreform. Die Deutsche Schule, 3, 364-382.

Landerl, K. & Wimmer, H. (1994). Phonologische Bewußtheit als Prädikator für Lese- und Schreibfertigkeiten in der Grundschule. Zeitschrift für Pädagogische Psychologie, 8 (3/4), 153-164.

Lehmann, R.H. (1995). Leseverständnis und Lesegewohnheiten deutscher Schüler und Schülerinnen. Weinheim: Beltz.

Lehrplan für die Grundschulen in Bayern. Amtsblatt der Bayerischen Staatsministerien für Unterricht und Kultus und Wissenschaft, Forschung und Kunst, 25. September 2000.

Libermann, J.Y. & Libermann, A.M. (1992). Whole language versus code emphasis: Underlying assumptions and their implications for reading instruction. In B. Gough, L.C. Ehri & R. Treiman, (Eds.), Reading acquisition (pp. 343-366). Hillsdale: Erlbaum.

Linguistik-Server Essen, Jörn Brakebusch: Der Computer als Lern- und Schreibwerkzeug in der Grundschule, www.linse.uni-essen.de

Lipowsky, F. (2002). Zur Qualität offener Lernsituationen im Spiegel empirischer Forschung – Auf die Mikrobebene kommt es an. In U. Drews & W. Wallrabenstein (Hrsg.), Freiarbeit in der Grundschule. Offener Unterricht in Theorie, Forschung und Praxis (S. 126-159). Frankfurt/M: Arbeitskreis Grundschule.

Lundberg, I., Frost, J. & Peterson, O.-P. (1988). Effects of an extensive program for stimulating phonological awareness in preschool children. Reading Research Quaterly, 23, 263-284.

Maas, U. (1992). Grundzüge der deutschen Orthographie. Tübingen: Niemeyer.

MacLean, M., Bryant, P. & Bradley, L. (1987). Rhymes, nursery rhymes and reading in early childhood. Merrill-Palmer Quarterly, 33, 255-281.

Martschinke, S., Kirschhock, E. & Frank, A. (2001). Der Rundgang durch Hörhausen. Erhebungsverfahren zur phonologischen Bewusstheit. Donauwörth: Auer

Martschinke, S. & Kammermeyer, G. (2003). Jedes Kind ist anders. Jede Klasse ist anders. Ergebnisse aus dem KILIA-Projekt zur Heterogenität im Anfangsunterricht. Zeitschrift für Erziehungswissenschaft, 2, 257-275

May, P. (1986). Schriftaneignung als Problemlösen – Analyse des Lesen(lernen)s mit Kategorien der Theorie des Problemlösens. Frankfurt/M: Lang.

May, P. (1995). Rechtschreibenlernen in West und Ost. Warum konnten DDR-Schüler besser schreiben? In W. Niemeyer & B. Behrens (Hrsg.), Kommunikation und Lese- Rechtschreibschwäche (S. 169-178). Bochum: Winkler.

Mayring, P. (1993). Qualitative Inhaltsanalyse. Grundlagen und Techniken. Weinheim: Deutscher Studienverlag.

Meiers, K. (1998). Lesen lernen und Schriftspracherwerb im ersten Schuljahr. Ein Studienbuch. Bad Heilbrunn: Klinkhardt.

Oelkers, J. (1996). Reformpädagogik. Eine kritische Dogmengeschichte (3. Aufl.). Weinheim, München: Juventa.

Oerter, R. (2000). Implizites Lernen beim Sprechen, Lesen und Schreiben. Unterrichtswissenschaft, 28, 239-257.

Pekrun, R. & Helmke, A. (1991). In R. Pekrun & H. Fend (Hrsg.), Schule und Persönlichkeit. Ein Resümee der Längsschnittforschung (S. 10-56). Stuttgart: Enke.

Peschel, F. (2003). Offener Unterricht. Idee. Realität. Perspektive und ein praxiserprobtes Konzept in der Evaluation (Bd. 1 und 2). Baltmannsweiler: Schneider.

Peterson, P. (1979). Direct Instruction Reconsidered. In P. Petersen & H.J. Walberg (Eds.), Reserch on Teaching (pp. 57-69). Berkeley.

Petillon, H. (1993). Das Sozialleben des Schulanfängers. Die Schule aus der Sicht des Kindes. Weinheim: Psychologie Verlags Union.

Poerschke, J. (1999). Anfangsunterricht und Lesefähigkeit. Münster u.a.: Waxmann.

Preiser, S. (1986). Kreativitätsforschung. Darmstadt: Wiss. Buchgesellschaft.

Prenzel, M. (1993). Autonomie und Motivation im Lernen Erwachsener. Zeitschrift für Pädagogik, 39, 239-253.

Prieß, M. (1999). Anlauttabellen selbst herstellen. Grundschule, 12, 52-55

Reich, K. & Roth, H.-J. (2000). Lesen und Schreiben – einige Überlegungen aus konstruktivistischer Sicht. In H. Balhorn, H. Giese & C. Osburg (Hrsg.), Betrachtungen über Sprachbetrachtungen. Grammatik und Unterricht (S. 60-75). Seelze: Kallmeyer.

Reichen, J. (1988). Lesen durch Schreiben 1: Wie Kinder selbstgesteuert lesen lernen (3. Aufl.). Zürich: Sabe

Reichen, J. und Mitarbeiter (1988). Lesen durch Schreiben 2: Allgemeindidaktische und organisatorische Empfehlungen. Zürich: Sabe

Reichen, J. (1997). Rechtschreibung. Funktion und Didaktik. Bad Oldesloe: Selbstverlag.

Reinmann-Rothmeier, G. & Mandl, H. (1999). Computervernetzt in der Schule. Chancen und Gefahren der neuen Medien, In L. Huber (Hrsg.), Schriftspracherwerb: neue Medien – neues Lernen!? (S.13-27). Braunschweig: Westermann.

Rheinberg, F. (1999). Bezugsnormorientierung. In D.H. Rost (Hrsg.), Handwörterbuch Pädagogische Psychologie (S. 39-43). Weinheim: Beltz.

Richter, S. (1998). Interessenbezogenes Rechtschreibenlernen. Braunschweig: Westermann.

Ries, G. (1989). Die Entwicklung von Erfolgs- und Misserfolgserlebnissen beim Übergang vom Kindergarten in die Grundschule. Eine Längsschnittstudie. Psychologie in Erziehung und Unterricht, 36, 258-264.

Röbe, H.J. (1986). Freie Arbeit – eine Bedingung zur Realisierung des Erziehungsauftrags der Grundschule? Frankfurt/M: Lang.

Röber-Siekmeyer, Ch. & Pfisterer, K. (1998). Silbenorientiertes Arbeiten mit einem leseschwachen Zweitklässler. Begründung und Beschreibung einer nicht buchstabenorientierten Unterrichtsabfolge beim Lesenlernen. In R. Weingarten & H. Günther Schriftspracherwerb (S. 36-61). Hohengehren: Schneider

Röber-Siekmeyer, Ch. (1993). Die Schriftsprache entdecken. Rechtschreiben im Offenen Unterricht. Weinheim, Basel: Belz

Roßbach, H.-G. (1997). Der Forschungsstand zu jahrgangsübergreifenden und altersgemischtem Lernen. In K. Burk (Hrsg.), Jahrgangsübergreifendes Lernen in der Grundschule (S. 37-45). Frankfurt/M: Arbeitskreis Grundschule.

Roßbach, H.-G. (1999). Empirische Vergleichsuntersuchungen zu den Auswirkungen von jahrgangsheterogenen und jahrgangshomogenen Klassen. In R. Laging (Hrsg.), Altersgemischtes Lernen in der Schule (S. 84-95). Hohengehren: Schneider.

Scheerer-Neumann, G., Kretschmann, R. & Brügelmann, H.(1986). Ben, Andrea und Jana: Selbstgewählte Wege zum Lesen und Schreiben. In H. Brügelmann (Hrsg.). ABC und Schriftsprache, (S. 55-96). Konstanz: Faude

Scheerer-Neumann, G. (1985). Freiheit und Systematik im Spracherfahrungsansatz. In M. Bergk & K. Meiers (Hrsg.), Schulanfang ohne Fibeltrott: Überlegungen und Praxisvorschläge zum Lesenlernen mit eigenen Texten (S. 179-194). Bad Heilbrunn: Klinkhardt.

Scheerer-Neumann, G. (1989a). Entwicklungsprozesse beim Lesenlernen: Eine Fallstudie. In M. Beck, Schriftspracherwerb – Lese-Rechtschreibschwäche (S. 15-38). Tübingen: Deutsch Gesellschaft für Verhaltenstherapie

Scheerer-Neumann, G. (1989b). Was kommt schon dabei heraus? Lernen und Leisten in offenen Lernsituationen. Grundschule, 1, 51-55.

Scheerer-Neumann, G. (1995a). Ein offener Brief an Jürgen Reichen. Lesbar. Mitteilungsblatt der Deutschen Gesellschaft für Lesen und Schreiben e.V., 1, 13-15.

Scheerer-Neumann, G. (1995b). Wortspezifisch: ja – Wortbild: nein. Ein letztes Lebewohl an die Wortbildtheorie. Teil „Rechtschreiben“. In H. Balhorn & H. Brügelmann (Hrsg.), Rätsel des Schriftspracherwerbs (S. 230-244). Konstanz: Libelle.

Scheerer-Neumann, G. (1996). Hörst du das [r] in „Koffer“? Grundschulunterricht, 5, 2-5.

Scheerer-Neumann, G. (1998). Stufenmodelle des Schriftspracherwerbs – Wo stehen wir heute? In H. Balhorn, H. Bartnitzky, J. Büchner & A. Speck-Hamdan (Hrsg.), Schatzkiste Sprache 1: Von den Wegen der Kinder in die Schrift (S. 14-46). Frankfurt/M: Arbeitskreis Grundschule.
Scheerer-Neumann, G. (1999). Schriftspracherwerb: „The State of Art“ aus psychologischer Sicht. In L. Huber, G. Kegel & A. Speck-Hamdan (Hrsg.), Einblicke in den Schriftspracherwerb (S. 31-46). Braunschweig: Westermann.
Schiefele, U. & Schreyer, I. (1994). Intrinsische Lernmotivation und Lernen. Ein Überblick zu Ergebnissen der Forschung. Zeitschrift für Pädagogische Psychologie, 8, 1-13.
Schiestl, P. (1998). Dann mußt du das auch erzählen. Vom Geschichtenkreis zur Schreibkonferenz – Protokoll einer Entwicklung. In G. Spitta (Hrsg.), Freies Schreiben – eigene Wege gehen (S. 81-97). Lengwil: Libelle.
Schneider, W., Roth, E., Küspert, P. & Ennemoser, M. (1998). Kurz- und langfristige Effekte eines Trainings der sprachlichen (phonologischen) Bewusstheit bei unterschiedlichen Leistungsgruppen: Befunde einer Sekundäranalyse. Zeitschrift für Entwicklungspsychologie und Pädagogische Psychologie, 30, 26–39.
Schneider, W., Visè, M., Reimers, P. & Blaesser, B. (1994). Auswirkungen eines Trainings der sprachlichen Bewusstheit auf den Schriftspracherwerb in der Schule. Zeitschrift für Pädagogische Psychologie, 8, 177-188.
Schöll, G. (1992). Selbständiges und aufmerksames Lernverhalten in Phasen Freier Aktivitäten. Ergebnisse zweier Beobachtungsstudien. Die Deutsche Schule, 84, 314-27.
Schöll, G. (1996). Offene Lernsituationen in der Grundschule. In H. Ulonska, S. Kraschinski & T. Bartmann (Hrsg.), Lernforschung in der Grundschule (S. 197-218). Bad Heilbrunn: Klinkhardt.
Schrader, F.-W., Helmke, A. & Dotzler, H. (1997). Zielkonflikte in der Grundschule. Ergebnisse aus dem Scholastik-Projekt. In F.E. Weinert & A. Helmke (Hrsg.), Entwicklung im Grundschulalter (S. 299-316). Weinheim: Beltz.
Schweißtal, G. (1998): Oiropa. In L. Huber, G. Kegel & A. Speck-Hamdan (Hrsg.), Einblicke in den Schriftspracherwerb (S. 47-57). Braunschweig: Westermann.
Selter, Ch. (1998). Ein Überblick über grundschulrelevante mathematikdidaktische Forschung. In H. Brügelmann, M. Fölling-Albers & S. Richter (Hrsg.), Jahrbuch Grundschule. Fragen der Praxis – Befunde der Forschung (S. 80-111). Frankfurt/M: Arbeitskreis Grundschule.
Serve, H.J. (1994). Kreativität als Herausforderung an schulische Bildungsarbeit. In N. Seibert & H.J. Serve (Hrsg.), Bildung und Erziehung an der Schwelle zum dritten Jahrtausend (S. 1137-1166). München: PimS-Verlag.
Serve, H.J. (1999). Kreativität. In G. Reinhold, G. Pollak & H. Heim (Hrsg.), Pädagogik-Lexikon (S. 309-312). München, Wien: Oldenbourg.
Skowronek, H. & Marx, H. (1989). Die Bielefelder Längsschnittsstudie zur Früherkennung von Risiken der Lese-Rechtschreibschwäche: Theoretischer Hintergrund und erste Befunde. Heilpädagogische Forschung, 15 (1), 38-49.
Sommer-Stumpenhorst, N. (2002). Kriterien für die Auswahl von Anlauttabellen. http://www.rechtschreib-werkstatt.de/rsl/me/antab/ (4.08.02, letzte Aktualisierung)
Speck-Hamdan, A. (1991). Risiken und Chancen des Schulanfangs. Grundschule, 23, 27-29.
Speck-Hamdan, A. (1998). Individuelle Zugänge zur Schrift. Schriftspracherwerb aus konstruktivistischer Sicht. In L. Huber, G. Kegel & A. Speck-Hamdan (Hrsg.), Einblicke in den Schriftspracherwerb (S. 101-110). Braunschweig: Westermann.
Spinner, K.H. (1993). Kreatives Schreiben. Praxis Deutsch, 119, 17-23.
Spitta, G. (1992) Schreibkonferenzen in Klasse 3 und 4. Ein Weg vom spontanen Schreiben zum bewußten Verfassen von Texten. Frankfurt/M: Cornelsen, Scriptor.

Stanovich, K.E. (1995). How research might inform the debate about early reading acquisition. Journal of Research in Reading, 18, 87-105.

Struck, P. (1998). Netzwerk Schule – Wie Kinder mit dem Computer das Lernen lernen. München: Hanser Verlag.

Thome, G. (2000). Linguistische und psycholinguistische Grundlagen der Orthografie: Die Schrift und das Schreibenlernen. In R. Valtin (Hrsg.), Rechtschreiben lernen in den Klassen 1-6. Frankfurt a.M.: Arbeitskreis Grundschule.

Urban, K.K. (1989). Neuere Trends in der Kreativitätsforschung und -theorie in Westeuropa. Hannover.

Valtin, R., Bemmerer, A. & Nehring, G. (1986). Kinder lernen schreiben und über Sprache nachzudenken: Eine empirische Untersuchung zur Entwicklung schriftsprachlicher Fähigkeiten. In R. Valtin & I. Naegele, Schreiben ist wichtig (S. 23-53). Frankfurt/M: Arbeitskreis Grundschule.

Valtin, R. (1993). Stufen des Lesen- und Schreibenlernens. In D. Haarmann (Hrsg.), Handbuch Grundschule (Bd. 2) (S. 68–80). Weinheim: Beltz.

Valtin, R. (1998). Der „neue" Methodenstreit oder: (Was) können wir aus der amerikanischen Leseforschung lernen? In H. Balhorn, H. Bartnitzky, J. Büchner & A. Speck-Hamdan (Hrsg.), Schatzkiste Sprache 1: Von den Wegen der Kinder in die Schrift (S. 63-80). Frankfurt/M: Arbeitskreis Grundschule.

Van Orden, G.C., Pennington, B.F. & Stone, G.O. (1990). Word identification in reading and the promise of subsymbolic psycholinguistics. Psychological Review, 97, 488-522.

Völkl, F. (Hrsg.) (1980). Empirische Methoden der Erziehungs- und Unterrichtsforschung (Bd. 1). Paderborn, München: Schöningh.

Walter, J. (1996). Der Spracherfahrungsansatz für den Anfangsunterricht: Empirisch-experimentell abgesicherte Effekte und didaktisch-methodische Konsequenzen aus den USA. Sonderpädagogik, 3, 26, 136-163.

Weinert, F.E. & Helmke, A. (1996). Der gute Lehrer: Person, Funktion oder Fiktion? Zeitschrift für Pädagogik, 34, Beiheft, 223-233.

Weinert, F.E. & Schneider, W. (1992). The munich longitudinal study on the genesis of individual competencies (LOGIC). Report No. 8. Munich: Max-Planck-Institute for Psychological Research.

Weinert, F.E. (1990). Der aktuelle Stand der psychologischen Kreativitätsforschung und einige daraus ableitbare Schlussfolgerungen für die Lösung praktischer Probleme. In Max-Planck-Gesellschaft (Hrsg.), Berichte und Mitteilungen (Bd. 3) (S. 21-44). München.

Wespel, M. (1997). Schritt für Schritt zum Text. Schreibentwicklung im Anfangsunterricht. Grundschule, 11, 9-13.

Wimmer, H., Hartl, M. & Moser, E. (1990). Passen englische Modelle des Schriftspracherwerbs auf deutsche Kinder? Zweifel an der Bedeutsamkeit der logographischen Stufe. Zeitschrift für Entwicklungspsychologie und Pädagogische Psychologie, 22(2), 136-154.

Wimmer, H., Zwicker, T. & Gugg, D. (1991). Schwierigkeiten beim Lesen und Schreiben in den ersten Schuljahren: Befunde zur Persistenz und Verursachung. Zeitschrift für Entwicklungspsychologie und Pädagogische Psychologie, 23(4), 280-298.

Wöckel, S. (2000). http://www.grundschule-online.de/Theorie/Tselbst.html, Version vom 3.11.00

Praxismaterial

- „Die Buchstabenmaus“ von Eveline Hasler
  dtv junior Lesebär 1994, dtv Taschenbücher Bd. 75034
- „Die Kleine Raupe Nimmersatt“ von Eric Carle
  dtv junior Lesebär versch. Jahre, dtv Taschenbücher Bd. 7922
- „Wuschelbär“ von Irina Korschunov
  dtv junior 1990, dtv Taschenbücher Bd. 7598

- Lernprogramme für Grundschulen und Sonderschulen: Budenberg, Software Vertrieb, K. Emmig GmbH, An der Wielermaar 74, 51143 Köln
- Scheimann, G. (1995). Abenteuer mit Rudi Wieselwurm. Buchstaben-Kombinationsspiel aus der COMLES-Familie, Klasse 1 und 2 (1. Aufl.). Berlin: Cornelsen-Software
- Mittag, M. (1995). Mit Lalipur in die Schatzkammer. Klasse 1 & 2 oder 3 & 4. Berlin: Cornelsen-Software

- Schilling, F. (1983). Marburger graphomotorische Übungen. Dortmund: Verlag modernes Lernen.
- Eibl, G. & Kokott, S. (1999). Märchenwerkstatt.Oldenbourg-Schulbuchverlag.
- Märchenlandkarte, vermutlich in einer Flokiste. (Domino-Verlag)
- Märchenstundenkartei, vermutlich in einer Flohkiste. (Domino-Verlag)
- Domino, Memory, Differix, Schau genau etc. von Ravensburger o.a.

- Lernwerkstatt Vogt, Nr 42, 95138 Unterneuses